自分でつくる
BOOK & NOTE

――教育・保育実習でよりよい時間を過ごそう！――

編著 安部 孝

同文書院

執筆者紹介

編著者

安部　孝
名古屋芸術大学准教授
名古屋芸術大学附属クリエ幼稚園園長

著者（五十音順）

石山貴章　就実大学教授

神戸洋子　帝京科学大学教授

木許　隆　岐阜聖徳学園大学准教授

草信和世　川村学園女子大学准教授

齋藤千惠子　学校法人曽根学園東二番丁幼稚園副園長

坂本喜恵子　元仙台市養護教諭

染川喜久江　仙台保健福祉専門学校こども科科長

原田智鶴　元埼玉純真短期大学実習助手

はじめに

　実習では，ずっと憧れていた"先生になる"ことを体験し，本当の"先生になる"ための課題に気付くことが大切です。そのためには何よりもまず，自信をもって子どもたちとかかわり，全身で保育を感じ取り，理解することが必要です。

　養成校では，教員の指導のもと，実習に臨む心構えから，さまざまな書類の作成，実習日誌や計画の書き方などを学習します。また，仲間と相談したり，先輩の体験談を聞いたり，実習園に事前訪問したりすることなどを通して，少しずつ心の準備を整えていきます。

　保育は各園，地域や先生方，子どもたちの実態，そして日々の状況によって異なり，また変化します。子どもと過ごすことのすべてが，常に新しい出来事なのです。したがって実習では，昨日うまくできたことが今日はできなかったり，だれかのようにやってみたけれど，そうはできなかったりすることが多々あるのです。

　ところで以前，実習を目前に控えた学生が，こんなことを話していました。

　「授業（事前指導）の内容はわかったのだけれども，きっと実習中に心配になって，先生に聞きたいことがたくさんでてくる気がします」「実習園の先生方にどう接したり，お願いしたりすればよいのか心配です」「準備をしたり，書類や日誌を書いたりした後に，これでいいのか不安になります」

　私たちは新しいことや未知のこと，様々に変化する場面に出会うと，心がときめく一方で不安を抱きます。そして時には，それを避けてしまいたいと思うこともあります。

　そこで本書は，そうした実習生の心配を和らげ，自信をもって実習をやり遂げるための"支え"になることを目的として，編集にあたって次のような工夫をしました。

1）実習の事前・事後そして実習中の取り組みや留意事項，考え方，立ち居振る舞いなどについて，具体的な場面を想定し，指導・助言するというスタンスをとっている。
2）実習園の先生方や子どもたちとの良好なかかわりを築くことを大切にしている。
3）養成校の教員をはじめ，実習指導センターの担当者，幼稚園の園長，養護教諭などが執筆にあたり，それらのキャラクターによる説明を取り入れることで，理解しやすくしている。
4）関連する内容が書かれた他のActionやページとリンクできるような表示をすることで，より理解を広げ，深めることができるようにしている。
5）本文のほかに，「home room」では，多様な視点から学習を深め，また「check list」や「work sheet」では，様々な準備や学習事項の確認ができるようにし，自分だけの実習テキスト兼ノートとして活用できるようにしている。

　本書は，実習生が，実習園の経験豊かな保育者のように"今すぐなる"ことを期待するものではなく，またそれを保障するものでもありません。むしろ，少しの不安を抱きながらもそれに挑み，乗り越えることで，保育者としての豊かでしなやかな資質が芽生えることを期待し，励ますものです。本書に触れ，"今，できること"や"知っておくとよいこと"を学ぶ過程で自ら見出した大切な課題を，実習を通して一つずつ解決していくことで，自分が"先生方のようになっていく・育っていく"ことに気付いてほしいと願っています。

2015年9月
編著者　安部　孝

Contents もくじ

はじめに

Step 1 【実習のまえに】―気づく／課題をつかむ―

002 **Action 1　実習の目的** ―基本となること―
- 002　❶ 実習の目的
- 003　❷ 実習する園や施設の理解
- 005　❸ 保育と保育者の職務
- 005　❹ 子どもについての理解
- 004　home room　認定こども園について
- 006　コラム　養成校と園とのつながりのなかで
- 007　資料　実習にかかわる知識　―免許・資格と区分，呼び方―

010 **Action 2　実習課題** ―大きな課題と小さな課題―
- 010　❶ 実習課題　―考え方―
- 010　❷ 自己課題から実習課題へ
- 016　❸ 学ぶべきこと
- 012　home room　前半・基本実習前の自己課題の立て方
- 014　　　　　　　実習中の大きな課題と小さな課題

018 **Action 3　実習園の決定にあたって** ―基礎知識と考え方―
- 018　❶ 実習園の基礎知識
- 020　❷ 実習園の特色
- 020　❸ 実習園の決定
- 024　❹ 施設実習の場合
- 021　home room　子ども・子育て支援新制度
- 024　　　　　　　最終決断のポイント
- 024　　　　　　　実習期間中のアルバイト

Step 2 【実習のまえに／実習のあいだに】―深める／実践し課題を解決する―

028 **Action 4　実習生調書の作成** ―自分を理解してもらうために―
- 030　❶ 書く内容について正確な情報を集めよう！
- 030　❷ 「実習の目標」を書くコツ　―こう考えてみたらどうだろう！―
- 033　❸ 用いることばと表記
- 034　❹ 顔写真を実習生調書に貼る
- 034　❺ コピーをとる

035		❻ もしも自分で用意する場合
030	home room	自分でつくる氏名のお手本術　―今さらだけど―
033		教育研究・研修機関の文章を参考にしてみましょう
036	コラム	実習生調書の情報が間違っていることがある

Action 5　電話のかけ方　―オリエンテーションまでに―

038	❶ どのように話せばいいの？
041	❷ 養成校の実習指導教員，実習指導センターへの報告
043	❸ 電話をかける際の留意点
044	❹ 電話をかける望ましい時間
041	home room　実習受け入れを許可されなかった場合
042	施設の場合

Action 6　実習園に行く前の準備物　―ふさわしさをこころがける―

046	❶ 実習園に行く前に準備するもの
050	❷ その他に準備しておくと安心な持ち物
050	❸ 施設実習の場合
051	home room　夏に行われる実習時の持ち物
053	国語辞典をひく
052	資料　準備物　Check List

Action 7　実習日誌Ⅰ　―実習日誌の準備―

056	❶ 氏名・園名を正しく記入する
060	❷ 実習園の概要を記入する
061	❸ カバーをかける

Action 8　実習日誌Ⅱ　―内容と記入の仕方―

062	❶ 実習に臨む前に理解しておくこと
062	❷ 実習園ではメモをとる
062	❸ 実習日誌の内容
064	❹ 実習日誌の書き方の留意点
066	❺ 実習日誌の記入例
067	home room　書く内容が枠内に収まらないときには
068	部分実習や責任実習を行った日は
071	さまざまな保育の記録の仕方

072	**Action 9 実習日誌Ⅲ**	－総括・まとめ（感想，気づき，反省・考察）を書く－
072	❶ 日々の「総括・まとめ」を書くために	
076	❷ 実習後の「総括・まとめ」を書くために	
078	❸ 「総括・まとめ」を書くための留意点	
072	**home room** 望ましい実習日誌とは？	
077	指導を受けたことについて	
081	実習日誌の提出・取り扱い	
082	「総括・まとめ」を書く前にスキルアップ　－ある1日をもとに－	
084	実習日誌に書かれたさまざまな「学び」　－先輩の感想，気づき，反省・考察から－	
080	**コラム** 実習日誌のやり取りを通して学びを深める	

086	**Action 10 さまざまな悩み**　－安心して臨むために－	
086	❶ 女子学生の場合	
091	❷ 男子学生の場合	
095	❸ 共通	
087	**home room** 避けたい服装の例	
092	皆さんを守る配慮	
094	保育者に求められること	

098	**Action 11 期待される姿**　－今，できること－	
098	❶ 実習生としての姿	
098	❷ 実習生として育って欲しいこと	
099	❸ 日々の生活のなかで	
103	❹ 学生生活のなかで	
106	❺ 地域の生活のなかで	
108	❻ 家庭生活のなかで	
099	**home room** 健康で気になることがあれば	
102	関係や立場，園の習慣に配慮した言葉遣い	
104	実習に行くことが認められるために	
105	手あそび・指あそび・歌あそび	
106	実習生としての立ち居振る舞い1	
108	家庭生活でもできること　－掃除，片づけ，整理整頓－	
109	実習生としての立ち居振る舞い2	
110	先生から用事をお願いされたとき	
102	**コラム** 身近なものに目を向けて	

103	理想の保育者との出会い　―自分でもまねてみる―
107	日々，清々しい気持ちで
111	実習へ臨むにあたって　―子どもとともに学ぶ「生きる力」―
112	望ましい姿・好感のもてる姿

Action 12　安全や健康，衛生の理解Ⅰ　―自己管理―

114	❶ 自分の健康状態を把握する
116	❷ 健康を保つ4要素　―睡眠・栄養・排泄・運動―
114	home room　体調が悪くなったときは
117	よりよい睡眠のために

Action 13　安全や健康，衛生の理解Ⅱ　―実習園での対応―

118	❶ ぐったりしている子どもがいる　―どうする―
120	❷ 担任・園長先生に報告する　―どうする―
120	home room　応急手当の基本「RICE（ライス）」
121	清潔・衛生・安全に留意すること
122	資料　感染症について

Action 14　保育者の仕事を学ぶ　―援助と環境構成―

124	❶ 環境を構成する
125	❷ 子どもの気持ちに寄り添う
126	❸ 子どもを理解し，成長・発達を促す
127	❹ 保育者の1日の仕事をとらえる　―理想とする保育者の姿から―
124	home room　環境構成
125	安全な環境をつくる
127	仲間と学び合い，研修会への参加を活かす
134	資料　SIDS（Sudden Infant Death Syndrome：乳幼児突然死症候群）

Action 15　オリエンテーション　―実習園との出会い―

138	❶ オリエンテーションに臨むにあたって
139	❷ オリエンテーションで確認すること
144	❸ もしも保育時間中に園を訪れることができたらチャンス！
139	home room　前向きに
139	実習中どのような行事があるのでしょうか

146	**Action 16 前半・基本実習開始**	－初日からの心構え－
146	❶ 実習初日　－自己紹介－	
149	❷ 日々のあいさつ	
150	❸ メモをとる	
151	❹ 実習園の方たちとの関係	
152	❺ 園の先生に質問するタイミング	
147	home room　初日の朝のあいさつ　－オリエンテーションで学んだことを活かして－	
147	自己紹介の工夫1	
148	自己紹介の工夫2　－ペープサートを使う－	
149	こころ通うあいさつ	
150	効率のよいメモのとり方	
152	観察実習ではここを見てくる	
153	コラム　子どもとのかかわり方	
156	**Action 17 観察することⅠ**	－子どもたちとのかかわりを通して理解する－
156	❶ 観察する立ち位置	
157	❷ 参与（参加）観察の方法	
159	❸ 参与（参加）観察の手立て	
160	❹ 参与（参加）観察の記録の手立て	
161	コラム　子ども理解・対応など	
168	**Action 18 観察することⅡ**	－個と集団を理解する－
168	❶ 個と集団へのまなざし	
168	❷ 個の育ちを大切にした集団のとらえ	
169	❸ 個と集団へのかかわり	
170	home room　視診について	
172	**Action 19 先生の助言**	－思いに気づく－
172	❶ 先生の考えや思いに気づく	
172	❷ 反省・助言を活かして実践する	
174	home room　音楽に関する場面での助言	
175	絵本の読み聞かせなどの場面での助言	
177	積極的に取り組む	

177	**コラム**	保育における表現の背後にある考え
178	**資料**	おすすめ絵本・紙芝居・昔話リスト

180　Action 20　先生や子どもとのかかわり
　　　　　　　　　　　　　―よいかかわりづくりと理想の保育者との出会い―

180	❶ 先生とのかかわり
182	❷ 子どもとのかかわり
184	❸ 理想の保育者像との出会い
183	**home room**　先生によって指導が違います
185	自分の声やことばを届けるために
180	**コラム**　保育に疑問をもったら……

186　Action 21　ふだんと違う保育を学ぶ　―留意点と学びの視点―

186	❶ 実習生としての立ち居振る舞い
188	❷ 子どもたちの姿と思いに触れる
188	❸ 緊張感を抱く子どもたちに寄り添う
186	**home room**　多くの園で行われている活動・行事など
187	ふだんの生活で気をつけよう
188	年長さんってすごい！
189	**コラム**　実習生としてのかかわり　―子どもに期待をもたせる生活発表会―
190	食べるということ　―「食」について皆さんはどのように考えていますか―

192　Action 22　指導案Ⅰ　―早めに相談し，取り組む―

192	❶ 指導案の準備
193	❷ 指導案の作成に取りかかる計画
194	❸ 指導案の作成　―各項目の書き方―
199	**home room**　場の設定と配置を示す
200	実践力の向上のために

206　Action 23　指導案Ⅱ　―「日常（いつも）」に着目―

206	❶ 指導案の考え方
211	❷ 日常の流れを大切にした保育
212	❸ 責任実習の展開　―指導案に沿った展開―

211	home room	子どもたちの関心をひく手あそびを身につける
		－いつもの手あそびと新しい手あそび－
213		責任・全日実習に安心して臨むために
210	コラム	心情，意欲，態度

214	**Action 24 反省会** －成果と課題を明確にする－
214	❶ 前半・基本実習を終えて
216	❷ 研究保育，全日実習の反省で －話し合いを焦点化するために－
218	❸ 指導・助言を受け止める －将来の支えとして活かす－
219	home room 謙虚な姿勢で臨む

Step 3 【実習のあとに】 －振り返る／新たな課題をつかむ－

222	**Action 25 実習を振り返る** －学びとかかわりを深める－
222	❶ 少し先のことをみすえて －次の実習／就職／社会人へと－
224	❷ すべてのかかわりに感謝
223	home room 実習日誌を読み返す視点
225	養成校の先生が訪問されたら

226	**Action 26 お礼状の作成** －こころを込めて書く，内容と方法－
226	❶ お礼状を送ること
226	❷ お礼状の内容
229	❸ 実習が終わる前までに準備しておくもの

236	**Action 27 実習を終えて** －養成校の先生へのあいさつ・報告－
236	❶ 振り返りを通した自己課題への気づき
240	❷ 訪問教員へのあいさつと報告を通して
239	home room 学びや経験を整理する
240	訪問教員に報告する際の留意点
239	コラム 実習園とのつながり －将来をみすえて－

242	**Action 28 評価** －評価を活かす－
242	❶ 評価について
244	❷ 評価を活かす

246	**home room**	保育とピアノ
246		楽器や書籍についての著作権

Action 29 実習での手ごたえをもとに　―新しい課題に取り組む―

248		
248	❶	実習で得た手ごたえを活かして
248	❷	「子ども」って？　―子どもへのかかわり方から学んだこと―
250	❸	教材研究は今がチャンス
249	**home room**	「かかわり」という表現について
250		ピアノ音源がなくても
251		身の回りのそこ・ここにあるものを教材に

Message　園長先生から皆さんへ　―さらなる成長を期待して―

252		
252	❶	実習は何でも勉強
252	❷	きまりや約束を守る
253	❸	頼まれる前に　―気が利くこと―
254	❹	保育者自身が環境　―笑顔で子どもたちに安心感を―
254	❺	こころが大切　―子どもの思いに寄り添って―
255	❻	古くて新しい「もったいない」の気持ち
255	❼	ほう・れん・そう
252	**home room**	限られた時間のなかで　―先生の工夫―
253		先生に質問するタイミング
254		保育後の取り組み
256	**コラム**	勇気をだしてはじめの1歩

258　さくいん

≪本書について≫

- 段階を追って学べるように,「実習のまえに」「実習のあいだに」「実習のあとに」と, Action を 3 ステップに分けた。

- タイトルに示したアイコンで, それぞれの Action が「養成校」「実習園」「家」のいずれの場面で学ぶのかが一目で理解できる。

  養成校　実習園　家

- 関連する内容が書かれた他の Action やページとリンクできるように, 飛行機マークで示した。

- 自分だけのオリジナルテキスト・ノートができあがるように, 自分で考え, 書き込むことができる「work sheet」を設けた。

- 本文の補足事項を学ぶことができるように「home room」を設けた。

- 先生方の思いにふれたり, 各 Action の内容を深く学んだりすることができるように「コラム」を設けた。

- 学習した内容などの確認をすることできるように「check list」を設けた。

- 学んだことや自分で考えたことなどを書き込むことができる「memo」欄を多く設けている。

- 養成校の先生や実習先の園長先生, 先輩保育者, 養護の先生, 学生のキャラクターが対話したり, 説明を加えることで, 学習内容をよりイメージしやすいものとした。

  ○養成校の実習指導教員
  A先生　B先生

  ○実習指導センター
  実習指導センターの先生

  ○養護の先生

  ○実習園の先生
  園長先生　先輩の保育者

  ○学生

Step 1

実習のまえに
気づく／課題をつかむ

ねらい
- ☑ 実習のさまざまなことについて理解する。
- ☑ 実習の課題を明らかにし，必要な準備に取り組む。

Action 1 実習の目的
―基本となること―

いよいよ実習の学習がはじまります。まず，実習の目的と実習する園や施設の特徴，そして区分など実習生として知っておかなければならない基本について理解しましょう。

1　実習の目的

実習とは，「実際に教育・保育現場で子どもたちとかかわりながら子どもへの理解を深め，園の機能と教育者・保育者の職務について学ぶこと」です。具体的な目的として右記のとおりに，大きく3つが考えられます。

1）前半・基本実習での学び

大きな実習課題を立てて実習に臨みますが，1日の実習ですべてを学ぶことはできません。さらに，1日1日の実習を有意義なものにするためには，大きな実習課題をもとに，具体的かつ焦点を絞った小さな実習課題が必要となります。1日の実習を終え，実習日誌を書きながらその日を振り返り，さらに，実習課題についてわかったことやわからなかったことを整理します。そして，実習園の先生のアドバイスなどを参考にしながら，明日の小さな実習課題を新しく立てていきます。

2）後半・応用実習での学び

前半・基本実習と同様，実習の深まりとともに日々新しい課題が生まれてきます。それをもとにさらに，小さな実習課題を立てていきます。「前半・基本実習で残った課題」「新たな自分の関心」「実習園の先生方からご指導いただ

【実習の目的】
①実習する園や施設についての理解
・機能や役割
・沿革・教育・保育方針・特徴
・環境・地域環境
・人的環境など
②保育と教育者・保育者の職務についての理解
・1日の流れ
・保育の内容
・子ども一人ひとりへの援助
・子どもたちへの援助
・生活のための環境構成
・安全配慮
・あそびのための教材準備・環境構成
・指導計画の立て方とその実際
・保育者同士の連携
・職員との連携
・家庭との連携
・子育て支援など
③子どもについての理解
・子どもの生活
・子どものあそび
・月齢・年齢による子どもの発達
・子ども一人ひとりの発達
・子どもの仲間関係など

いたこと」「前半・基本実習を経験したことで気づいた課題」などをとらえ直すことで，課題はより明確になるでしょう。

2 実習する園や施設の理解

　自分が実習する幼稚園や保育所，認定こども園ではどのような目的で保育を行っているのでしょうか。そして，その園や施設での実習は，どのような資格・免許の取得にかかわっているのでしょうか。こうしたことは，将来，自分がどのような職業に就くのかを考えるうえでも大切なことです。

　幼稚園実習は，幼稚園で実習を行い，保育実習Ⅰは，保育所実習とその他の施設の実習を行い，そのうえで，保育実習Ⅱ（保育所）または保育実習Ⅲ（保育所以外の施設）を行います。

表1-1　幼稚園・保育所・幼保連携型認定こども園の特徴

	幼稚園	保育所	幼保連携型認定こども園
管轄	文部科学省	厚生労働省	厚生労働省・文部科学省・内閣府
法的根拠など	学校教育法 幼稚園教育要領	児童福祉法 保育所保育指針	子ども・子育て関連3法*，児童福祉法（新改定），学校教育法，幼保連携型認定こども園教育・保育要領
目的	幼児を保育し，適当な環境を与えて，その心身の発達を助長する。	保護者の委託をうけて，保育に欠けるその乳児または幼児を保育する。	要保育認定にて認定を受けた子どもの保育と教育を行う。
対象児	満3歳児から小学校就学までの幼児（満3歳になった月からの場合もある）	乳児から小学校就学までの乳幼児	乳児から小学校就学までの乳幼児
資格・免許状	幼稚園教諭免許状（1種，2種，専修）	保育士資格	保育教諭（保育士資格，幼稚園教諭免許状保有者でかつ，認定こども園就労者に付与される）
保育時間	4時間を標準としているが，必要に応じて預かり保育なども実施している。	原則として8時間であるが早朝保育・延長保育・夜間保育も実施している。	教育時間およそ4時間を含む原則8〜11時間の保育時間。

*子ども子育て3法
①子ども・子育て支援法
②就学前の子どもに関する教育，保育等の総合的な提供の推進に関する法律の一部を改正する法律
③子ども・子育て支援法及び就学前の子どもに関する教育，保育等の総合的な提供の推進に関する法律の一部を改正する法律の施行に伴う関係法律の整備等に関する法律

memo

home room

認定こども園について

　就学前の子どもたちに教育・保育を提供する機能と，地域における子育て支援を行う機能を備えているのが「認定こども園」です。それには，幼保連携型・幼稚園型・保育所型・地方裁量型など，4つの型があります。また，子ども・子育て支援新制度の一貫として，「幼保連携型認定こども園」という新制度が2015（平成27）年度より実施されました。「幼保連携型認定こども園」とは，幼稚園と保育園の機能をあわせもつ施設のことで，教育および保育の双方を行います。さらに，地域型保育事業*も行われます。

　また，認定こども園の保育者は，「保育教諭」と呼ばれ，幼稚園教諭免許状と保育士資格をあわせもちます。

*地域型保育事業とは，家庭的保育事業，小規模保育事業，居託訪問型保育，事業所保育を指す。

幼保連携型	幼稚園型	保育所型	地方裁量型
認可幼稚園と認可保育所とが連携して，一体的な運営を行うことにより，認定こども園としての機能を果たすタイプ	認可幼稚園が，保育に欠ける子どものための保育時間を確保するなど，保育所的な機能を備えて認定こども園としての機能を果たすタイプ	認可保育所が，保育に欠ける子ども以外の子どもも受け入れるなど，幼稚園的な機能を備えることで認定こども園としての機能を果たすタイプ	幼稚園・保育所いずれの認可もない地域の教育・保育施設が，認定こども園として必要な機能を果たすタイプ

出典）文部科学省・厚生労働省幼保連携推進室『認定こども園パンフレット』

> 幼稚園と保育所の機能がどのように一体的に展開されているのか，また，子どもの生活や子どもへの先生方のかかわりに着目して理解するとよいですね。

memo

3　保育と保育者の職務

1）さまざまな職務

　実習園では，どのような仕事をしているのでしょうか。先生方は望ましい保育を行うために，保育以外にもさまざまな仕事をされています。それらすべてが，保育者の職務なのです。

表1-2　保育とさまざまな仕事

保育について	さまざまな仕事について
○園内・園庭・保育室の環境整備	○書類作成
○掃除	【例】カリキュラム，学級経営案，年間・月・週・その日の計画案，個人記録（日々の成長や身体測定など），小学校進学時の記録（指導要録または保育要録）
○クラス運営	
○毎日の保育の準備	
【例】歌，ピアノ，読み聞かせ，手あそび，リズムあそび，運動あそび，ダンス，リトミック，製作活動，動物の世話や飼育，畑や植物の管理	○保護者との連絡など
	○保護者会，懇談会，学級通信や保護者へのおたより作成
	○園内研究会，研修会への出席とレポート提出
○行事の準備	○市役所・教育委員会または福祉課・こども家庭支援課などへの書類提出
①行事（誕生会，遠足，避難訓練など）	
②行事*（運動会，作品展，発表会など）	○子育て支援事業，子育てサークル支援
○子育て支援	○防災管理・防犯，安全管理

＊立案から当日までは半年から数ヶ月を要することもある。責任担当者を決め，全員が協力して取り組む。

2）職員間の連携

　先生方は皆で保育について考え，子どもを理解することでよりよい保育をこころがけています。そうした職員間の協力や連携，意思の疎通などについても学んでいきましょう。「ほう・れん・そう」や相手への気遣い，職場のルールなどにも気づくことができるとよいですね。

　また，先生方は保育を計画的に行うために，必要に応じて打ち合わせや職員会議をもたれて

> **point**
> 「ほう（報告）・れん（連絡）・そう（相談）」はよい関係づくりの基本です。
>
> ほう（報告）：○○しました。
> 　　　　　　　○○をやっておきました。
> れん（連絡）：△△ちゃんは風邪でお休みです。
> そう（相談）：○○をしてもよろしいでしょうか。

います。さらに行事ごとにチームをつくり，行事の内容や準備，当日の職員の動き，子どもたちへの援助などの準備・実施・反省を行います。

4　子どもについての理解

1）学びの確認

　子どもとの出会いが待ち遠しいですね。子どもたちもきっと実習生がやってくることを楽しみにしているはずです。子どもたちとの生活を通して，これまで子どもについて学んだことを具体的に理解し，深めていきましょう。

幼稚園実習・保育所実習・施設実習など，実習先によって子どもたちの姿や生活が異なります。子ども理解や発達段階が書かれたテキストは手もとにありますか。「保育所保育指針解説書」にも発達の段階が記載されています。また，授業で見たＤＶＤなども思い出して，子どもの姿やようすを思い浮かべてみましょう。さらに，子どもたちのあそび（室内あそび，外あそび）への理解や，健康・安全管理など，対応や指導の留意点を確認しておきましょう。

> **point**
> 一斉保育，異年齢保育，宗教的行事，認定こども園など，園の保育・教育内容や形態はさまざまです。園のパンフレットをいただいていれば，それを熟読します。
> また，ホームページのある園ならば，更新されている場合もあるので，前もって，何回かアクセスし，理解を深めておきましょう。

２）安全な生活

　子どもたちの安全な生活は実習園にとって，もっとも重要なことです。万が一の場合に備え，実習園ではどのような取り組みや配慮をしているのかを具体的に学んでくることが大切です。

　安全および疾病予防への配慮について理解するため，防災の知識を得るとともに，子どもの危険防止や健康について学習したことを復習しておきます。

　幼稚園および認定こども園は「学校保健安全法」が適用され，保育所には「防火安全基準及び避難設備等に関する基準」があります。それぞれの園で定めている安全確保や緊急時連絡系統について知っておくことも大切です。

コラム　養成校と園とのつながりのなかで

　実習園の先生方は，実習生のことを，養成校から来るひとりの学生として理解します。そして，同じ養成校の先輩たちの実習時の姿を思い出し，「今度の実習生はどうかしら？」と，期待をこめて目を向けることも少なくありません。

　実習生は，個人の実習と思いがちですが，実際には養成校の先輩・後輩というつながりのなかで実習が行われていることを理解しましょう。そして，このようなつながりのなかに自分がいることに気づき，「できる限りの努力を惜しまない」という心構えをもって臨むことが大切です。

　自分の行動一つひとつが，後の後輩への印象にもつながることも意識しながら，自分にとって実りある実習にしていきましょう。

> 今度の実習生も頑張ってくれそうね。

|資料| **実習にかかわる知識** ―免許・資格と区分，呼び方―

1）免許・資格の取得と実習について

養成校では，幼稚園教諭免許や保育士資格取得のために必要な実習を，次のような組み合わせで行う場合が多いようです。履修科目や単位数，期間（時間）との関係で理解しておくことが大切です。

□幼稚園免許取得のために

○「幼稚園実習」として

幼稚園教育実習（必修4単位　20日以上　おおむね4週間）

※2回に分けて行われる場合が多い（1週間＋3週間，または2週間＋2週間）。

□保育士資格取得のために

○「保育所実習」として

保育実習Ⅰ（必修2単位　①保育所　おおむね10日）

＋保育実習Ⅱ（選択2単位　③保育所　おおむね10日）

○「施設実習」として

保育実習Ⅰ（必修2単位　②施設　おおむね10日）

表1-3　免許・資格取得のために必要な学外実習の期間

免許・資格	実習種別	履修単位		単位	実習日数・時間数	施設
幼稚園教諭	幼稚園教育実習	必修		4	20日以上かつ160時間以上 ※通常，幼稚園では計4週間で行われる場合が多い	幼稚園
保育士	保育実習Ⅰ	必修		4	おおむね20日 ①保育所：2単位 ②保育所以外の施設：2単位	A
	保育実習Ⅱ	いずれか	選択	2	おおむね10日　③保育所	B
	保育実習Ⅲ			2	おおむね10日　※保育所以外の施設	C

A 保育実習Ⅰ：保育所，乳児院，母子生活支援施設，児童養護施設，知的障害児施設，盲ろうあ児施設，肢体不自由児施設，重症心身障害児施設，情緒障害児短期治療施設，児童自立支援施設，児童相談所一時保護施設，知的障害者総合（援助）施設，知的障害者更生施設，知的障害者授産施設（通所を追加），知的障害児通園施設，難聴幼児通園施設，肢体不自由児通園施設，知的障害者小規模通所授産施設，自閉症児施設，肢体不自由児療護施設

＊保育実習Ⅰ（必修科目）4単位は，保育所における実習2単位，上記の施設のうち保育所以外の施設2単位。

B 保育実習Ⅱ：保育所

C 保育実習Ⅲ：児童厚生施設または知的障害児通園施設その他社会福祉関係諸法令の規定に基づき設置されている施設であって保育実習を行う施設として適当と認められるもの（保育所は除く）。

2）前半・基本実習と後半・応用実習 ―課題をわかりやすくするために―

　とくに幼稚園や保育所における実習は多くの場合，前半と後半に分けて行われ，それぞれの事前事後にそのねらいや内容に応じた指導が行われます。それぞれの養成校で行っている実習や事前事後の指導に合わせて，確実に学習に取り組んでください。

　なお，施設実習についてはとくに前半後半に分けず，実習の事前事後などに必要な内容を学びます。

本書で用いる名称	幼稚園実習での名称例	保育所実習での名称例
前半・基本実習	前半実習，基本実習，基礎実習，観察実習など	保育実習Ⅰ（履修科目名称），基本実習，前半実習，観察実習など
後半・応用実習	後半実習，応用実習，責任実習など	保育実習Ⅱ（履修科目名称），応用実習，後半実習，観察実習など

3）実習のさまざまな呼び方

　養成校の実習指導教員や実習園の先生方との話に，「観察実習」や「責任実習」，「部分実習」や「全日（一日）実習」，そして「研究保育」などのことばが用いられることがあります。こうしたことばは，養成校や実習園の先生方によって意味が異なる場合もあり，わからないときには確かめて，正しく理解することが大切です。

　ここでは，一般的に理解されている意味について示します。

　なお，本書での本文中の意味は，ここで示したものによります。

前半・基本実習	○主として観察や子ども・職員とのかかわりを通して学ぶ。 ・子ども，保育者とその役割，生活の流れ，子ども同士のかかわり，実習園のさまざま職務，職員同士のかかわりや連携，地域・家庭・保護者との連携など
後半・応用実習	○前半・基本実習の成果と課題をもとにいっそう学習を深める。 ○実習園の先生の指導や助言のもとで，保育者としての役割を担いながら，子どもたちとかかわり，専門的な資質や技能を修得する。
観察実習	○主に前半・基本実習の学習内容を，観察を通して学ぶこと。 　実際には，子どもや先生方とのかかわりを求められることが多く，かかわりを通して気づいたり，理解したり，感じたりすること。観察の視点をもって臨むことが大切である。
部分実習	○実習園の先生の指導や助言のもとで，保育の一部を実際に行うこと。 　朝の会や帰りの会，読み聞かせや手あそび，パネルシアターなど，これまでに自分で準備し，練習したことを実践する機会である。略案（部分的な指導案）の作成を求められることもある。
責任実習 全日（一日）実習 ※研究保育	○それまでの実習における成果と課題を活かし，登園から降園まで１日の保育を任され，「先生」として保育にあたること。実際には子どもを迎え入れる登園前の環境設定から，降園後の清掃や翌日の保育の準備までの保育者の仕事を経験する。 ※責任実習では，指導案（細案）の提出を求められることが多く，その場合，事前に担当の先生の指導を受けて教材研究や準備を行い，指導案を作成する必要がある。また，他の先生方に保育のようすを見ていただき，事後に，指導助言をいただくこと（反省会）がある。こうした保育を『研究保育』と呼ぶことがある。

【参考文献】

・厚生労働省「第４回保育養成課程等検討会」2011
・石橋裕子・林幸範編著『新訂知りたいときにすぐわかる幼稚園・保育所・児童福祉施設等実習ガイド』同文書院，2015

Action1 実習の目的

memo

Action 2 実習課題
― 大きな課題と小さな課題 ―

1 実習課題 ―考え方―

　ふだんの学生生活においては，課題を与えられることはあっても，自分で立てることは少ないでしょう。しかし実習では，自分で課題を立てることが求められます。

　その理由のひとつに，実習生として求められる力は幅広く生活力[*1]にまで及び，その育ちは，一人ひとり異なるということが挙げられます。そしてもうひとつは，現場の特性にあります。教育・保育現場には，あらゆる場面において学ぶべきことがありますが，焦点を絞ることによってはじめて，課題がみえてくるのです。したがって「これをしっかり学びたい」という課題の焦点の絞り方は，実習生によって違います。

　これらのことから実習では，自分で課題を立てることが大切になります。まず，「自分の課題は何か」を考えるところからはじめてみましょう。

　また，課題は実習の時期ごとに「何が自分に必要か」「何が足りないか」「とくに焦点を絞って，何を学びたいのか」を考えてみつけていきます。そうした課題は，前半・基本実習前／前半・基本実習中／前半・基本実習を終えてから／後半・応用実習前／後半・応用実習中／後半・応用実習を終えてからに分けて立てていくことが大切です。

　憧れの保育者がすでにいる場合は，その保育者の姿を最終的な目標とし，少しずつ近づくつもりで実習課題を立てていくとよいでしょう。

　また，保育者には子どもたちの生活を支える役割とあそびを援助する役割があり，この両面からも課題をとらえていきましょう。

> 実習課題への取り組みは，オリエンテーションの2週間ほど前（実習開始の1カ月前）を目安にまた，実習前に，他の保育系の実習がある場合には，その実習後の振り返りのときに行います。

2 自己課題から実習課題へ

1) 前半・基本実習前

　この時期に，実習で学びたいことを絞っておくことが必要です。まず，授業で学んだことを復習し，「現場で確かめてみたいこと」「実践ではどうなのかと関心があること」は何かを考えてみましょう。これが前半・基本実習全体を通しての大きな実習課題となります。そして，オリエンテーション

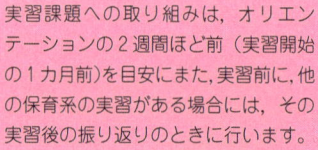

[*1] 衣食住を基本とした自分の暮らしを自分で行う力。

Action2 実習課題

の際にこれらの課題を実習計画や実習生調書などと一緒に提示し，わからないところについて助言をいただくようにするとよいでしょう。なお，こうした準備には時間がかかるので，早めに取り組むことが大切です。

　また，この時期は，子どもの生活を支える保育者の役割に関する課題を立て，取り組むことも大切

身につけておきたい基本的な生活習慣　　check list

- [ ] 食べ物の好き嫌いを少なくし，1日3度の食事をとる。
- [ ] 箸を正しく使う。
- [ ] 食後は歯を正しくみがく。
- [ ] 外出後は手洗い・うがいをする。

〈他〉
- [ ] 自分からあいさつをする。
  【例】「おはようございます」・「いただきます」・「こんにちは」・「ごちそうさま」・「こんばんは」
- [ ] 地域の人にあいさつをする。
  【例】「おはようございます」・「こんにちは」・「こんばんは」

- [ ] 目上の人に敬語で話す。
- [ ] 乗り物酔いに対応する（通勤，通園バス添乗）。
- [ ] 持病を管理する。
- [ ] 足をそろえて椅子に座る。
- [ ] 脱いだ靴はそろえる。

自分で項目を考えて書き出してみましょう。
- [ ]
- [ ]
- [ ]

身につけておきたい生活技術　　check list

- [ ] 身の回りの整理整頓をする。
- [ ] ほうき・竹ぼうき・ぞうきんなどを使って清掃をする。
- [ ] ぞうきんを絞る。
- [ ] 洗濯をする。
- [ ] 洗濯物を干す・たたむ。
- [ ] 布団を敷く・たたむ・押し入れにしまう。
- [ ] 脱いだ衣服をハンガーにかける・たたむ。
- [ ] 調理をする。
- [ ] 配膳・下膳をする。

- [ ] 食器を洗う・拭く・食器棚にしまう。
- [ ] テーブルを拭く。
- [ ] ゴミを分別し，決まった曜日に収集所に出す。
- [ ] 日本茶を急須で入れる。

自分で項目を考えて書き出してみましょう。
- [ ]
- [ ]
- [ ]

です。なぜなら保育者には，基本的な生活習慣などを身につけ自分の生活が自分でできることと，子どもにとってのモデルとして生活することが求められるからです。そこで，ここでは保育者として「身につけておきたい基本的な生活習慣」と「身につけておきたい生活技術」を挙げます。参考にしてみましょう。 p.11へ

さらに，教育・保育現場では，子どもが主体性を発揮できるよう，「手を使った生活」が行われます。教育・保育現場は，機械化された便利な現代の家庭生活とは異なる点がありますが，これらの「身につけておきたい基本的な生活技術」（11ページ）に示されたような経験が少ない実習生も多いのではないでしょうか。

保育者として必要な生活力を確認し，自分自身で不足していると思われるものは自己課題として，実習までにできるだけ身につけておくことが大切です。

home room 前半・基本実習前の自己課題の立て方

〈教育・保育について〉
①今までの養成校での学習を復習する。
②「現場で確かめてみたいと思ったこと」
　「実践ではどうなのかと興味をもったこと」
　などを考える。
③②を整理して自己課題とする。

〈生活習慣・生活技術について〉
①自分の日常生活を振り返る。
②身についている生活習慣・生活技術と身についていない生活習慣・生活技術が何かを知る。
③身についていない生活習慣・生活技術の獲得を自己課題とする。

下記のように自己課題を立てることで，大きな実習課題（関心）をつくり上げていくことができます。次に例を示します。

【自己課題】
a）子どもへのことばかけの仕方
b）子どものあそびにどうかかわっているか　⇒　【大きな実習課題（関心）】
c）子ども同士のケンカへの対処　　　　　　　　保育者のようすに関心がある

2）前半・基本実習中

実習中に教育・保育現場には，さまざまなそしてじつに多くの学ぶべきことや，理解すべきことがあります。それらをいくつかの視点ごとに整理してみるとよりわかりやすくなります。

ここでは大きな実習課題（関心）を，①実習園について，②保育者について，③子どもについて，④保育環境についてとして，そこに小さな視点を挙げてみます。

大きな実習課題（関心）	小さな視点
①実習園について	職員の人数，子どもの人数と男女比，クラス数，教育・保育の方針や特色，行事，通園方法，給食など
②保育者，教育・保育について	出・退勤時間，保育の準備，ミーティング，バスの当番，掃除や環境整備，服装・メイク・髪型，持ち物，表情やことばかけの仕方，あそびへのかかわり方，ケンカやいさかいへのかかわり方，読み聞かせの仕方，ピアノや弾き歌いの仕方，あいさつの指導，保護者に対するかかわり方など
③子どもについて	登・降園の方法，好きなあそびや活動・食事のようす，排泄・あいさつ・身支度などのようす，仲間とのあそびのようす，友だち関係，ことば，年齢による違いなど
④保育や保育環境・保育内容について	園舎・園庭の造りや設備，延長保育の利用状況，動植物，集会活動，壁面・掲示板の使い方，絵本・紙芝居，玩具，あそびのコーナー，表示の工夫，作品の管理，保護者への連絡，子どもの呼び方など

memo

home room

実習中の大きな課題と小さな課題

大きな課題を日々，どのように具体的な小さな課題にしていったらよいでしょうか。

大きな課題に近づくために，毎日少しずつ学ぶ視点を広げたり深めたりします。そうすることで，漠然としたものが少しずつ見えてきます。

【大きな課題の例】
・実習園についての理解を深める。
・子どもの園生活のようすについて学ぶ。
・保育者のかかわりについて学ぶ。
・環境構成や教材準備について学ぶ。

Pick Up!

【小さな課題】
1日目　3歳児の1日の生活の流れを理解する。
2日目　生活場面での子どものようすに注目する。
3日目　あそびの場面での子どものようすと保育者のかかわりに注目する。

わたしは，以下のように少し時間をかけて詳しく見ていこうと思いました。1日だけでは気づけないことにも気づくチャンスがありました。

【大きな課題の例】
・子ども一人ひとりの発達を理解する。
・子ども一人ひとりの発達に応じた援助について学ぶ。
・子どもの内面理解を深める。
・指導計画の立案・準備・実践について学ぶ。
・行事について学ぶ。
・子育て支援について学ぶ。

Pick Up!

【小さな課題】
1～2日目　子ども一人ひとりの発達に注目する。
3～5日目　子ども一人ひとりの発達に応じた援助の違いに注目する。
6～7日目　とくに援助の必要な子どもに対する援助の方法に注目する。

3）前半・基本実習を終えて　―後半・応用実習前―

　後半・応用実習の課題を立てていきます。そのためには，まず，実習日誌を読み返し，前半・基本実習全体を振り返ります。実践の経験や実習園の先生のアドバイスを思い出しましょう。

　後半・応用実習でも，子どもたちの生活を支える役割と，あそびを援助する役割の両面から課題を立てておくとよいでしょう。また再度，11ページの「check list〈身につけておきたい基本的な生活

習慣）」「check list〈身につけておきたい生活技術〉」を参照しましょう。

　後半・応用実習では，前半・基本実習での経験をもとに，部分実習や責任実習が計画されます。「子どもたちの何を育てたいか」「子どもたちにどのような体験をして欲しいか」をよく考えて，準備を怠りなく行っていきましょう。子どもたちの発達や興味・関心に合わせた活動を複数用意し，とくに製作を活動として考える場合，子どもたちとつくろうとする具体的な製作物の見本の作成や材料の準備を行うとともに，指導案に考えを記しておきましょう。

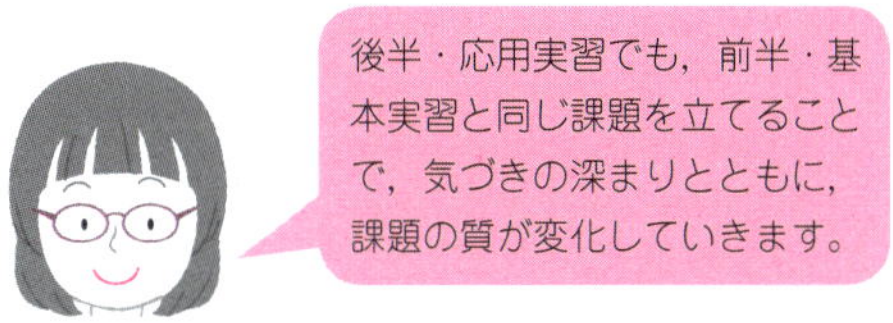

> 後半・応用実習でも，前半・基本実習と同じ課題を立てることで，気づきの深まりとともに，課題の質が変化していきます。

4）後半・応用実習を終えて

　前半・基本実習，後半・応用実習前に課題を探していたときとはうってかわって，後半・応用実習を終えたころにはいっそう，課題が山積みだと感じるのではないでしょうか。しかし，決してあせる必要はありません。課題をつねに胸に抱いて，着実に力をつけていけるような計画を立て実行していきましょう。

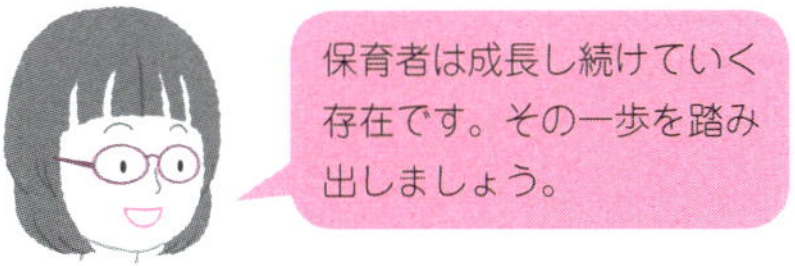

> ○○をしたいな。
> ○○のような子どもに育てたいな。

> 保育者は成長し続けていく存在です。その一歩を踏み出しましょう。

　また，後半・応用実習を終えたころには，自分の保育に対する思いや考えもできはじめます。「こんな保育をしたいな」「こんな子どもに育てたいな」と思いをめぐらせ，友だちともそのような思いや考えを交わし合っておくとよいでしょう。

memo

3　学ぶべきこと

　実習園の指導担当の先生方や養成校の実習指導教員は、実習生に「これだけは学んできて欲しい」と考えていることがあります。その主なものを以下にまとめますので、事前に理解しておきましょう。そして、できる限り自分の課題に反映させるようにしましょう。

summary

1　実習園について
- 実習園の機能や役割
- 実習園の沿革・保育方針・特徴
- 実習園の環境・地域環境
- 実習園の人的環境など

2　子どもについて
- 子どもの生活
- 子どものあそび
- 月齢・年齢による子どもの発達
- 子ども一人ひとりの発達
- 子どもの仲間関係など

3　保育について
- 1日の生活の流れ
- 保育の内容
- 子ども一人ひとりへの援助
- 子どもたちへの援助
- 生活のための環境構成
- あそびのための教材準備・環境構成
- 指導計画の立て方とその実際
- 保育者同士の連携
- 職員との連携
- 家庭との連携
- 子育て支援など

> ねらい・目標や課題意識をもって臨んでください。積極的に質問もしてみましょう。

memo

Action2 実習課題

memo

Action 3 実習園の決定にあたって
―基礎知識と考え方―

　実習園を決めていくために知っておくべきこととは，どのようなことでしょうか？　実習先は養成校で決める場合もありますが，ここでは自分で探して交渉したり希望する園を養成校に届け出る際の考え方，探し方について説明します。

1　実習園の基礎知識

1）公立と私立

　実習園は大きく，公立と私立に分けられ，それはおおむね，実習園の名称や設置者で確認することができます。

　多くの場合，実習園の名称に，市町村立などの表記がある園は公立です。一方，学校法人，社会福祉法人，宗教法人などの表記がある場合は私立になります。

2）公立と私立，どんな違いがあるの？

　公立の園は，市町村などの地方公共団体が運営するものとなります。そのため，保育者は公務員となり，年齢層が幅広い場合が多い傾向にあります。教育・保育内容は，市町村の教育・保育方針を受け幼稚園教育要領・保育所保育指針の理念を活かしたものとなっています。また近隣の小学校と密に連携をとるなど，地域に深く根ざした活動を行っています。

　一方，私立の園は，民間の法人が運営するものとなります。教育・保育内容は，幼稚園教育要領や保育所保育指針を踏まえながら，各園が独自性を打ち出し，多様なものになっています。バスによる通園も多く，したがって通園している子どもたちの家庭は，比較的広い範囲に居住している場合が多いというのも特徴のひとつといえるでしょう。

　このような違いを参考にして，実習先を選択するとよいでしょう。

表3-1　公立園と私立園との違い

項　目	公　立	私　立
名　称	市町村などの表記がある	学校法人，社会福祉法人，宗教法人などの表記がある
運営母体	市町村などの地方公共団体	民間の法人
保育者	公務員	法人や個人雇用した人材
保育内容	幼稚園教育要領・保育所保育指針の理念および市町村の教育・保育方針を活かしたもの	園が独自性を打ち出し，多様なものになっている

表3－2　幼稚園・保育所・施設　実習園の決定にあたって

	幼稚園	保育所	施　設
きっかけ	①母園（＝自分の出身園）である。 ②自分の家族・親戚などの出身園。 ③知人の紹介などで，相手が自分のことを知っている。 ④中学校あるいは高等学校などの職場体験で行ったことのある園。 ⑤まったく，はじめて連絡する園（住まいから近い園など）。 ※引っ越して遠い場合などを除く。		①ボランティア先。 ②養成校での割り振り。 ③出身地・出身県にある施設。
注意点	①園の電話番号を確認する。 ②園の所在地・概要を確認したうえで電話をかける。 ③養成校名・学年・氏名をはっきり名のる。 ④掲示などの発表を確認する。 ⑤配属園の所在地・概要を自ら調べる。 ⑥実習日誌を手帳などにメモする。		
探し方	①各市町村のホームページに掲載されている市町村の幼稚園一覧を検索する。 ②「全日本私立幼稚園連合会」のホームページなどから，各都道府県の加盟幼稚園を検索する。	①各市町村のホームページで子育て支援課などにある保育施設一覧などから探す。 ②養成校の実習指導センターなどで相談する。	①養成校での割り振りが基本。 ②養成校担当教員と相談する。
手がかり（目安） ①公立園 ②私立園	①保育が開始するまでに行くことのできる距離の園であること。 ②公立園，私立園ともに，認可園であること。 a.市・区役所，村町・村役場・町役場（以下，まとめて「役所」と記す）が窓口となり実習園を決定する場合 b.園で一応受けてから役所に届ける場合 ※実習先決定の方法は各市町村によって違うので，養成校の先生と相談する。 認可園であること。 ※「学校法人」などの名称がついている園は，認可されている。 ※「認定こども園」の名称で運営している場合，認可施設である場合が多い（養成校に確認すること）。	①保育が開始するまでに行くことのできる距離の園であること。 ※早番経験もさせていただく可能性がある。 ②認可保育園（認可保育所）であること。 ※「保育園」「保育所」どちらの名称でも認可されていれば，実習施設として認められる。 ③公立園，私立園ともに，認可園であること。 ※小規模保育所ではないこと。 ④認可園であること。 ※「社会福祉法人」などの名称がついている園は，認可されている。	実習の対象となる施設 ①児童養護施設 ②乳児院 ③母子生活支援施設 ④情緒障害児短期治療施設 ⑤知的障害児施設 ⑥知的障害児通園施設 ⑦知的障害者施設 ⑧盲ろうあ児施設 ⑨肢体不自由児施設 ⑩重症心身障害児施設 ⑪児童自立支援施設

2 実習園の特色

1）実習園の特色を知りたいときは，どうすればいいの？

実習園の特色を知りたいときは，まず，園のホームページを検索してみましょう。

主な保育の特色として，仏教保育，キリスト教保育，モンテッソーリ保育，シュタイナー保育，異年齢保育などが挙げられます。その他の特色としては，以下のようなものが考えられます。

- **教育・保育内容**：野菜の栽培，動物の保育，読み聞かせ，リズム，体操など
- **生活面**：有機野菜による調理，バイキング形式の食事など
- **子育て支援**：親父の会，保護者参観行事，子育て相談，一時預りなど

> 準備物に関しては，オリエンテーションで確認しましょう。

表3－3　実習園の特色と実習準備

実習園の特色		実習準備
仏教保育・キリスト教保育	それぞれの宗教に基づいた信条や信仰を基盤におく保育	宗教行事・歌・お祈りのことば
モンテッソーリ保育	モンテッソーリによって考案された教具や教育法に基づく保育	保育理念・保育方法
シュタイナー保育	シュタイナーの人智学的教育理念に基づく保育	
異年齢保育	子どもが異年齢の人たちと交流することによって，豊かで貴重な体験をもつことを願った保育	保育理念・保育方法・配慮事項

3 実習園の決定

1）実習園はどうやって決めるの？

実習園を決めるとき，養成校主導で行う場合と学生主動で行う場合とがあります。

> 学生には，養成校の代表であるという自覚が強く求められます。

養成校主導とは，養成校とすでにつながりのある実習協力園を，学生に割り振るという方法です。

一方，学生主動とは，学生が自ら実習園を探し，学内調整の後，自ら電話をかけて実習をお願いするという方法で「自己開拓」と呼ぶ場合もあります。養成校によって実習園を決める方法は違いますので，事前に確認しておきましょう。

2）養成校主導と学生主動（自己開拓）の特徴

どちらにもそれぞれ特徴があります。

養成校主導で行う場合は，実習園と養成校にすでに信頼関係が形成されています。実習園は養成校の雰囲気や実習指導の内容を，また養成校は実習園の教育・保育内容や実習指導の仕方などを互いに把握しあっていることが多いようです。

また，養成校は，実習生全員を実習園に割り振るので，実習生にとっては，実習先が自宅から遠くなる場合もあります。

Action3　実習園の決定にあたって

　一方，学生主動の場合は，実習園を学生が主体的に決めたうえでの依頼など，実習園決定までの手続きの多くを，実習生自身が行うことになります。
　ところで，受け入れ可能な実習生の人数を超えているときなどは，断られることもあります。ただし，こうしたことは，一見すると大変だと感じるかもしれませんが，困難に対しどのように対処をしていけばよいかを考え，それを実際に行動に移していくことで，その後の就職活動や社会経験の練習になるということを知っておきましょう。
　そして，ひとりで考えても解決できない場合は，養成校の指導教員や実習指導センターなどに相談しましょう。
　また，ボランティア活動などにも積極的に参加するなどして，実習園との関係をよりよく築いていくとよいでしょう。

- 実習園決定にあたっては，養成校の先生とよく相談しましょう。
- 実習先を探す時期は，養成校によって違いますので，先生や実習指導センターで確認しましょう。
- 昨今，地域によっては幼稚園の数が減少しています。養成校の先生から実習先を探すよう指示されたら，早い時期に依頼の電話をしましょう。
- 自己開拓した場合は，実習園から実習許可がおりたことを養成校の実習指導教員に報告します。一方，養成校に指定された場合は，実習園についての概要を確認し，実習期間を忘れずに手帳にメモします。
- 実習先を探すために早い時期に依頼の電話をかけた場合，「秋に，あるいは，年度が変わってからもう一度かけ直してください」と言われることがあります。この場合はまだ，承諾をいただいた段階ではないことを承知しておきましょう。

表3－4　養成校主導と学生主動（自己開拓）の特徴

決定する立場	特　徴
養成校主導	・実習園と養成校にすでに信頼関係が形成されている。 ・実習園は養成校の雰囲気や実習指導の内容を，養成校は実習園の教育・保育内容や実習指導の仕方などを互いに把握しあっている。 ・実習生にとっては，自宅から離れた園を指定される場合がある。
学生主動 （自己開拓）	・実習園を実習生が主体的に決めることができる。 ・実習の受け入れを断られる場合がある。

home room

子ども・子育て支援新制度

　2015年4月から実施された「子ども子育て支援新制度」により，地域型保育事業として「小規模保育」「家庭的保育」「居宅訪問型保育」「事業所内保育」も認可されるようになりましたが，これらの地域型保育事業施設での実習は，保育士資格の取得のための実習先として認められていません。また，認定こども園の場合，幼稚園教育実習を受け入れる園と保育所実習を受け入れる園があります。
　わからない場合は，養成校の実習指導教員に相談しましょう。

3）学生主動（自己開拓）の場合の進め方

実習園は，次の4つのポイントから考えて決めていくとよいでしょう。次に挙げる4つのポイントを参考に，事前に考え準備しておきましょう。

決定にあたってのpoint
（1）通いやすい
（2）つながりがある
（3）教育・保育内容に興味がある
（4）就職したい

> 実習は，体力と気力をフルに使います。

> 地域事情によっては，自動車以外の通勤が考えにくい場合もあります。そのような場合は個別の相談が必要となるでしょう。

（1）通いやすい

たとえば，実習期間中には7時30分ごろに出勤し，1日保育を経験し，夕方帰宅後に実習日誌を書くという日が続きます。そのため，通勤時間はできるだけ短い方がよいでしょう。地図を用意し，自宅を中心に円を描いて，通勤が可能な実習園かどうかの判断をします。そのときに注意しなければいけないのが交通手段です。実習園への通勤は，公共交通機関（電車・バス）か徒歩を原則とします。自動車・バイク・自転車などは，駐車・駐輪場の問題で実習園に迷惑をかける可能性があります。また，実習園に自動車やバイクで乗りつけることは，学ばせてもらう立場である実習生としては，一般的に望ましい姿とはいえないでしょう。

さらに，地域や曜日，交通機関によっては，出勤・退勤の時間帯にふだんより移動が不便になることもあります。そのため，移動手段が確保できるのか，細かな調査が必要です。土曜日や日曜日，祝日などに通勤する場合があることも考慮して，月曜日から日曜日までの全曜日について，通勤経路や利用予定交通機関での所要時間を調べておきましょう。

なお，自転車通勤をする実習生や，ふだんは自家用車で通学しているけれども，実習の際に公共交通機関の利用をする実習生は，通勤にかかる時間の感覚や交通事情などが異なってくるので，注意が必要です。一度，実際に実習園まで行き，時刻表や通勤経路，所要時間を確かめておきましょう。

（2）つながりがある

つながりのある園の代表といえるのが，実習生が卒園した園です。卒園した園は，実習生が通園していた当時からの保育者がまだ在職していることがあるため，園と学生双方にとって安心感があり，スムーズな受け入れが行われやすいといえます。また，実習生にとっては幼いころの思い出があり，思い入れも強い分，より積極的に実習に臨むことができるでしょう。なかには，当時の保育者がきっかけとなって，保育者を志

> 希望する園で実習をさせてもらえることが，意欲をもって実習に取り組むことにつながり，実習生にとって，大変有意義な時間となります。そういう姿勢が，結果的に実習園へのアピールともなり，就職につながる可能性が広がることもあります。

した実習生もいるかもしれません。さらには，「卒園児に限り実習生を受け入れる」という園もあります。

このようなことから，つながりがある園を，実習園の第1候補として選択することはよいことだといえるでしょう。

(3) 教育・保育内容に興味がある

教育・保育内容に関心をもった園での実習は，実践してみたい保育に触れる機会となり，実践を通して子どもの育ちや保育者とのかかわり方，環境構成など，多くの学びがもたらされます。期待感から，事前準備にも意欲的に楽しく取り組むことができ，よい実習となることが予想されます。

皆さんの関心にもよりますが，自然（動物，植物）との触れ合い，製作，音楽活動，障がいをもつ子どもや異年齢の子どもたちとの触れ合い，宗教的環境など，園が力を入れている内容について，多くの学びが得られるよう，準備の段階からおおいに調べてみるとよいでしょう。

(4) 就職したい　p.239 コラムへ

「もう就職のことを考えるの？」と思う人がいるかもしれませんが，実習園を選ぶ際には，就職のことも視野に入れて考えるとよいでしょう。なぜならば，園によっては，新任保育者を実習生のなかから採用することもあるからです。実習では，実習生の子どもたちへのかかわり方などから，適性をよく見ることができるため，就職のことで声をかけられることもあるようです。また，すでに就職したい園がある実習生は，実習生として赴いてお世話になり，精一杯，実習に取り組むことで，その姿勢をアピールし，実習以降のボランティア活動の参加にも積極的に申し出るなどして，園とのよりよい関係を築いていくとよいでしょう。

4) 希望する実習園が多すぎて迷うとき

希望する実習園が多くて迷う場合には，実際に園に出向いて情報収集をするとよいでしょう。登園時，降園時は保育者や保護者の姿を見かけることができますし，保育時間などでは，園庭からそのようすを見ることで，その園の雰囲気や教育・保育内容を推し量ることができるでしょう。その際には，「園の外からそっとようすを見せていただいている」という姿勢を忘れないことが大切です。また，今後，お世話になるかもしれないことを考えて，万が一，声をかけられてもよい服装や髪型・持ち物で，出かけましょう。このように実際に園を見て情報を得ることで，実習園を選びやすくなるでしょう。

5) その他に注意することは？

実習は自分だけでなく，養成校の多くの学生が行うものです。そこで自分の実習だけでなく，他の実習生の皆さんの実習も大切に考えることが必要です。養成校は実習生全体を考慮し，調整をしながら実習許可を出していきます。たとえば，園によっては，実習生を受け入れられる人数が限られるため，養成校では事前に希望する実習生の人数の調整を行う場合があるのです。そこで実習園の決定に際しては，とくに養成校の実習指導教員との「ほう・れん・そう」を十分に行い，自分だけで判断して進めることのないように気をつけることが大切です。

また，実習園を決めるこの段階から，多くの実習生が，地域の園と具体的にかかわりはじめることになります。お世話になるいずれの実習園においても，社会人としての一歩を踏み出す自覚をもち，どの場面でも誠意のある対応をこころがけましょう。

> 地域の園長先生方の間で実習生の姿勢などが話題になることも少なくありません。

> 他の実習生と希望園が重なった場合，こころよく調整に応じるということが，他の実習生の実習も大切にするということです。

home room
最終決断のポイント

実際に園に赴いて，「この園を自分の実習園にしよう」と最終的に判断する際，次の点に着目してみましょう。
　①子どもの表情
　②保育者のかかわりのようす
　③実習園のもつ雰囲気
これらを自分なりに感じ取って考えるとよいでしょう。

4　施設実習の場合

　施設実習は，知的障がい児施設，乳児院，養護施設など，さまざまな施設で行われます。実習園によっては，宿泊での実習となる場合があります。
　どのような施設で実習を希望するのかを考えておきましょう。養成校によっては学生の希望を調査し，それを参考にしながら実習園を決定していく場合があるからです。

home room
実習期間中のアルバイト

　実習期間が2～3週間となる場合，または，ひとつの実習が終わって，1週間程しか時間をあけずに次の実習がある場合など，休日はからだを休め，振り返りや翌週の準備を行う日とします。
　実習終了後も，実習日誌を完成させたり，お礼状を作成したりするなどに時間をあてる必要があります。そのため，実習期間中の休日や実習の前日，実習終了後の翌日にアルバイトを入れるような無理はしないことです。

> 養成校によっては，無理なアルバイトを行っていると判断した学生に対し，実習停止とするところもあるため注意しましょう。

Action3 実習園の決定にあたって

施設・障害の基本的理解　施設に関する基本事項を習得
⇩
施設実習の内容について　各種施設の概要を把握
⇩
希望施設種（児童養護，乳児，障害児・者など）についての調査
希望は考慮するが，枠は決まっているので調整していく場合がある

実習施設ごとの学校枠候補を提示
⇩
実施施設を決める　学校枠・自己開拓
⇩　実習先でのボランティア体験

清書1部（実習施設へ）　実習生調書の作成　写真←髪の毛の色，服装などに注意
コピー2部（担当教員・自分保管用）⇩　実習日誌の配布
研究課題の作成
⇩
巡視・保険用地図の作成

実習施設でのオリエンテーションへの参加　　健康診断書申請，送付
　　　　　　　　　　　　　　　　　　　　　検尿・検便→提出期限遵守
⇩
施設実習（10日間）

①宿泊実習が基本となる。
②施設側の事情により通勤実習の場合もありうる。
③食事料・宿泊料が必要となる（施設によって値段は異なる）。
④施設により，中休みがある場合とない場合とがある
　（中休みがある場合は，計11日間の実習となる）。
⇩
実習事後指導

①実習日誌の提出　②実習施設へのお礼状の作成と送付　③実習評価・面接

図3-1　施設実習の流れ（例）

memo

Step 2

実習のまえに／実習のあいだに
深める／実践し課題を解決する

ねらい
- ☑ オリエンテーションや実習に向けて準備に取り組む。
- ☑ 心構えや健康管理などについて学び，取り組む。
- ☑ 実習で実際に学ぶことや実践することについて理解を深める。
- ☑ 実習で直面するさまざまな出来事や課題，そして悩みなどに対するとらえ方や取り組み方について学習する。

Action 4　実習生調書の作成
―自分を理解してもらうために―

　実習園に提出する実習生調書は，実習前に自分のことを実習園に知っていただくための大切な書類です。そこに書かれていることから，実習園の先生は，皆さんのことを「どんな実習生だろう」と想像もするでしょう。そこで実習生調書作成にあたって以下の注意事項についてよく理解し，取り組みましょう。

元号か西暦か，提出する他の書類とあわせる

⚠ －1　**記載内容**
記載する内容については，正確な情報を集めましょう。

- ☐ 自分の氏名は本当に正しく書けている？
- ☐ 住所は正確に書けている？
- ☐ 郵便番号は忘れずに書いている？
- ☐ マンション名，アパート名と部屋番号も書いている？
- ☐ 学歴は正しく書けている？

point
卒業した学校が統廃合や校名の変更をしたり，居住していた市町村で合併などが行われたりした場合もあります。そのときは，「卒業証書」に記されている校名を記入します。自分が入学したとき，卒業したときの校名を書きましょう。在学中に変更があった場合には，そのことをそのまま記入すればよいのです。

平成○○年度　幼稚園教育実習生調書（サンプル）

氏名：**実習 実也**

定規を使って線を引いて，清書が終わったら，消しゴムでていねいに消す

性別：男・女　しっかりと○で囲む

写真 3×4cm

生年月日：平成○○年　△月　□□日（満　○○歳）

提出時か実習時の年齢を書くのかは，養成校の指示に従う

現住所：〒123-4567　○○県△△市□□町◇◇1丁目2-3　コーポしあわせ7号室

実習時の住所：同上 ← 現住所と同じ場合
実習先に帰省先から通う場合は帰省先の住所を書く

連絡先，現在の健康状態，既往症
実習先に知っておいて欲しいことがあれば記入する
※養成校の指示に従う

出身校及び履歴：中学校，○○市立杉山上高等学校生活科，高等学校，○○市立杉山総合高等学校保育科（平成○年より校名，科名変更）

Action4　実習生調書の作成

⚠ －2　写真

写真は写真屋さんで撮影してもらい，就職活動にも使えるようにしましょう。

□写真の裏面に養成校名・氏名を書いている？　　□スティックのりは用意している？

point
はがれてしまったときのことを想定し，裏に養成校名・氏名を書いておくと安心です。

point
写真を貼るときに使います。実習生調書の用紙が薄い場合に用紙が傷みません。

⚠ －3　その他①

必ず下書きをしましょう。

□プラスチック消しゴムを用意している？　　□0.3mm・黒のボールペン（サインペン）を用意している？

point
下書きを消すとき，実習生調書の用紙が傷まないものを準備するといいです。

point
記入は0.3mmの黒ボールペン（サインペン）がよいでしょう。実習中の記録を書くときも，細かいところまで書くのにふさわしく，また，同じものを2本買っておくと，紛失したときや途中で使えなくなった場合に安心です。

得意な科目		
趣味・特技	・散歩…自宅周辺の公園によくでかけます。自然のようすを観察することがとても楽しみです。 ・読書…推理小説が好きで，とくに○○○○の作品を集めています。	

項目を箇条書きにするだけではなく，少しコメントをつけ加える

実習に関係するものから順番に記す

取得（予定）免許・資格	項　目	年　月　取得（予定）
	幼稚園教諭1種免許状	平成30年3月取得予定
	保育士資格	平成30年3月取得予定
	小学校教諭1種免許状	平成30年3月取得予定
	リクリエーションインストラクター（○○協会）	平成21年5月取得

資格を与えた協会，団体名

実習の目標	実習を通して学びたいことを記す

⚠ －3　その他②

国語辞典をいつでも使えるように手もとに置いておくとよいでしょう。また，教育・保育用語について分かるもの（『幼稚園教育要領解説』『保育所保育指針解説書』など）も準備しておくとなお，よいですね。

⚠ －3　その他③

実習生調書は完成まで，クリアファイルに入れてもち歩きましょう。

point
提出の際もきれいなクリアファイルに入れ，それを封筒に入れて提出すると，相手の気分もよくし，印象もよいです。

通勤経路（自宅から幼稚園まで）	

29

1　書く内容について正確な情報を集めよう！

1）自分の氏名は本当に正しく書けている？

　いつも書き慣れている自分の氏名だからこそ，くせがついていたり，はらいやはね，点をうつ場所などを間違えていたりする場合があります。履歴書などでもそうですが，氏名はもっとも大きく書かれます。形，バランスにも気をつけて下書きをし，ていねいに清書しましょう。

2）住所は正確？

　町名や番地なども正確に調べておきましょう。郵便番号が無記入の場合などには，「きちんと調べて書いていない」という好ましくない印象を与えてしまいますので注意しましょう。

3）学歴は本当？

　養成校によっては，卒業した小学校名や中学校名を記入する場合があります。それは，小・中学校が，その地域の中で実習園の子どもたちの進学先になっていることが多く，実習園にとっては馴染みが深く，おつき合いがある場合もあるからです。

　また，とくに指定がない場合は，学歴や免許・資格取得などの欄に書く「年」は，平成などの元号がよいでしょう。ただし，これは，提出先である実習園や養成校の方針に従うことが大切で，必ず確認しておきましょう。

2　「実習の目標[*1]」を書くコツ　—こう考えてみたらどうだろう！—

　「実習の目標」をどう考え書くのかが一番悩む課題です。ここでは，ひとつのコツを紹介します。書くスペースにもよりますが，内容を大体3つに分けます。そして，もしも全体で10行の分量ならば，「2.5行＋4行＋3.5行」と，大まかな目安を立

> 余白が多いと，「書くことがない」「書く気がない」「書けない」とマイナスなイメージで受け取られてしまうことがあるので，余白を残さないで最後まで書くことが大切です。

home room

自分でつくる氏名のお手本術　—今さらだけど—

　下記の手順で自分の氏名のお手本をつくることができます。それを見ながら清書するとよいでしょう。また，氏名以外の他の文章にも応用することができます。

実習 実子
①パソコンのワープロソフトで自分の氏名を入力する。

実習 実子
②「実習生調書」に記入する大きさに拡大する。

実習□実子
③文字を「教科書体」に変換。お手本の出来上がり。姓と名前の間は半角あける。

[*1]「実習にあたって」と呼ばれる場合がある。

てて考えます。
　たとえば，10行で「①保育者を目指す理由・きっかけ，②養成校で学んだこと，学んでいること，③この実習で学びたいこと」について書くとしましょう。それぞれの書く際のポイントを下記に挙げます。

①保育者を目指す理由・きっかけ
　実習園では，本当に「保育者になりたい」「子どもの前に立ちたい」「子どもと一緒に過ごしたい」と思っている実習生を，将来の後輩として迎えたいと思うはずです。そこで，内容としてはたとえば，子どものころの思い出，自分の先生への憧れ，中学・高校のころの体験活動など具体的なことに触れながら書くとよいでしょう。

②養成校で学んだこと・学んでいること
　こんなことに興味・関心をもって学んでいる，ということがわかるように書いてみましょう。たとえば「大学では，とくに子どもの心理について関心をもって学習しています。将来，子どもの内面をよく理解し，子どもの思いを活かせるようになりたいと考えています」など書かれてあると，自分の得意なことだけではなく，保育にどう活かしたいかという思いまでも理解してもらえるはずです。

③この実習で学びたいこと
　実習では，大きく，次の囲み部分について学びます。そのことを踏まえながら，上記の①，②と関連づけて書くことが大切です。
　すべては書ききれませんが，たとえば自分のとくに学びたいことを取り上げ，「先生方の姿から」「先生方のご指導をいただきながら」「積極的にかかわりながら」「日々，ねらい・目標をもって」など，取り組む姿勢をつけ加えてまとめてみるとよいでしょう。さらに，「……よろしくご指導をお願いいたします」と締めることができれば，あなたの前向きで，しかも謙虚な姿勢を感じ取ってもらえるはずです。下記に挙げたものをテーマに「この実習で学びたいこと」について書いてみましょう。

○子どもについて　○保育について　○保育者の役割　○子どものかかわり　○保護者とのかかわり　○保育者同士の協力　○園のさまざまな仕事　○保育を振り返り自己課題をもつなど

memo

「実習の目標」を書いてみましょう

　これまで学んだことを活かして,実際に「実習の目標」を書いてみましょう。実際に書く際には,それぞれの実習生調書のスペースにあわせます。

① 保育者を目指す理由・きっかけ

> あなたが保育者を目指した理由はなんですか？　たとえば,あなたが通っていたころの幼稚園の先生に憧れたからですか？　その先生のことを思い出しながら書いてみましょう。

② 養成校で学んだこと・学んでいること

③ この実習で学びたいこと

　　　　　　　　　　　　　　　　　　　よろしくご指導をお願いいたします。

結びのことばは忘れずに書きましょう。

3　用いることばと表記

　幼稚園に実習に行く際に「わたしは保育士の役割を学びたいと……」はおかしいですね。もしも「保育」ということばを用いるならば，「保育士」ではなく「保育者」と表現します。また，幼稚園ならば「教師」ということばが『幼稚園教育要領解説』には用いられています。
　このように，一見同じだと思い込んでいるけれども，しっかりと使い分けるべきことばがあります。
　また，「子ども」「こども」「子供」「幼児」「園児」のどの表現を用いればよいのでしょうか。このことは，指導計画を作成したり実習日誌を書いたりする場合にも共通する問題です。実習園によって，また，指導してくださる先生によって，それぞれ用いることばや表現が違うかもしれません。しかし，実習生としては，それらのことばが示されている基本となるもの（『幼稚園教育要領解説』『保育所保育指針解説書』など）を手がかりに書くようにするのがよいでしょう。
　また，「表記（たとえば，コドモは『子ども』か『こども』，もしくは『子供』か）はどうなのだろう」と心配な場合にもまず，それらを参考にするとよいです。他にも，国語辞典などで調べ，自分の文章のなかで間違った表記がないように気をつけましょう。

home room
教育研究・研修機関の文書を参考にしてみましょう

　都道府県や市町村の公的な教育研究機関のホームページには，教員や保育者が用いることばについて表記を統一して作成された文書などが掲載されていることがあります。参考にしてみるとよいですね。
（例：仙台市教育センターホームページ「用字・用語の表記例」）

work sheet
間違いやすい漢字

　実習生調書や実習日誌などでよくある漢字の間違いを挙げます。曖昧（あいまい）なことばは，国語辞典をひいて確かめておきましょう。

【例】○年齢　×年令　○満21歳　×満21才

【Weak List】曖昧なことばを書き出し，国語辞典をひくなどして確認しておきましょう。

☐ _____ → _____　　☐ _____ → _____
☐ _____ → _____　　☐ _____ → _____
☐ _____ → _____　　☐ _____ → _____
☐ _____ → _____　　☐ _____ → _____

4　顔写真を実習生調書に貼る

　実習生としての自分自身を表現するつもりで，身だしなみを整えてから撮影に臨みましょう。その際には，下記のチェックポイントを参考にしてみるとよいですね。

写真撮影の際の最終チェック

- [ ] 髪の毛の色は自然な色ですか？
- [ ] 顔に髪の毛がかからない髪型ですか？
- [ ] ナチュラルなメイクですか？
- [ ] しみや汚れのない清潔なスーツを着用していますか？
- [ ] アイロンをきちんとかけたブラウス・シャツを着用していますか？
- [ ] ブラウス・シャツのボタンをきちんととめていますか？
- [ ] ピアスなどのアクセサリー類ははずしていますか？

check list

　また，就職活動の際にも使用できるように，スピード写真ではなく，写真屋さんでプロのカメラマンに撮影してもらうとよいでしょう。プロのカメラマンによる撮影の際には，「正しい姿勢で」「あごをひくように」などといったアドバイスがもらえたり，服装，髪型の乱れなどを正してもらえたりもします。なにより，皆さんの一番よい表情を撮影してもらうことができます。さらに，焼き増しが可能となるため，就職活動の際の写真の準備にもなります。

> **point**
> 実習園の保育者は，多くの実習生がいるなかで，実習生調書に貼ってある顔写真を手がかりにして，一人ひとりを識別します。顔写真は，見る人に意欲や社会性など多くの情報を与えるものです。

> 「撮影した写真で大丈夫？」「手持ちの写真で大丈夫？」など不安なときには，養成校の先生に相談してみましょう。養成校に写真のよい例のサンプルがあり，それを見せてくださる場合があります。

> どのような髪型やメイク，服装がふさわしいのかについて，基本は養成校の説明に従います。また，先輩からの助言や経験なども話をうかがって参考にするのもよいでしょう。

5　コピーをとる

　時間をかけてていねいに作成した実習生調書は，きっと皆さんの誠実な人柄，そして積極的な学習意欲と素直な思いを，実習園の先生方に伝えることでしょう。

　しかし，「何を書いたのか覚えてない」「自分の目標は何だったのか忘れてしまった」では，意味がありません。オリエンテーションの際に，実習生調書の内容を質問されることもあります。そこで，提出前に予備も含めてコピーを2～3部とっておくようにしましょう。

Action4　実習生調書の作成

　また，養成校でも指示を受けるかもしれませんが，そのうちの1部は，実習日誌や毎日もち歩くファイルに綴じておくとよいでしょう。そして，もう1部は，就職活動で履歴書を作成するときのための参考資料にもなるので，別に保管しておきましょう。

> コピーをとるときは，コピーモードを「文字・写真」にすると，文字も顔写真も比較的クリアに写ります。

> コピーをとるサイズは，クリアファイルに収まる大きさに変倍します（A3のサイズ→A4に縮小）。

6　もしも自分で用意する場合

　多くの場合は，養成校の実習指導教員や実習指導センターが，他の書類と一緒に実習生調書を封筒に入れて持参用に揃えてくださると思います。しかし，必ずしもそうとは限らず，「自分で封筒に入れてもって行くように」と，指示される場合もあります。なお，封筒の宛名の書き方は，それぞれ養成校の指示に従うようにします。

　また，実習園の担当の先生に実習生調書を渡す際には，「『実習生調書』と養成校からお渡しするように言われました書類です。よろしくお願いいたします」と，ことばを添えてお渡しします。このとき内容について質問を受けるかもしれません。

養成校で書類を揃えていただける場合でも，あらかじめ自分がもっていく書類の中身と内容を実習指導教員や実習指導センターの担当の方に確かめておくようにしましょう。

> 実習生調書と他の書類を実習園に持参する際は，ひと回り大きいな封筒などに入れてからバッグに入れます。そうすることで，汚れたり，しわになったりせず，きれいな状態で渡せるでしょう。

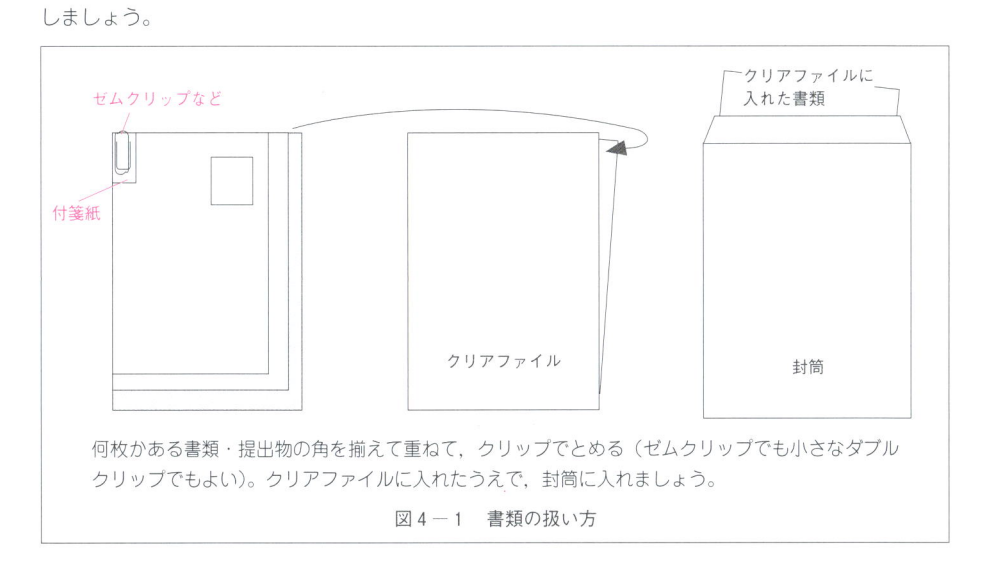

（ゼムクリップなど／付箋紙／クリアファイルに入れた書類／クリアファイル／封筒）

何枚かある書類・提出物の角を揃えて重ねて，クリップでとめる（ゼムクリップでも小さなダブルクリップでもよい）。クリアファイルに入れたうえで，封筒に入れましょう。

図4-1　書類の扱い方

コラム　実習生調書の情報が間違っていることがある

　実習前に提出された実習生調書や訪問してくださる養成校の教員のための連絡票などの住所，地図を頼りにして出かけると，実習園に無事にたどり着かない……これは，笑い話のようですが本当にあったことなのです。

　もちろん地図を見たり，また車で行く際は，ナビを使ったりして行く場合もありますが，「駐車場がない」「駅からバスが出てない」「帰りのバスの本数が少ない」など，困ることがあります。また，目印のお店が今はない。はたまた，一方通行だったり，正式な入り口が到着した場所の反対側だったり……。

　先生方によってはたくさんの荷物をもって訪問される場合もあり，苦労されているケースが多々あります。予想外に早く着いてしまい，周辺で約束の時間まで待つこともあります。そのため，実習生調書は正確に書きましょう。曖昧な項目は，調べたうえで記すことが大切です。

memo

memo

Action4 実習生調書の作成

Action 5 電話のかけ方
—オリエンテーションまでに—

1　どのように話せばいいの？

　どのような具体的なことばで電話をするのか，以下に，その例を会話の形式で紹介します。落ち着いて，しかも失礼のない電話のかけ方を学びましょう。心配なら，練習のために一度，ご家族やご親戚などに電話をかけてみて，練習をしてみるのもよいでしょう。

　ここではいくつかの場合を想定して，電話のかけ方を説明します。

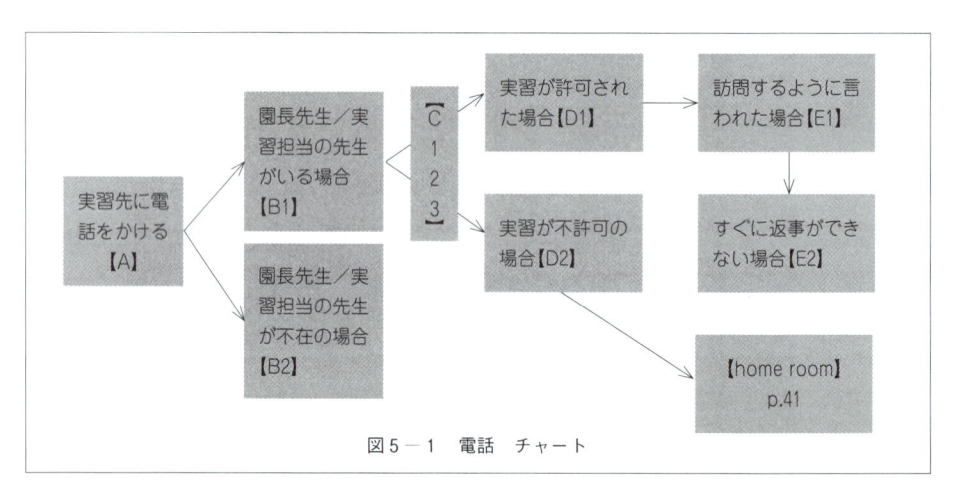

図5－1　電話　チャート

【A】
実習先に電話をかける

学生：○○幼稚園（保育園）でしょうか（でいらっしゃいますか）？

職員：はい

学生：わたくしは，○○大学○○学部○○学科○年の○○○○（フルネーム）と申します。お世話になります実習の件でお電話をいたしました。園長先生か実習ご担当の先生はおいででしょうか（園長先生か実習ご担当の先生はお手すきでしょうか）？

> 実習生が複数名の場合は，それぞれがバラバラにかけるのではなく，一緒に電話のところにいて，代表者が電話をかけます。

Action5 電話のかけ方

【B1】
園長先生／実習担当の先生がいる場合

園長先生／実習担当の先生（以降，園／先）：お待たせしました。園長（実習担当）の○○です。

学生：お忙しいところ失礼いたします。わたくしは○○大学○○学部○○学科○年の○○○○（フルネーム）と申します。幼稚園教諭免許（保育士資格）取得のための実習を，○○年○月と○○年○月ごろに，ぜひ，貴園でお願いしたいと考えておりますが，ご都合はいかがでしょうか？

> 園長先生あるいは，実習担当の先生と電話で話していないのですから，まだ，ここでは，「依頼の電話をかけた」という段階ではありません。

【B2】
園長先生／実習担当の先生が不在の場合

職員：園長も担当者も，外出しております。

学生：いつごろでしたらいらっしゃいますか？

職員：○月○日の△時ごろならいると思います。

学生：（メモを読み上げながら）それでは，○月○日の△時ごろにもう一度お電話させていただきます。お忙しいところお時間を頂戴いたしまして，ありがとうございました。失礼いたします。

> 園長先生あるいは，実習担当の先生のいらっしゃるご都合のよい時間帯を聞いて，必ずメモします。そして，忘れずにその時間にかけ直します。授業や試験，行事などの自分の都合を言えるように用意しておきましょう。

【共通の心構え】

相手が電話を切ったことを確認してから，こころのなかで3つ数えて電話を切ります。

【C1】
実習時期などを聞かれる場合

学生：学校から○年生の○週間と△年生の○週間の実習をするよう言われております。○○年○月○日から○月○日の○週間と○△年○月○日から○月○日の○週間を予定しておりますが，ご都合はいかがでしょうか。

> ①養成校の学校種（専門学校，短期大学，4年制大学），②何年生の，③何月に，④何日ずつの実習時期が予定されているかをはっきり伝えましょう。

> 「他の時期ではだめですか」と聞かれることもあります。そのような場合は，この期間でないと授業と重なってしまうことなど，養成校の事情を説明します。

> 実習期間が，土日祝日などでずれる場合には，養成校に相談します。

【C2】
自身や家族が卒園，または，弟妹・いとこなどが在園の場合
学生：わたくしは，○○年に貴園を卒園いたしました。当時，△△先生によく遊んでいただき，それが幼稚園教諭（保育士）を目指すきっかけとなりました。

【C3】
園を知ったきっかけを質問された場合
園/先：どちらで当園を知ったのですか。
学生：①家が近いので，存じておりました。自宅は○○町です。
　　　②貴園の前を通って高校に通学していました。
　　　③知人に貴園のお名前を聞きました。
　　　④インターネットで拝見しました。
　　　⑤先輩からすすめられました。

【D1】
実習が許可された場合
園/先：○年○月○日から○月○日の△日間の実習の受け入れは可能です。
学生：ありがとうございます。（メモを読み上げながら）それでは，○○年○月○日から○月○日の期間で，○○実習をお願いいたします。養成校から依頼の文書を送らせていただくことになりますので，よろしくお願いいたします。お忙しいところお時間を頂戴いたしまして，ありがとうございました。失礼いたします。

【D2】
実習が不許可の場合
園/先：申し訳ありませんが，その時期は実習生を受け入れていません。
学生：わかりました。また，機会がありましたら，ぜひ，勉強させてください。よろしくお願いいたします。お忙しいところ，お時間を頂戴いたしましてありがとうございました。失礼いたします。

> 実習許可がおりた場合は，必ず，実習期間を自分のメモに書き，それを読み上げて復唱します。

【共通の心構え】
相手が電話を切ったことを確認してから，こころのなかで3つ数えて電話を切ります。

【E1】
訪問するように言われた場合
園/先：面接をするので，一度，園に来てください。

【E2】
すぐに返事ができない場合
学生：その日に伺えるかどうかこの場ではわかりかねますので，学校の授業などの予定

学生：ありがとうございます。いつお伺いしたらよろしいでしょうか。
園／先：○月○日の○時に来られますか。
学生：はい。承知いたしました。何か準備するものはありますか。

を調べまして、後日改めて、ご連絡させていただいてよろしいでしょうか。いつごろでしたら、お電話を差しあげてもよろしいでしょうか。

> 必ず、面接日時を自分のメモに書き、それを読み上げて復唱します。

> 現状を伝え、園長先生（実習担当の先生）に電話をかけ直す際のご都合を確かめておきます。

【共通の心構え】
相手が電話を切ったことを確認してから、こころのなかで3つ数えて電話を切ります。

2 養成校の実習指導教員，実習指導センターへの報告

　実習が許可されたこと，あるいは面接に行くことは，必ず，実習指導の先生方に報告します。もしも必要があれば，実習園決定報告書などを提出し報告します。　p.42へ

　なお，養成校では，学生からの報告を受けた後，さまざまな手続きを経てから，依頼状を実習園に送付しています。「すぐに依頼状が欲しい」「次年度になってから，再度，連絡を欲しい」など，実習園の事情も，養成校の実習指導教員や実習指導センターにしっかり伝えます。そうした手続きの後に，実習園から承諾書が届いてはじめて「実習園決定」となることを覚えておきましょう。

　養成校によって，実習園決定の報告の方法は異なります。実習園決定報告書を定めている場合もあり，その一例を次ページに掲載します。報告する内容や項目について参考にしましょう。

home room

実習受け入れを許可されなかった場合

　園に実習をお願いする学生は，あなただけではありません。他の養成校の実習生を受け入れてしまった期間であったり，卒園児しか実習を受け入れない園であったり，園内研修が多く，実習生は受け入れない年度であったりと，「実習受け入れ不可」と言われる理由はさまざまです。

　近年，何かうまくいかなかったり，断られたりといった経験の少ない学生が増えています。「実習受け入れ不可」と言われただけで，「自分のせいだ」と極端に落ち込んだり，また逆に園が断ったからと，その園にマイナスのイメージをもったりする人も見受けられます。

　実習を断られた場合には，「ご縁がなかったのだ」と，次の園に問い合わせるように気持ちを切り替えましょう。ただし，この場合は受け入れが不可であったことと，別の園を探すことを養成校の実習指導教員に忘れずに報告しましょう。

実習園決定報告書（例）

報告者	学籍番号			ふりがな		報告日　年　月　日	
	性　別		男・女	氏　名			
幼稚園	幼稚園実習先	公立・私立		幼稚園名			
	所在地	〒					
	電話番号			担当者名（対応者）			
	特記事項 （話した内容など）					連絡日 　月　日（　）	
保育所	保育所実習先	公立・私立		保育所名			
	所在地	〒					
	電話番号			担当者名（対応者）			
	特記事項 （話した内容など）					連絡日 　月　日（　）	
施設	施設実習先	公立・私立		施設名			
	所在地	〒					
	電話番号			担当者名（対応者）			
	特記事項 （話した内容など）					連絡日 　月　日（　）	

home room

施設の場合

　施設では、「園長先生」とは呼ばずに、「施設長先生」などと呼びます。施設職員の方の場合は、「〇〇先生」ではなく、苗字や名前で「〇〇さん」というような呼び方をする場合もあります。
　また、施設職員の方は交代勤務が多く、実習担当者に電話がつながるためには、何度か電話をかけなければならないこともあります。施設の勤務の実態を理解し取り組みましょう。

> 実習担当者がいらっしゃる時間帯をよく聞いて、その時間にかけ直しましょう。

3　電話をかける際の留意点

　電話をかけることや受けることには，社会人としての常識が要求されます。
　アルバイトでは，電話を受ける経験は少ないかもしれません。しかし，社会人ともなれば，保育職であろうとそれ以外の仕事であろうと，電話対応をすることは大切な業務のひとつとなります。
　つまり，はじめて実習依頼の電話をかけた時点で，社会人の入り口に立ったといえるわけです。

1）「直接」お話ができたときが電話を「かけた」とき

　「電話をかけたのに相手が出ないのです」「電話をかけたのですが，園長先生（実習担当の先生）がいなかったんです」などと言う学生がいますが，園長先生あるいは実習担当の先生と「直接」お話ができたときが電話を「かけた」といえるのです。

2）謙虚な気持ちで

　実習をさせていただくことを，当然の権利のように思ってしまいがちですが，それはどうでしょうか。皆さんの実習期間は，子どもたちと先生方にとっては，大切な教育・保育の時間です。そこで貴重な時間の一部を共有させていただくということ，また，免許・資格を取得するにあたって現場を見せていただくことは，何より貴重な勉強になるのです。この原点に立ち返って，謙虚な気持ちで電話をしましょう。

3）携帯電話やスマートフォンでかける場合の注意点

　養成校の実習指導教員に「固定電話でかけるように」と助言をいただいた学生もいるかもしれません。しかし，固定電話のない家庭が増えています。また，携帯電話やスマートフォンが当たり前の今，公衆電話を利用したことのない学生も多いことでしょう。
　ではなぜ，固定電話を推奨するのでしょう。
　携帯電話などは，
　①電池が切れやすい（充電の減りが早い）。
　②電波が届きにくい。
　③電話をする場所によっては相手の話す声が聞こえにくい。
などの問題が考えられるため，養成校では推奨していません。
　しかし，そうはいっても実際には今後，携帯電話などを利用する状況が，ますます増えてくるでしょう。
　このような場合には，
　①充電をしっかりしておく。
　②電波状態のよい場所を選んでかける。
　③周囲の雑音のない場所でかける。
ことが大切です。
　また，固定電話や携帯電話などいずれであっても，うかがった内容をメモできるように，筆記用具

を手もとに用意することが必要です。養成校の先生方も実習園の先生方も，実習生が手帳を用意していることを想定しています。

また，複数名で実習に行く場合には，同じ実習園に行くメンバーが揃っている状態で代表者が電話をかけ，その内容を一緒に実習に行く仲間に伝えるようにします。

4　電話をかける望ましい時間

時間帯に配慮し，「迷惑にならない時間」にかけるように養成校の実習指導教員から指導を受けると思います。では，いったい，望ましい時間はいつなのでしょうか。

幼稚園・保育所の1日がどのように動いているのか，ということから考えてみましょう。

1）幼稚園の場合

基本は，降園時間が終了している午後3時から5時前くらいの間に一度電話をかけてみて，後は園の指示に従うのがよいでしょう。保育所と同様に，登降園，保育の時間などは避けましょう。

曜日でいえば，水曜日が半日保育という園もあります。そうなると，11時から11時30分までは電話をかけるのは避けた方がよいのですが，12時以降なら電話を受けてくださる可能性があります。しかし先生方は，午後に研修などで園外に出てしまわれる場合もあることを頭に入れておきましょう。

ただし，園長先生，実習担当の先生が，午前中が都合がいいからと指定される場合には，この限りではありません。

> 保育がスタートした後の時間帯なら連絡がとりやすいことがあります。

幼稚園の1日

【登園】午前8時30分から9時30分までは，子どもの受け入れや保護者からの連絡などでとても忙しい時間帯です。バス登園の園では，午前10時ごろまでが受け入れの時間です。

【保育の時間】午前9時から11時30分ごろまでで，子どものあそび（主活動を含む）の時間帯です。

【昼食（お弁当または給食）】午前11時30分から午後12時50分くらいまでが昼食の時間帯です。

【降園】午後2時30分くらいに降園としている園が多いですが，夏期保育期間，ゴールデンウィーク後，休み明けなどは，午前11時30分に降園とする場合もあります。

> バス送迎や園庭開放など，園によって降園の指導が終了する時間はさまざまです。

2）保育所の場合

　保育所の午睡時間は，午後1時から3時前くらいですので，この時間帯やお迎えがピークとなる前の午後4時から5時30分くらいまでの間に電話をかけることが望ましいでしょう。この時間帯に一度かけてみて，後は保育所の指示に従うとよいでしょう。

　登降所（園）の時間，保育の時間，昼食時間，間食の時間などは，とくに忙しい時間なので避けます。また，曜日でいえば，とくに月曜日（週明け）の午前中は避けます。週明けで，子どもたちが落ち着かないなどの場合があるからです。

保育所の1日

【登所（園）】午前7時30分から9時30分が朝の忙しい時間帯です。先生方にとって，送り迎えの保護者と話す時間は大切な時間です。

【昼食】乳児クラスは11時からが食事にかかわる時間です。

【間食】午後はもちろん，未満児などは，午前にもおやつの時間があります。

【降所（園）】午後4時，または4時30分ごろから，時間外保育の時間帯となります。

---

memo

Action 6 実習園に行く前の準備物
—ふさわしさをこころがける—

1 実習園に行く前に準備するもの

　実習に必要なものを具体的に準備しはじめると，実習がより身近に感じられます。しかし，準備するものは多く，また，実習にふさわしいものを選ぶ必要があるので時間がかかります。早めに予算の用意をし，準備できるものから買い物をはじめるなど計画的に進めましょう。

【事前の準備】
①実習の手引きや養成校から配布された資料などを熟読し，実習の心構えを確認する。
②実習の目的や抱負を実習日誌の所定の欄に記入し，明確にしておく。
③実習にかかわる学習内容を復習し，不足している部分を補っておく。
④実習に役立つと思われる教材（絵本，パネルシアター®，ペープサート，エプロンシアター，レクリエーション，手品，手あそびなど）を準備しておく。
⑤実習中の持ち物を点検し，記名する。

> 明日がオリエンテーションです。何をしたらよいですか？

> 今まで準備したものの最終チェックを行います。とくに，質問リスト（49ページ（3）を参照）はテキストなどを参考にして，質問事項にもれがないかを確かめましょう。

1）実習日誌・指導案の書式

　実習日誌は記入できるところはすべて記入し，汚れないようにカバーをかけておきます。そしてオリエンテーション時に提示して，実習日誌の形式が実習園に不都合がないかどうかを確認していただきます。同様に指導案の書式も見ていただくために持参します。

2）文房具
（1）筆記用具（ノート・ペンケースなど）

　筆記用具は，機能的でシンプルなものを社会人の第一歩を踏み出すイメージで選んで用意しておくとよいでしょう。
　オリエンテーションで説明される実習に対する心構えや実習計画などの重要なことはメモを取りながら聞き，オリエンテーション後，実習日誌に記載します。

(2) A4クリアファイル

オリエンテーションでは，実習園から資料をいただくことがよくあります。貴重な資料を汚したりしわになったりすることがないように，A4サイズのクリアファイルを用意しておくとよいでしょう。

3）服装
(1) 服装

服装はスーツが好ましいでしょう。そして，スーツにふさわしいブラウス・シャツ，ストッキング・くつ下，革靴，バッグが必要です。以下に，もう少し具体的に男子学生・女子学生別の必要な服装を挙げてみます。

> **point**
> 冬に訪問する場合にはコートが，雨に備えて傘が，また小物としてハンカチ・ティッシュの準備が必要です。いずれも清潔なものを用意しましょう。

【男子学生】

スーツ，ワイシャツ，ネクタイ，くつ下，革靴，バッグ。

> バッグは高価なものでなくてよいので，リクルート用の黒いバッグがよいでしょう。リュックは避けます。

> 革靴は磨いておきます。

> ハイヒールやサンダル，ブーツなども避けます。

> ストッキングは予備も用意しておきます。

【女子学生】

スーツ（スカートは，座ったときにあまり短かすぎないようなもの），白いブラウス・シャツ（あまり胸元が開いていないもの），ストッキング（ナチュラルな色のもの），革靴（ヒールの高くない黒のパンプス）。

(2) 髪型

髪型は，清潔感のある黒髪がよいでしょう。

【男子学生】 髪を短く切り，前髪もあまり長すぎないようにします。
【女子学生】 長い髪の場合は，後ろに結ぶなどして，横の髪もヘアピンでとめるとよいでしょう。

(3) 保育着（数セット）

ズボンはジャージーかチノパンなど。ジーンズは動きにくいので避けたほうがよいでしょう。キャラクターのものやジャージーを用いる場合は，それでよいか確認が必要です。また，保育中に汚れたら着替えられるように，下着やくつ下（シンプルなもの）も準備しておきましょう。

> 保育着については，オリエンテーションでよくたずね，その園にふさわしいものを準備する必要があります。

(4) 上履き

着脱しやすいものがよいでしょう。養成校指定で使用しているものがあれば，それをきれいに洗って持参します。バレエシューズなど，子どもたちにもひと目で「上履き」だと認識できるものが好ま

しいでしょう。スニーカーは，ひもを結ぶのに時間がかかったり，ひもがほどけたりすると危ないので避けます。

（5）外履き

履きやすく保育室から園庭にすぐに出られるものを，担当クラスの下足箱に置いておくとよいでしょう。

（6）スリッパ

実習園でお借りしないように持参します。スーツに似合うシンプルで清潔なものを用意します。重要書類とともにバッグに入れてもち歩くことになりますので，スリッパを入れる袋もあわせて用意しましょう。

> 上履きをかかとのない布製のルームシューズやナースサンダルに統一している園もあります。

> 園庭に出るときに，わざわざ職員用玄関まで行くと時間がかかるので，外履きは通勤以外にもう1足用意しておくと便利です。

（7）帽子

活動的なものや折りたたみができるものなどを用意するとよいでしょう。つばが広すぎるものやキャップは避けます。使用にあたっては実習園の先生に確認するようにします。

（8）名札（ひらがなで書く）

名札は洗えるフェルトや名前シールなどでつくったものをつけて実習する園が多いようです。また，アイロンネームを用いる方法もありさまざまですので，実習園の先生に確認しましょう。ただし，安全ピンの割れやすいものは避け，しっかりしたものを選びましょう。

また，名札はエプロンに縫いつける園もあれば，使用しない園もあります。ただし，保育所において，乳児クラスでは，安全ピンの針が危ないという考え方から，名札は縫いつけを奨励するようになってきています。

> **point**
> 名札を安全ピンでつけるものは確認します。安全ピンでつけるものが不許可の場合は，直接縫ったり，スナップでとめたりするなどの工夫をしましょう。

4）昼食

毎日弁当なのか，主食のみ持参なのか，給食なのかなどを確認します。給食の場合は，1食の代金はいくらなのか，いつ，誰に支払うのかを確認

> 箸の持ち方・ひじをついて食べないなど，食事のマナーも身につけておきましょう。

します。また，子どもたちが箸を用いる場合は，フォークではなく箸を準備しておきます。

実習期間は，弁当づくりが間に合わない場合も，ひょっとしたら出てくるかもしれません。コンビニエンスストアであわてて購入するようなことになった場合にも，弁当箱に移しかえるというひと手間は必要です。同様に，水筒が必要な場合も，ペットボトルのお茶などをそのまま持参せずに，コップが別になる水筒に詰めかえて持参しましょう。

5）保育に必要なもの

（1）手づくり教材

後半・応用実習では，部分実習や責任実習が計画されています。そのため，後半・応用実習のオリエ

ンテーションの際には，部分実習や責任実習で使用を考えている教材を持参し，それが適当かどうかについてのご意見をいただきます。とくに，責任実習での使用を考えている教材は数種類持参しましょう。貴重なアドバイスを早い段階でいただけるので，余裕をもって実習準備を進めることができます。

6）その他

（1）交通アクセスのための資料

指定された時間に遅れずに余裕をもって確実に訪問するためにも，事前に実習園の場所を確認しておきます。交通手段や公共交通機関の時刻表を確認して，実習園への交通アクセスの資料を作成して持参携帯します。

（2）携帯電話・スマートフォン

不慮の事故や交通機関の遅延などの緊急事態を想定し，緊急連絡用として持参します。実習園と養成校の連絡先を登録し，十分に充電したうえで持参します。

> **point**
> 携帯電話やスマートフォンが使用できない場合に備えて，メモ帳にも実習先や養成校の連絡先を記入しておきます。

（3）質問リスト

オリエンテーションでは，実習についての説明が行われます。その説明を聞きもらすと，後から実習園に電話をかけ，改めて聞き直す必要が出てくる場合もあります。そのようなことにならないように，質問や確認する必要があることを事前に整理し，あらかじめメモに書いておくとよいでしょう。

> **point**
> オリエンテーションで，着替えや環境整備の時間，遅刻の連絡手段など，具体的な点について確認しておきましょう。

> あわてずにすぐに質問ができるように，質問リストをノートに書いた場合は，付箋などを貼るなど印をつけておきます。

> 大きなノートを広げることがむずかしい場合もあります。すぐに取り出せるメモ帳に質問リストを作成しておくとよいでしょう。

（4）実習園から事前に指定されたもの

実習園からオリエンテーション時に持参するようにとくに指定されたものは，忘れずに用意します。オリエンテーション後すぐに保育の実践をさせていただける場合，保育着，上履き，エプロンなどを持参するようにと指示されることがあります。これらはいずれも実習園にふさわしいものが必要となるので，よく確認しておきましょう。

（5）養成校からの持参書類

養成校から実習園へ持参する書類を準備します。これは，実習にかかわる重要な書類です。クリアファイルにはさんだうえで封筒に入れ，十分な大きさのバッグに入れるなど，養成校の代理として持参するという気持ちで，ていねいに扱いましょう。

> **point**
> 実習中に使用する予定の歌やピアノの楽譜は，実習生にとってぜひとも，実習前に準備しておきたいものです。オリエンテーションの際に，実習担当の先生にたずねてみると，園に保存してある資料やファイルを見せていただけることがあります。
>
> p.246 h.rへ

2　その他に準備しておくと安心な持ち物

　実習中，思いがけないことが起こる場合があります。たとえば，エプロンのポケットがほつれてしまったり，急に雨が降ってきたりするなど，もしものときに対応ができるように準備をしておくと安心です。

> 【準備・持参するもの】
> ①歯ブラシセット　②ソーイングセット　③常備薬　④髪の毛をまとめるもの（ゴム・ピンなど）　⑤コンタクトレンズの予備（不意にはずれたときに備えて準備する）／眼鏡　⑥腕時計（突起物の少ない防水タイプ・園によっては使用を禁止しているので確認が必要です）　⑦折りたたみ傘

3　施設実習の場合

　施設は，比較的交通の便がよくない場所に設置されているため宿泊実習が多いですが，施設の状況や実習生の所在地などによっては，通いの場合もあります。

1）宿泊実習における留意点

　施設の仕事は，宿直や夜勤が必ずあります。実習生もこのような現場を体験することは，とても重要であり実習の意味や効果が高めることにつながります。しかし，施設職員や子どもたち，利用者などへの負担や影響は小さくはありません。そこで，宿泊実習に際しての配慮すべき点をしっかりと認識しておきましょう。

〈宿泊実習に際しての配慮すべき事項〉
　①施設のルールを守る。
　②自己体調管理を行う。
　③節度をもって行動する。
　④勝手に外出をしない。
　⑤10日間の生活に最低限必要とされるものを持参する。
　⑥つねに整理整頓をこころがける。
　⑦借用したものは必ず返却する。
　⑧喫煙・飲酒はしない。
　⑨スマートフォンや携帯電話，パソコンなどの使用に留意する。
　⑩わからないことや困ったことは必ず，施設職員に質問する。

Action 6　実習園に行く前の準備物

【準備・持参するもの】
①ジャージー　②パジャマ　③スリッパ・体育館シューズ　④ドライヤー　⑤シーツ　⑥枕カバー　⑦半袖上着・ハーフパンツ（入浴補助）　⑧フェイスタオル（入浴補助）　⑨エプロン　⑩タオル（バスタオル，小さめのタオル数枚）　⑪洗濯用洗剤　⑫ハンガー　⑬洗濯ばさみ／洗濯ロープ　⑭飲み物　⑮ハンドクリーム／リップクリーム　⑯ボックスティッシュ　⑰ポケットティッシュ　⑱マスク（とくに重症心身障害児施設では感染予防のため）　⑲帽子　⑳メモ帳　㉑リュックサック（ナップサック）　㉒ウエストポーチ　㉓その他（実習先の施設形態に応じた必需品）など
※46～49ページで紹介した準備物に追加して準備するものです。

> 成人用施設の場合は，軍手，長袖，長ズボン（ジャージー可）などの作業用の持ち物の準備も必要になります。

home room

夏に行われる実習時の持ち物

　夏には園庭のプールで，水あそびを行うこともあります。そのときの先生方の服装は，Tシャツにハーフパンツであったり水着であったりと園によってさまざまです。実習園の先生方に確認し，園の方針にあった準備を行うことが必要です。その他にも，園外保育などではリュックサックなどを用意します。
　①水着（カジュアルなもの）
　②水着の上に着るためのTシャツ／ハーフパンツ（カジュアルなもの）
　③タオル
　④日焼け止め

> オリエンテーションのときに，水着の形などについて確認しておきましょう。

> タオルは，汗ふき用と忘れたときやタオルが濡れてしまったときのことを想定し，数枚準備しておくと安心です。

> 子どもに接するときのことを考慮し，日焼け止めの使用ついて実習園の先生に伺っておきましょう。

memo

資料 準備物 Check List

次に挙げた項目が、オリエンテーションのために準備するものなのか、実習のために準備するものなのか、それとも両方のために準備するものなのか各欄に「○」印をつけて確認しましょう。

1）実習日誌関連

項　目	オリ	実習
□ 実習の手引き		
□ 実習日誌（必要事項を記入して、カバーをかけておく）		
□ 実習日誌の書式コピー（書き足す場合のために、数枚準備しておく）		
□ 養成校からの持参書類		
□ 指導案の書式（養成校で学んだ形式のもの）		

2）文房具

項　目	オリ	実習
□ 筆記用具		
□ メモ帳（ポケットに入る大きさのもの）		
□ ペン（0.3mm・黒・数本）		
□ 油性ペン（自分の持ち物への記名用）		
□ シャープペンシル（下書き用）		
□ シャープペンシルの替え芯		
□ レポート用紙（実習日誌の下書き用）		
□ 定規		
□ スティックのり		
□ 付箋紙（幅がせまいもの・広いもの）		
□ 消しゴム（よく消えるもの）		
□ 封筒（給食費支払い用）		
□ 健康保険証		
□ 印鑑（朱肉で押すもの）／朱肉		

3）保育教材の製作用文房具

項　目	オリ	実習
□ 製作道具一式		
□ はさみ（先の丸いもの）		
□ のり		
□ クレヨン		
□ 色鉛筆		
□ カラーペン		
□ 折り紙		

摩擦で消せるペンの使用は避けます。

ノートやペンケースなどはシンプルなものを用意するとよいでしょう。アニメなどのキャラクターがついているものや、企業の販促用で広告つきのものは避けましょう。

ペンはポケットのなかに入れて保育中にメモをとるためのものと、実習日誌を書くときのものを用意します。

反省会などのときにしっかりメモをとるためにも、レポート用紙を持ち歩くことは当然のことです。

カラーペンは使い慣れたものを用意します。

Action6　実習園に行く前の準備物

4）服装

項　目	オリ	実習
☐ 保育着（数セット）		
☐ スリッパ／スリッパを入れる袋		
☐ 上履き		
☐ 運動靴		
☐ 帽子		
☐ 名札（ひらがな）		

> 名札に書く表記は，フルネームなのか，姓だけなのか，名前だけなのか，実習園の指示に従います。

5）弁当関連

項　目	オリ	実習
☐ 弁当箱		
☐ 箸・スプーン・フォーク		
☐ 弁当包み（ランチョンマット用）		
☐ エプロン（上ポケットつきのもの。キャラクターのものは使用の可・不可を確認する）		
☐ 三角巾・マスク（配膳用）		
☐ 湯のみ，マグカップ（園から指定された場合）		
☐ コップ（プラスチック・取っ手つき）		

> メニューによっては，箸だけなのかスプーンだけなのかフォークだけなのか，それともすべて用意するのかは，日によって違います。実習園の指示に従いましょう。

> おしぼりや水筒を持参する場合もあります。

6）保育に必要なもの

項　目	オリ	実習
☐ 絵本・紙芝居		
☐ ファイル（楽譜用）		
☐ 手作り教材（部分実習，責任実習に備えて）		

7）その他

項　目	オリ	実習
☐ 交通アクセスのための資料		
☐ 携帯電話・スマートフォン		
☐ 質問リスト（事前につくっておく）		
☐ 小銭（コピー代など：小さな袋もできれば用意する）		
☐ 国語辞典（漢字の確認をするため）※携帯電話・スマートフォンは使わない		
☐ 荷物を運ぶバッグ（シンプルなもの）		
☐ ハンカチ（ポケットに入る大きさ・数枚）・ティッシュ		

> 携帯電話などの緊急連絡用・住所録はすぐに電話がかけられるように「実習」というフォルダをつくり，グループ別に登録するなどしてわかりやすくしておきましょう。

> お金を渡す際の小袋には，「用途（例えば，『コピー代』）」「養成校名」「自分の氏名」「金額」を明記します。

home room

国語辞典をひく

実習日誌や実習生調書には，漢字を間違えずに正しく書くことが大切です。そのためにも国語辞典などを傍に置き，あやふやな漢字は調べてから書きましょう。電子辞書でもかまいませんが，使用可か不可は実習園に確認しておきましょう。

point
携帯電話やスマートフォンの変換は正しくない場合があります。

work sheet

準備するものが決まったら

　準備するものが決まったら，実際に準備する計画を立てましょう。入手先を調べたり，行く予定を決めておくとよいでしょう。その際，先輩から情報を得たり，友だちと一緒に購入するなど工夫しましょう。

実習日程と実習園が決まったら

（　　　　　）実習　実習期間　　　年　　月　　日（　）〜　月　　日（　）
オリエンテーション　　　　　　年　　月　　日（　）

日　時	準備するもの	買い物先など	チェック
	○スーツ　○シャツ	※クリーニングに出す	
	※報告書を実習指導センターに提出する。		

オリエンテーションが決まったら

(　　　　)実習　実習期間　　　年　月　日(　)〜　月　日(　)
オリエンテーション　　　　　　年　月　日(　)

日　時	準備するもの	買い物先など	チェック
	○バッグ（△△先輩にどんなものがよいか聞いておく）	○○カバン店	

Action 7 実習日誌Ⅰ
－実習日誌の準備－

　実習で使用するものの準備と並行して，実習日誌の準備も進めることになります。以下に実習日誌の準備としてすべきことを，具体的に説明します。

1　氏名・園名を正しく記入する

　氏名は，あなた自身を表すものです。一字一字ていねいに，横書きで読みやすい文字で記入します。

　実習園名は，○立・△△法人などを含む正式名称で記入します。実習園名についてはとくに，漢字・ひらがな・カタカナなど，表記などの間違いがないように，十分に気をつけます（たとえば，『ちゅ「う」りっぷ』なのか『ちゅ「ー」りっぷ』なのかなど）。

　鉛筆で下書きをし，文字の大きさやバランスなどを確認してから，ペンで清書をします。清書が終わったら，鉛筆の下書きは残らず消します。

> 落ち着いてこころを込めて書きましょう。それでも間違えてしまった場合は，養成校や実習園の指示に従い修正します。

> 実習日誌に顔写真を貼るスペースがある場合には，実習生調書と同じようにしましょう。

memo

> ここではまず，「実習日誌の表紙」，「実習園の概要」，「実習計画・予定表」，「園舎の配置」の書き方をしっかりと学びます。

Action7 実習日誌Ⅰ

【実習日誌の表紙記入例】

平成○○年度 —— 元号か？ 西暦か。実習園，養成校
の指導・方針に従って表記をそろえる

幼稚園教育実習日誌

園名だけではなく，○○市立，○○町立，
○○法人などもしっかり書く

実習園	ふりがな	がっこうほうじん　あおもりがくえん　あきたみなみようちえん
	① 実習園名	学校法人　青森学園　あきた南幼稚園
	③ 所在地	〒○○○-△△□□ ○○県○○市□□□1丁目2－3 TEL（○○○○）○○－○○○○

ふりがなも，姓と名の間をあけると
読みやすくなる

実習生	○○大学　○○学部　○○学科　学年 ○年　学籍番号　　番		
	ふりがな	じっしゅう　りょうこ	
	氏　名	実習　良子	
	現住所	〒○○○-□□□□ ○○県○○市□□□123番地 TEL（090）○○○○－○○○○	
	実習時の住所	同　上 　　　　　　　　　　　TEL（　）　－	

○○大学　　○○学部　　○○学科

現住所と同じ場合「同上」と記入する。
異なる場合は，その住所を記入する

【実習園の概要の記入例】

① 実習園名	学校法人青森学園 あきた南幼稚園	設置者名	理事長 △△○○先生
② 園長名	○○□□先生	指導者名	□□○○先生
④ 職員	□園長1名　□主任1名　□教諭7名（内1名フリー） □その他　事務2名　技師1名　バス1名			
⑤ 園児クラス	□3歳児（年少）　　○ほし組（27名）　　つき組（28名） □4歳児（年中）　　ゆり組（30名）　　きく組（30名） □5歳児（年長）　　ぞう組（29名）　　○くま組（30名） ※○は配当クラス			
⑥ 教育目標・方針 特色ある活動・事業	1．心身の健康を高める 　じょうぶな体と明るくたくましいこころをもち，生き生きと活動する。 2．創造性を養う 　自発的な活動によって情緒を安定し，豊かな情操を育て創造力を高める。 3．社会性を培う 　年齢に応じた社会性をもち，友だちとよく遊び，子どもとしてのモラルを身につけ，他人に迷惑をかけない。 ○毎週水曜日：体操教室　木曜日：絵画教室 ○毎月第1，3火曜日（午前）：子育て相談			
保育時間	時　　分　　～　　時　　分			

勤務や実習の時間とは別ですので気をつけましょう

⑦ 沿革（歴史）	1925（大正14）年 △△□□により創立。 （第二次世界大戦のため休園） 1947（昭和22）年4月 ○○△△氏が△△□□より園舎を譲り受け再開。 1951（昭和26）年10月 私立学校法人の制定同時に，学技法人○○幼稚園として認可される。	1953（昭和28）年11月 鉄筋コンクリート平屋建て園舎落成 定員120名の3級編成になる。 1971（昭和46）年4月 保育室，職員室を増築。4級編成になる。 1975（昭和50）年4月 保育室を増築。定員160名の5級編成。 1995（平成7）年4月 園舎を増築，6級編成になる。
⑧ 園を取り巻く環境など	あきた南幼稚園のある地域は，○○市の北部に位置し，□□の西に隣接し，JR○○線で○○駅まで10分ほどという交通の便の良さから，ベッドタウンとして発展してきた。また，四方を○○高速道路，バイパス□号線，県道○号線などで囲まれ，交通の状況にも恵まれている。また，市の中心部にある市役所周辺には商店街，オフィス街があるが，園がある○○は，住宅地，児童公園，田んぼや畑に囲まれた比較的穏やかな環境といえる。 　一年を通して風が弱く穏やかである。夏は蒸し暑く，冬は数年に一度の割合で数センチから十数センチほどの降雪があるが，保育に大きな支障をきたすことはない。 　あきた南幼稚園は△○幼稚園と姉妹園であり，一年を通じて保育や研修などでのかかわりが深い。地域の小学校や自治会，福祉施設と連携協力した活動にも力を入れるなど，地域に根ざした保育を目指している。	

【実習計画・予定表，園舎などの配置の記入例】

	月　日（　）	実習園の予定・行事	実習計画（主なもの）	クラス
1	○月○日（月）	集会，縦割り活動	・自己紹介・観察　・園長先生の講話	ほし
2	○月○日（火）		・読み聞かせ　・朝の会の指導	ほし
〜	〜	〜	〜 ❾	〜
8	○月○日（水）	歯科検診	・部分実習（しっぽとり）	くま
9	○月○日（木）	誕生会	・昼食指導　・読み聞かせ	くま
10	○月○日（金）	絵本持ち帰り	・製作（折り紙）　・指導案検討	くま

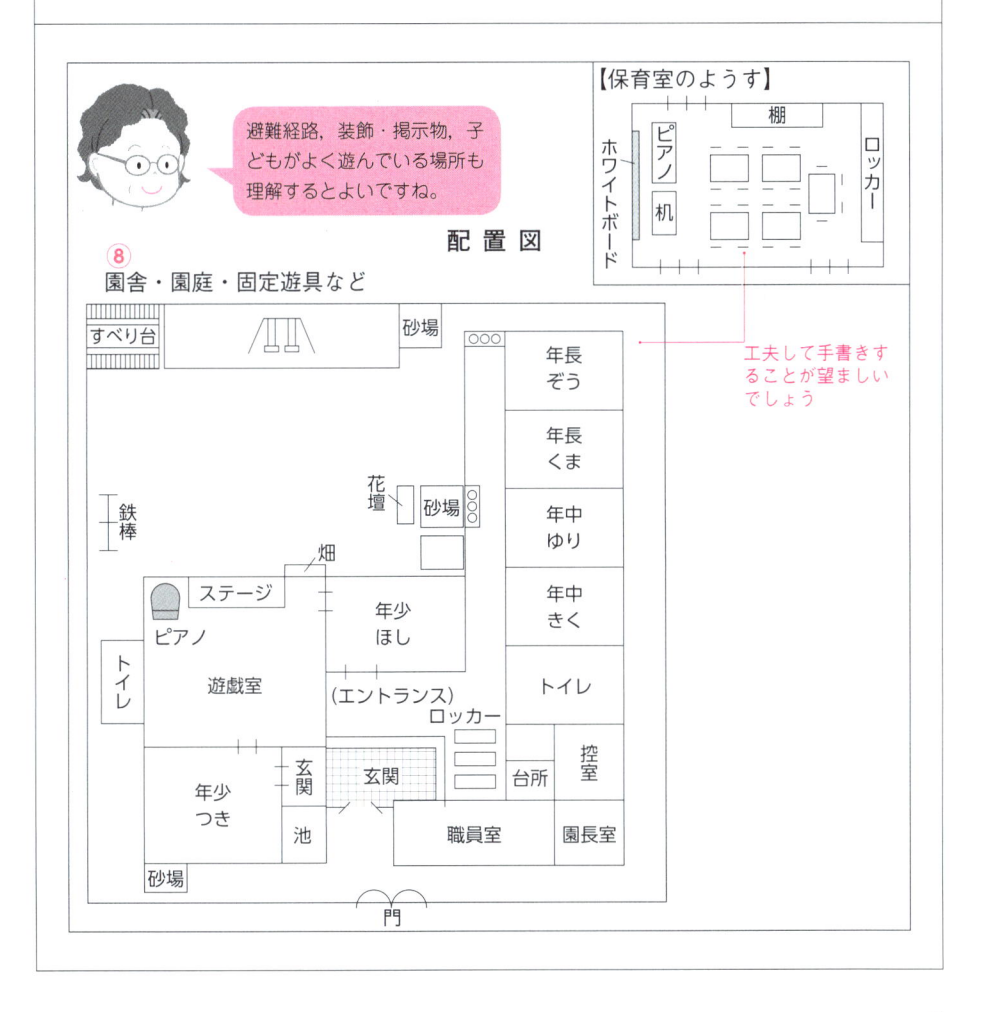

避難経路，装飾・掲示物，子どもがよく遊んでいる場所も理解するとよいですね。

配置図

【保育室のようす】

❽ 園舎・園庭・固定遊具など

工夫して手書きすることが望ましいでしょう

2　実習園の概要を記入する

　実習園の概要は，実習園に対する理解を深めることを目的として記入します。

　現在では，ホームページなどから事前に実習園についての多くの情報を得ることができます。しかし，時期によっては，ホームページの更新が行われていないこともあり，注意が必要です。

　次にそれぞれの項目についての注意事項を挙げます。

〈実習園の概要の主な項目〉
①実習園名　②園長名　③所在地
④職員　⑤園児・クラス
⑥教育・保育目標・方針など
⑦沿革（歴史）
⑧環境・園舎
⑨行事予定など

【①実習園名】【②園長名】【③所在地】
基本情報であり，失礼のないよう，漢字・ひらがな・カタカナの表記も含めて，書き間違いがないように記入します。

> 複数の資料にあたり確認してから記入しましょう。

【④職員】【⑤園児・クラス】
現在の情報が必要なので，オリエンテーションで正確な数字を確かめてから記入します。

【⑥教育・保育目標・方針など】
急な変更がほとんどないので，ホームページから情報を得て記入します。

【⑦沿革（歴史）】【⑧環境・園舎】
その園で実習をさせていただくことを考えると，十分に理解しておきたい項目です。

・ホームページでおおよその内容を確認してオリエンテーションに臨み，お話を伺ったり，見学の際に自分の目で確認したりします。
・環境や園舎は手書きで，定規を使いながら見やすく描きます。そのとき，略図などを工夫します。ただし，ホームページや実習園のパンフレットなどに掲載されているものをコピーし貼り付ける場合は，養成校や実習園の方針や指導に従いましょう。
・部屋などの名称は，実習園で使用されていることばを使用します。
　（例）「遊戯室」なのか，「ホール」なのか，「プレイルーム」なのかなど。

【⑨行事予定など】　p.139 h.r へ

　実習中はもとより，実習前後の行事を知ることで，子どもたちの園での生活を知る手がかりを得ることができます。その情報は，実習計画に活かしていきましょう。

・ホームページでおおよその行事をつかみ，オリエンテーションの資料などを参考にして記入します。

> あらかじめわかっている内容は鉛筆で書いておくとよいでしょう。

> 迷うところや不明確なところは鉛筆書きにするなど工夫します。実習期間中に確認次第，すみやかに完成させましょう。

3　カバーをかける

　実習日誌は，実習で取り組んだことや学んだことを記録する大切なものです。また，実習生以外に園長先生をはじめとする実習園の先生方，養成校の実習指導教員など，多くの人たちが手に取り，目にするものでもあります。実習日誌を受け取ったらまず，カバーをかけ，大切に取り扱いましょう。

実習日誌を準備する

- [ ] 氏名・実習園名を記入する。
- [ ] 実習園の概要を記入する。
- [ ] オリエンテーションでメモしたことを記入する。
- [ ] カバーをかける。

check list

> 実習日誌の形式も確認しましょう。
> p.84-1へ

> カバーは，他の養成校の実習生と実習が重なることも想定して，氏名が見えるように透明のものを利用するとよいでしょう。

実習日誌
実習園名
園長名
学年・組・学生番号
実習生氏名

memo

Action 8 実習日誌Ⅱ
－内容と記入の仕方－

　実習日誌は，はじめて保育現場で経験したことの記録です。そして，保育者を目指すあなたの『財産』です。読み返したときに，実習を通して気づいた課題が改めて明確になります。さらに，実習後に感じたことや自分自身の見方，考え方を振り返る大切な資料となります。

　また，実習園の先生方は，実習日誌に書かれた皆さんの気づきや感想を大切に受け止めています。そしてなにより，ていねいに正しく書かれてあることに，皆さんの一生懸命さを感じ取ってくださいます。

1　実習に臨む前に理解しておくこと

　実習に臨むにあたって，実習園の教育・保育課程・年間計画表・月案・週案などを見せていただき，自分が実習を行う時期は，①どのような時期で，②どのようなねらいがあり，③どのような活動（行事も含む）があるのかを理解しましょう。

2　実習園ではメモをとる

　実習の1日の流れは，各年齢によって違います。入ったクラスの1日の流れを時系列でメモしておきます。メモがとれない園では，実際に起こったことや気になったこと，疑問に思ったことなどポイントを絞って覚えておきます。

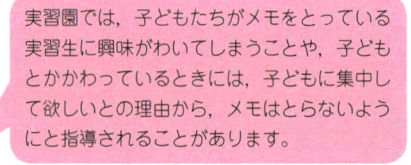

> 実習園では，子どもたちがメモをとっている実習生に興味がわいてしまうことや，子どもとかかわっているときには，子どもに集中して欲しいとの理由から，メモはとらないようにと指導されることがあります。

　メモをとれる場合でも，活動の合間をみてメモをとるようにし，子どもたちの邪魔にならないように気をつけましょう。メモをとるときには，文章で書くと時間がかかるので，「○○：○○（時刻），○○くんと○○さんが，〜の状況」「○○先生『○○○』とことばかけ」「○○先生，○○と対応」など，後で実習日誌を書くときにわかるように簡潔に記録しておきます。

3　実習日誌の内容

　実習日誌に記載する主な内容について説明します。66ページの「1）流れ（時系列）記録タイプ」を参照しながら理解しましょう。

1）子どもの姿・活動

　子どもの姿・活動には，実際の子どもたちの行動やようすを書きましょう。
　登園・朝の会・中心活動・昼食・午睡・おやつ・帰りの会など1日のなかでの主な活動の項目は，大きな「○」で，細かい内容は「・」などでわかりやすく分けて書きます。
【例】○登園する。
　　　・あいさつする。　　・連絡帳にシールを貼る。

2）保育者の援助・環境構成

　保育者の援助・環境構成には，主に物的環境と人的環境があります。
　保育者が行う子どもの意欲につながる大切な環境構成とは，子どもの「やってみたい，これは何だろう，おもしろそう」などの興味・関心，意欲をかきたてる工夫全般のことです。それらをもので置くならば「物的環境」であり，先生の姿やかかわりであれば「人的環境」となるでしょう。また，物のなかでも，そこに花があって子どもが関心をもてば「自然的環境・自然的事象」となり，園外保育などで商店街のお店の人がショーウィンドーの飾りつけをしていて，子どもがそれに興味をもてば「人的環境」「社会的環境・社会的事象」になるでしょう。これらは，子どもの内面に働きかける環境になるものです。さらに，何をどこに配置するのかはもちろん，先生が○○する姿・友だちが○○する姿も，子どもの意欲につながる大切な環境です。そのため，実際の「子どもの姿・活動」を書いた行と横並びに，どのような配慮をしながら援助していたのかを，より具体的にわかりやすく書きます。
【例】子どもの活動の「○あいさつをする」に対して，保育者の援助は，「・笑顔で元気よくあいさつをし，視診をしながら子どもを受け入れる」となります。

3）実習生の動き

　先生方が保育を行っているとき，皆さんは何をしていましたか。自分から活動にかかわっていましたか。それとも，先生に言われたことをやっていましたか。たとえば，子どもに「遊ぼう」とことばをかけられ園庭に行ったとしたら，そのことを書きます。昼食の配膳台を運んだら，「配膳台を運ぶ」と書けばよいのです。その場合，子どもや保育者の動きとどう関連しているか確かめることが大切です。

> そういえば……
> ・先生が読み聞かせをしている途中，A子ちゃんをトイレに連れて行きました。
> ・折り紙をしているとき，むずかしそうにしているB君に教えました。

4）1日の反省・考察

　1日の反省・考察では，自分の「ねらい」をもとに，子どもたちに働きかけたことやことばかけ，学びなどについて振り返ります。そのとき，「～する」というねらいを，「～できたか」という評価（評価観点）に置き換えるので，「ねらい」の裏が「評価」になります。
　保育者や子どもの活動にあわせて自分がどのようにかかわり，どのような点に気づいたのか，また自分の「ねらい」に対して，働きかけやことばかけや対応はどうだったのか，それに対して自分が学

んだことはどのようなことだったのかを具体的に書きます。

> **point**
> ① 子どもたちのようす→何をしていた。どうだった。
> 〈子どもたちが〇〇のような状態だった〉
> ② 保育者と自分のかかわりや働きかけ→どのように。なぜ。
> 〈先生や自分は〇〇のようにかかわった〉
> ③ 子どもたちとのかかわり〈〇〇のようにかかわった，対応した〉
> ④ 自分の気づきや考え〈〇〇のようなことがわかった，学ぶことができた〉
> ⑤ 今後の取り組みへの展望〈今後，自分も〇〇してみたい〉

（1日の反省・考察を書く際のポイントです。）

4　実習日誌の書き方の留意点

1）実習日誌の形式を確認する

オリエンテーションでは，実習担当の先生に実習日誌を見ていただき，書き方を確認します。実習日誌の書き方は，実習園によって，また子どもの月齢・年齢，保育者によっても異なる場合があります。まず，求められる書き方が，「流れ（時系列）記録タイプ」（66ページ）なのか，それとも「エピソード記録タイプ」（68ページ）なのかを確認しましょう。

また，項目や各項目の記述量の変更もあり，十分な注意が必要です。変更がある場合は，実習がはじまる前に全日分を直しておきます。また，指定された実習日誌の書き方について復習をして備えておきましょう。

ここでは，実習日誌を書く際によく使われる「流れ（時系列）記録タイプ」と「エピソード記録タイプ」を取り上げます。

（1）流れ（時系列）記録タイプ　p.66 1）へ

「流れ（時系列）記録タイプ」は，1日の流れを，①時刻，②子どもの姿・活動，③保育者の援助・環境構成，④実習生の動きという項目に分けて，短く簡潔に書く方法です。これらの項目は，指導案作成において必要な情報となります。

> **point**
> 「この時間に，子どもたちと先生は何をしていたのかな」「〇組は毎日，この時間に同じ行動を行っている」「毎週〇曜日の10時には，皆で体操をやっている」など，こうしたことがわかってくると指導案を作成するときに，1日の流れが考えやすくなります。

（2）エピソード記録タイプ　p.68 2）へ

「エピソード記録タイプ」は，1日の中から，一連の出来事としてとらえられることをエピソードとして整理して書く方法です。子どもや保育者のやりとりを，事実の記録と考察とに分けて書くこの方法は，子どもの姿や保育者の姿をありのままに，なおかつ明確にとらえ，会話ややり取りなども記録し，それらの意味や子どもの深い内面への考察が可能となる書き方です。

「エピソード記録タイプ」では，実習のねらいに関することやこころに残ったことを中心に，その場の状況がありありと思い浮かぶように詳しく書きます。そして，実習生が子どもの姿をどう読み取って，どんな思いでかかわったのかまた，そこから考えたことを，反省・考察に書いていきます。

2）ポイントを絞る

実習は，「観察実習→参加実習→部分実習→責任実習」と展開します。それぞれに目的やねらいも違いますので，各実習園

実習で自分が行ったさまざまな働きかけ，ことばかけ，そして自分が学んだことや活動の流れの構成が適切であったかどうかなどについて振り返ることで，それらが自分や子どもたちにとってどんな意味をもっていたか確認することができます。

の教育・保育目標や教育・保育課程をしっかりと理解し，日々，ポイントを絞ってまとめていきます。

3）ていねいに誤字・脱字に気をつけて書くようにこころがける

保育現場で毎日，保護者に手書きの連絡ノートなどで子どもたちの状況をお知らせするなど，文字を書く機会が多くあります。

上手ではなくても，ていねいに読み手にわかりやすい文字を書くようにこころがけましょう。天気のところには，絵文字で「☀」と描くのではなく，「晴れ」などと文字で記入します。また丸文字やくせ字などにならないように気をつけます。

このごろはパソコンで文章を作成することが増え，手で文字を書くことが少なくなってきています。

間違った文字を正しいと思い込んで実習日誌に書いていることや，同じ読み方をする文字であっても意味が違うことばがたくさんあります。面倒でも，それが簡単な文字であっても，この機会を通して自分の文字が正しいか国語辞典をひいて確かめてみましょう。今気づくことで保育者になったときに，間違わずにすむでしょう。

【例】こころがあたたかい
　　　〇→温かい　×→暖かい

point
以下に，間違えやすい異字同音例を挙げます。

〇	×
後始末	後仕末
臆病	憶病
几帳面	几張面
我慢	我漫
機嫌	気嫌
言葉遣い	言葉使い
雑巾	雑布
帽子	冒子

memo

5　実習日誌の記入例

　ここでは，さまざまな実習日誌の記入例を紹介します。ただし，養成校や実習園によって，様式，書き方や表記が違います。指導，助言をいただきながら，少しずつ内容がよくなっていくように努力しましょう。

1）流れ（時系列）記録タイプ

第○日目　平成○○年△月□日（○）　天気　晴れ ──── 絵文字で「☀」と描かない
4歳児　ひよこ組　男児14名　女児13名　計27名（欠席1名）
指導者　○○○○　先生
ねらい　子どもたちが，お互いにどのようにかかわっているかを観察する。──── 自分の取り組み
　　　　子どもたちと会話をし，コミュニケーションを図る。　　　　　　　　のねらい

時刻	子どもの姿・活動	保育者の援助・環境構成	実習生の動き
8:00	○登園する。 　・身の回りを片づける。 　・出席ノートにシールを貼る。 ○好きなあそびを楽しむ。 〈屋外〉 　・すべり台・砂場 　・おにごっこ 　・三輪車 　・鉄棒など 〈屋内〉 　・お絵描き 　・ままごとなど	・あいさつをして子どもを迎え，身の回りのものを片づけることができるようことばをかける。 ・遊んでいる子どもたちにことばをかけたり，安全を確認しながら子どものようすを把握する。	・子どもにあいさつをし，片づけに必要な援助を行う。 ・カレンダーでシールを貼る日付が確認できるように援助する。 ・一緒に遊びながら安全に配慮し，気をつけるように声をかける。 ・あそびに参加しながら先生方の子どもの名前の呼び方，働きかけ方，ことばかけ，クラスのルールなどを観察する。
9:30	○片づける。 　・片づけ 　・排泄，手洗い ○保育室に入る。 　・着席して待つ。	・子どもの片づけのようすを確認しながら，ことばをかけたり，一緒に片づけたりする。 ・「手伝って」と誘ったり，「できたね」「早かったね」と子どもたちの取り組みを認めたり褒めたりし，活動の意欲を高める。 ・排泄や手洗いを促し，衣服や履物のようすを確認する。	・子どもと一緒に片づけ，排泄や手洗いを済ませるようにことばかけをする。 ・手洗いの後でハンカチで手を拭くようにことばかけし，すみやかに保育室に戻るように促す。
13:10	○片づける。 　・「ごちそうさま」のあいさつをする。	・子どもたちの姿勢や聞く態度に注意を与えながら，当番に「ごちそうさま」のあいさつを促す。	・机を拭いて，子どもたちの箸やランチョンマットの片づけを手伝う。 ・机を保育室の端に寄せ，ゴミなどを

	・箸, スプーンセットをバッグにしまう。	・箸やランチョンマットなどの持ち物の片づけを声がける。 ・机を拭いて，移動する。	片づける。 ・当番の子どもと牛乳パックを給食室に運ぶ。
	・歯磨きをする。 ・排泄をし，帰りの用意をする。	・歯みがきのよう，排泄，帰りの身支度などを確認し，必要に応じて手伝ったり援助したりする。	・着替えがうまくできないでいる子どもを手伝ったり，できたときには褒めたりする。 ・子どもの持ち物や服装を点検する。
13:25	○帰りの会に参加する。 ・帰りの用意をし，着席する。 ・バッグ　・帽子 ・出席ノート　・おたより	・子どもをピアノの周囲に呼び，身支度ができた順に着席させる。 ・バッグや帽子などの持ち物を確認するようにことばかけする。	
	・手あそびをする。 ・『ぐりとぐら』を楽しむ。（絵本の読み聞かせ）	・「○○」の手あそびを行い集中させ，絵本の読み聞かせへの関心を高める。 ・『ぐりとぐら』の読み聞かせを行う。	・子どもと一緒に手あそびを行う。

【感想・その他】
今日は朝の「好きなあそび」のとき，多くの時間を「げんき広場」で活動している子どもたちとかかわりました。そこでは，前半・基本実習のときには見られなかった草花や虫に興味をもつ子どもたちの姿を目にすることができました。子どもたちの背丈ほどもあるヒマワリの葉の裏の毛のようなものや，種のようすに関心をもち，それらを実際に見て，触れることに大きなよろこびを感じていたように思われました。これから責任実習に向けて少しずつ部分実習に取り組んでいきますが，子どもたちの興味や関心をよく理解し自然なかかわりのなかで，子どもたちの意欲的な取り組みを援助できるように工夫していきたいと思います。

home room

書く内容が枠内に収まらないときには

　実習園によっては，「決められた用紙に要点をまとめて記入することが大切」という場合と，「別紙を貼り加えてもよい」という場合があるので，担当の先生に確認してから記入しましょう。別紙を貼り加えてよい場合には，書き込みのない書式を何枚かコピーし準備しておきましょう。

memo

2）エピソード記録タイプ

【例1】

保育者の指導と子どもの姿の変容との関係に気づいている例を示します。反省・考察では，保育者の役割について気づいたことや考えたことを書いています。

平成○○年○月○日（　）・晴れ／○歳児　○○組　園庭および保育室

【エピソード】
　先日見学した小学校の運動会でやっていたリレーを，クラスでやってみました。4グループに分かれて走りましたが，一度走り終えた子どもが，また，列の後ろに並んでしまうため，いつまでたってもリレーが終わらずにずっと続いていました。
　「疲れたー」「いつ終わるの？」という声が聞こえはじめました。皆ヘトヘトになってしまったので，いったんあそびを切り上げ，保育室に戻り，少し落ち着いた後に話し合いました。
　先生が，「皆，順番が何回も回ってくるから，『疲れたー』って言っていたよね。小学生のお兄さんやお姉さんはどうやっていたかな？」と問いかけました。はじめは，考えを話す子どもはいなかったのですが，先生がさらに，「皆でもっと楽しくするためには，どうしたらいいかな？」と問いかけると，子どもたちは徐々に話しはじめました。一人ひとりがリレーをした感想や，こうしたらいいのではという意見を発表し，誰かが発表しているとき，他の子どもたちは，その意見を真剣に聞いていました。

【反省・考察】
　先生は，「こうするんだよ」「こう動けばいいんだよ」とすぐに教えたり，指示を出したりはしませんでした。むしろ，いったん保育室に戻り，子どもが落ち着いてから，静かに話をはじめられました。そして，子ども一人ひとりが自分で感じたことや，こうすればいいと考えたことを話し，お互いがそれをもとに考えを出し合うような雰囲気をつくっていかれました。このようすを観察し，保育者の役割として，直接的に教えるだけではなく，子どもたちが自ら気づき，工夫し，友だちの考えを受け入れるような機会を設けていくことが，必要なのだと学ぶことができました。こうした経験を通じて子どもたちは，次にあそびや生活の場面でわからなくなったときには，自分たちで考え解決していけるのだろうと思いました。

> 保育者は子どもが自分で考える間，時間を与え，待つことも大切だということに気づいたようですね。

home room

部分実習や責任実習を行った日は

　部分実習や責任実習を行った後には，指導案をもとに実際に自分が行った内容を振り返ります。指導案に記された時間や内容などが変わっていることもあります。その場合は，変更した理由や予定した内容とどのように違っていたのかを記します。その際，よかった点や反省点などと結びつけて整理するとよいでしょう。

Action8　実習日誌Ⅱ

【例2】
　子どものつぶやきから子どもの気持ちや性格に気づいています。そして自分にどのようなことができたのかを振り返っています。

平成○○年○月○日（　）・晴れ／○歳児　　○○組　園庭および保育室

【エピソード】
　好きなあそびの時間の前に，先生から「時計の針が2になったら，皆，保育室に戻るようにね」とのことばかけがありました。約束の時間になったのですが，A子とB男とC子は外あそびに夢中で，気づいていないようでした。すると，そこへ先生がやって来て，「誰も気づいていないのかな？」と声をかけられました。その後，3人は急いで保育室へと向かいました。靴を履き替えながら，A子は，「私は気づいていたよ。2になっていたの知ってたもん」と，C子に小さな声で話しかけていました。

【反省・考察】
　この場面に接して，自分の意見や知っていることを言いたくても言い出せない子どももいることに，改めて気づきました。A子のそうしたことに気づき，「『2になったよ』って，皆に教えてあげようよ」と誘って，他の子どもたちにも教えるように働きかければよかったと思いました。見ただけではわからない子どもの思いや性格にも気づけるようになりたいと考えました。

> ふとしたときの子どものつぶやきにはじめて気づきました。

memo

3）異年齢保育の記録タイプ

流れ（時系列）記録タイプに各年齢の子どもの姿と，それに対する援助と環境構成を書きます。

きりん組（2・3歳児混合クラス）　　　◎：2・3歳児　○：3歳児　■：2歳児

時刻	主な活動と子どもの姿	援助と環境構成　□保育者　＊実習生
8:00	◎好きなあそびを楽しむ	
9:25	■片づける。 ・トイレに行く。 ・手を洗う。 ■椅子を準備して座る。	□片づけをするようにことばかけする。 □＊一人ひとりを促し，必要に応じて援助する。 □＊3歳児に2歳児の手伝いをことばかけする。
9:30	■おやつを食べる。 ・あいさつをする（いただきます）。 ・おやつを食べる。	□＊声をかけながらおやつを配る。 □＊楽しい雰囲気にする。
9:45	○片づける。 ・トイレに行く。 ・手を洗う。	□片づけをするようにことばかけする。 ・ことばかけしながら，できたことを認め褒める。
9:50	■あいさつをする（ごちそうさま）。	□＊A児の口の周りをきれいにする。
10:00	◎読み聞かせを楽しむ。 ○2歳児を連れてくる。 ○椅子に座る。 ■カーペットに座る。	□3歳児に2歳児のお世話をするよう促す。 　＊カーペットを敷く。 □＊座る位置を確認する。

3歳児が2歳児のお世話をし，お兄さんお姉さんぶりを発揮しているようすに驚きました。ふだんとは違った関係のなかで，子どもの姿をとらえることができました。

memo

Action8　実習日誌Ⅱ

home room

さまざまな保育の記録の仕方

　実習園によっては，子どもの人数や関係，望ましい生活を考慮して適時，さまざまな保育方法・形態を選ぶことが多くなっています。ここでは「複数担任制」と「異年齢保育」を取りあげます。

1）複数担任制

　「複数担任制」では，1クラスの運営を複数の保育者で行います。3歳未満児の保育では，複数担任制は日常的に行われていることであり，また近年では，3歳以上児の保育においてもよく取り入れられています。複数担任制では，保育者は互いに異なる役割を果たしながら，チームで保育を行います。

(1) 3歳未満児の保育

　3歳未満児の保育では，個別の援助が中心となるので，一人ひとりの保育者の思いや意図をとらえるというよりも，場面に応じた保育者の子どもへのかかわりを全体的にとらえて記述するとよいでしょう。

> 〈具体例〉食事の場面
> 全体の状況：一人ひとりにあわせて食事の援助をする。
> 個別の先生の行動：Aくんはまだ食事に対して気持ちが向いていないので，Aくんの食事の支度を進めながら，Aくんの気持ちが食事に向くように少しずつAくんを誘っていた。

(2) 3歳以上児の保育

　3歳以上児の保育では3歳未満児の保育とは異なり，保育者の役割を，およそ全体の方向性を担う役割と，活動の展開での援助や個別の援助をする役割とに分けて考えることができるようになってきます。そのため，個々の保育者の行為とその思いや意図がとらえやすくなります。たとえば，「保育者A」「保育者B」のように分けて記述すると，保育者の役割やそれにともなった動きがよく理解できるとともに，わかりやすく表すことができます。

2）異年齢保育

　異年齢保育は，異なる年齢の子ども同士がかかわることで，互いに育ち合うことを主なねらいとして行われているものです。年齢の組み合わせは，たとえば，0歳と5歳，3歳と5歳，3歳と4歳と5歳など，いく通りも考えられます。

　異年齢保育が行われるのは毎日のこともあれば，1日のある時間のみ，週のある曜日のみ，1年のある時期のみとさまざまです。また，早朝保育や延長保育では，この保育形態が日常的に多く取り入れられています。

　異年齢保育の場合，実習日誌は，ある生活場面や，ある子ども同士の関係などに焦点をあてて記述するとよいでしょう。その際，子どもの氏名とともに年齢を記入しておくと，かかわり合いのようすがよく理解できるとともに，後で読むときにわかりやすくなります。

【参考文献】
・石橋裕子・林幸範編著『新訂知りたいときにすぐわかる幼稚園・保育所・児童福祉施設等実習ガイド』同文書院，2015

Action 9 実習日誌Ⅲ
―総括・まとめ（感想, 気づき, 反省・考察）を書く―

　実習日誌には，その日の出来事を観察して整理するだけではなく，それらを通して気づき，感じ，考えたことや，先生方や子どもから学び取ったことなどを記録します。毎日書く反省・考察や感想，そして，実習の最後に書く総括・まとめがそれにあたります。この実習で自分はどのようなことを学びたかったのか。そして，それらを実際に保育のどのようなようすから学んだのかをまとめ，先生方に読んでいただきます。
　ここでは，そうした総括・まとめ（感想，気づき，反省・考察）の書き方を学習します。

1　日々の「総括・まとめ」を書くために

1）実習日誌を書くねらい・目的を確認する

　実習日誌を書くねらい・目的として，下記の3つが挙げられます。
　①その日の流れのなかで，重要なポイントを的確に把握する。
　②子どもの言動から，内面の発達を深く理解する。
　③自分の働きかけや保育の内容を振り返り，反省・考察を行う。

home room

望ましい実習日誌とは？

　養成校の先生は，あなたの実習の場にずっとつき添っているわけではありません。あとから実習日誌を読むことで，あなたがどのような気づきや学びをしたかを知ることになります。
　そのようなことも意識して，誰が，いつ読んでも，実習のようすが目に浮かぶように記述するようにします。そうすることで，あなた自身も実習後に読み返したときに，自分自身の実習を明確に思い出せるでしょう。このように書けると，実習日誌は大変よい記録になります。

2）実習日誌の「本日のねらい・目標」を確認する

　「本日のねらい・目標」とは，今日をどのように取り組むのかということであり，週案（指導計画）や前日の反省・考察，指導，助言をもとに設定します。また，「本日のねらい・目標」を実習園のクラスの保育のねらいとすることもあるので，その場合は実習園の先生の指導をいただくことが必要です。いずれにせよ，日々の取り組みを振り返ることが，「総括・まとめ」を書く際の手がかりになるのです。

Action9 実習日誌Ⅲ

> 皆さんがどのようなねらい・目標をもって実習に取り組んだのかがわかると，先生方が実習日誌を読むとき，皆さんの関心や理解，気づきを知ることができ，皆さんにとってより適切な助言を行うことができます。

次に，前半・基本実習と後半・応用実習の「本日のねらい・目標」の例を挙げます。

日々，ねらい・目標は異なり実習で学習する内容も異なります。したがって，「総括・まとめ」も日々，新たな内容になります。

（1）前半・基本実習（2週間の場合）

①前半・基本実習「本日のねらい・目標」1週目

日付（曜日）	1週目の実習のねらい・目標	
1日目（月）	子どもの顔と名前を覚える。 1日の園生活の流れを覚える。	笑顔を絶やさないようにする。
2日目（火）	クラスの1日の流れと子どもの行動のようすをよく観察する。 積極的に子どもとかかわる。	掃除などの業務を行い，環境整備について学ぶ。
3日目（水）	子どもたちの運動あそび・自由あそびなどのようすを観察する。	行事・季節のあそびなどへの理解を深める。
4日目（木）	子どもたちのあそびに積極的に加わり，あそびの発展や展開を知る。	保育者の子どもとのかかわりを学ぶ。
5日目（金）	保育者の援助のようすを知る。	保育者がどのようなことばかけを行っているのかを学ぶ。

②前半・基本実習「本日のねらい・目標」2週目

日付（曜日）	2週目の実習のねらい・目標	
6日目（月）	配属クラスの子どもの顔と名前を覚える。 配属クラスの1日の流れを覚える。	笑顔を絶やさないようにする。
7日目（火）	配属クラスの子どもの発達を理解し，積極的にかかわる。	子どもたちの発達を理解するよう努める。
8日目（水）	あそびの場面での子ども同士のかかわりのようすを把握する。	これまでに，話しかけていない子どもがいないか，よく見渡して，多くの子どもたちにことばかけをする。
9日目（木）	子どもたちの言動から，その気持ちを推測し，理解するよう努める。	子どものこころに寄り添い，ともに過ごすためのことばかけを工夫する。
10日目（金）	これまでの2週間の実習を活かし，精一杯のコミュニケーションをとる。	実習中の疑問などを整理し，改めて課題を立てて実習の振り返りを行う。

（2）後半・応用実習（2週間の場合）

①後半・応用実習「本日のねらい・目標」1週目

日付（曜日）	1週目の実習のねらい・目標	
1日目（月）	子どもの顔と名前を覚える。 クラスの1日の流れと子どもの行動のようすをよく観察する。	笑顔を絶やさないようにする。 掃除などの業務を積極的に行い，環境整備のポイントを知る。
2日目（火）	保育者の子どもへのかかわりを見て学び，補助ができることを見つけて行動する。	保育者の保育以外の日常業務を知る。
3日目（水）	子どもたちの運動あそびや自由あそびなどのようすを観察する。	行事・季節のあそびなどへの知識や理解を深める。

73

4日目（木）	子どもたちのあそびに積極的に加わり，あそびの発展や展開を知り，あそびが発展するようなことばかけを行ってみる。	保育者の子どもとのかかわりを見て学び，同じように行ってみる。
5日目（金）	保育者の援助のようすや指導のあり方を知る。	保育者がどのようなことばかけを行っているかをよく観察し，次週の指導案に活かす。

②後半・応用実習日誌「本日のねらい・目標」2週目

日付（曜日）	2週目の実習のねらい・目標	
6日目（月）	子どもの発達やニーズを理解し，その対応について学ぶ。	保育者の対応をよく観察させていただく。 指導案を提出する。
7日目（火）	補助にまわった保育者がどのような役割をするのか，実際に経験してみる。 部分実習をさせていただく。	保育者の役割分担・チームワークに着目する。 指導案を添削していただき，書き直す。
8日目（水）	天候や季節による保育室・園庭の整備・安全対策・疾病予防など，幅広い環境構成を学ぶ。	園全体の環境整備や，地域社会との連携も知る。 指導案どおりに保育が行えるか，細案を読み，時間を計る。
9日目（木）	立案した指導計画に従って，責任をもって保育にあたる経験をさせていただく。	担任の業務を体験させていただき，1日の流れを体感する。 実習中の反省などを整理し，実習の振り返りを行う。
10日目（金）	前半・基本実習と後半・応用実習の総括・まとめを行い，自己の課題を明確にする。	自己の取り組みを振り返り，先生方の指導，助言を謙虚に受け止める。

3）「本日のねらい・目標」を活かした「総括・まとめ（感想，気づき，反省・考察）」を書く

日々の「総括・まとめ」には，aどのようなねらいをもって，bどのように保育を観察し，c自分でやってみて気づいたり考えたりしたのかを整理して書くことが大切です。そこで，次に実習の「ねらい・目標」の立て方と，それが実際に日々の「総括・まとめ」にどのように活かされているのかを見ていきましょう。

5歳児　男16名 すみれ組　女18名		■本日の主活動 ・リレーの練習	■実習のねらい・目標 ・年長児の生活と流れを知る。──① ・子どもの活動や姿に応じたことばかけを行う。──②
時間	主な活動・子どもの姿	保育者の援助・環境構成	実習生の動き
9：45	□片づけをする。 ○手洗い　うがい　① ○トイレ	□片づけするようにことばかけする。 □手洗いやうがいをすませ，保育室に戻るようにことばかけする。 □片づけのようすを見守り，できたことを認め，褒める。	□ことばかけしながら片づけを手伝う。② □手洗い，うがいのようすを見守る。
10：40	□園庭に並んで待つ。　① □リレーの練習を行う。 ○話を聞く。　① 　○グループをつくる。 　○約束を理解する。	□ラインを引き，準備する。 □リレーの説明をする。 　○リレーについて 　○グループ編成 　○約束	□子どもたちに整列するようにことばかけする。② □用具などの準備を手伝う。 □リレーのようすを見て，応援する。 □グループづくりで偏りが生じないように，必要に応じて助言する。②

Action.9　実習日誌Ⅲ

	・バトンの受け渡し ・スタートラインでの並び方 ・走り終えた後の待ち方 ・順番の待ち方・応援 ※転んだ子どもを責めない。	
○男女の順に行う。 ・男子リレー（女子応援） ・女子リレー（男子応援） ・「がんばれ」「負けるな」 「あきらめるな」 ・作戦会議	□スムーズにバトンタッチができるように援助する。 □子どもに応援を促す。 □がんばりを認め励ます。	□グループごとに整列させる。 □走り終えた子を待機場所に誘導する。 □子どもと一緒に応援する。
○活動を振り返る。 ・がんばったこと　① ・次回の目標など	□できたことや次回の目標をグループごとに話し合わせ，発表させる。 ○認め，褒める □保育室に戻るようことばかけする。	□発表を認め，拍手する。　②
□保育室に戻る。 ○手洗い　○うがい ○汗の始末 11：30		□用具を片づけながら，子どもたちに，手洗いやうがいをするようにことばかけする。　②

■総括・まとめ（感想，気づき，反省・考察）

　今日初めて，年長組のクラスに入らせていただきました。**年長児は並ぶときも話を聞くときも素早く行動ができていました。**……（略）……担任の先生もできるだけ**言葉で指示内容を伝え**，時には子どもが自分で気づいたり，質問したりするのを**待っておられた**ようでした。……（略）……子どもの**主体性を大切に見守る**という援助のあり方を学ばせていただきました。

　また，リレーの練習では，子どもたちに相談させたり応援させたりして，競争というよりも，仲間意識や協力する心を育てることを大切にされておられるように感じました。……（略）……話をする際には，子どもたちが気づいて**静かになるまで，子どもたちの目（顔）を見て待つ**など，**子どもを信頼する**ことで，子どもたちとの信頼関係がしっかり築かれていることも学ばせていただきました。私は，**子どもたちの成長を踏まえた先生のかかわり方**や，子どもの気持ちをひきつけ集中させる姿を見習い，それを将来，保育者として活かしていくようにしたいと思いました。

> 実習のねらい・目標にあったことを保育の流れでとらえて記録し，それについて気づいたり考えたりしたことを，その日の「総括・まとめ（感想，気づき，反省・考察）」考察に活かしていることがわかります。

2 実習後の「総括・まとめ」を書くために

　「総括・まとめ」は，実習最終日を終えて，急に書けるものではありません。そのため，数日ごとに自分の実習の振り返りを行ったり，日々，気づきや考えたこと，教わったことなどを書き留めたりしておくようにします。そうすることで，成果と課題が見えてきます。それを文章にして整理することで，実習後の「総括・まとめ」になります。

　また，実習に臨むにあたって考えた自己課題について，自分なりに考察していくことも大切です。

> 実習園で写真を撮影することは厳禁です。スマートフォンなどは，写真に位置情報，撮影時刻などの情報も入るので，実習園を外観からでも撮影してはいけません。「植物だからいいだろう」「自宅で準備した教材だからいいだろう」といった安易な発想はしないことです。

1）書く内容を整理する

　実習終了時には反省会を行っていただけるので，それまでに，実習日誌に書いてある下に挙げた7つの内容について整理しておくとよいでしょう。そのうえで反省会に臨み，その場でいただいた指導・助言もすぐにメモをします。実習終了後，それらを活かして「総括・まとめ」を書き上げます。

> 施設実習では，実習先の施設で用意されたレポートを別途，「総括・まとめ」として，提出することがあります。

　「総括・まとめ」は，段落を区切ってわかりやすく，読みやすいものとします。箇条書きではないので，段落のはじめを1字あけるなど，文章を書くときの決まりを守ります。

【反省会までに整理しておくこと】
　①実習で得たこと（子どもや保育，仕事に対する理解。さまざまな経験）。
　②実習計画書に記入した実習のねらい・目標がどこまで達成できたか。
　③とくに反省すべき点また，成果は何か。
　④基本的なこととして，遅刻・欠席・早退などはなく，体調管理ができていたか。
　⑤あいさつ，笑顔などはできていたか。
　⑥提出物の期限は守れたか。
　⑦先生方から注意を受けたことを改善しようと努力したか。

2）感想・気づき・考察を書く

　自分が立てた実習のねらい・目標に対して達成できたのかや，実習期間を通して変化した点などを書きます。その際，感じたことといっても「反省することばかりでした」「勉強になりました」「うれしかったです」「感動しました」のような抽象的な記述にならないようにし，感動した事実やうれしかった事実から，何を学んだのかを記入します。たとえば，「○○に感動し，保育者になりたいとい

う思いがよりいっそう強まりました」など具体的に書き表わします。

　さらに、それまでの実習日誌や毎日の保育のなかで、先生の姿から学んだこと、反省会も含めていただいた助言などを改めて取りあげるなどして、より具体的に考えて書きます。

　これらをまとめ、最後に「この実習で得た〇〇についてさらに学びを深めて、成長していくために、これから△△の力をつけていきたい」といった抱負などを書きます。

【記入例１】

「どうしてまた同じことをしたのかな」「さっきもお話したよね」などと叱るような言葉遣いになってしまいました。

↓※考えを加える

「かっこいいよ」「この方が気持ちいいよね」とプラスの表現をしている先生を見習えばよかったと反省しています。

【記入例２】

子どもたちが「先生どこ？」と不安になる場面が多かったと思います。

↓※先生の姿から学んだことを加える

３歳児では、トイレに行くときに「先生、ここで待っているね」「先生、ここにいるからね」など、自分の立ち位置について、先生はいつも子どもたちに話しておられました。

home room
指導を受けたことについて

　実習園の先生方から実習日誌に書いたことについて指導をいただいたり、書き加えたり直していただいたりすることがあります。いただいた指導は、自分の学びに活かすことが大切です。

　たとえば、「歌」とだけ書いて、「何の歌を歌ったか書いてください」と指導を受けたり、「外あそび」とだけ書いて「子どもたちはどのようなあそびをしていましたか？」と聞かれたりした経験があるのではないでしょうか。注意・指導を受けた部分は、そのつど、修正しましょう。

　修正の仕方としては、①修正液で消してきれいにしてから記入する方法、②付箋紙に書いて訂正箇所に貼る方法、③朱字で訂正する方法、④訂正する箇所に二重線を引き訂正印を押す方法などがあります。実習園の指示に従って行うとよいでしょう。

> わたしの実習園では、自分で赤ペンで書き直すように指導をいただきました。また、直接指導いただいたことは、付箋紙に書いて該当する日のページに貼っておくようにしました。

> わたしはいつも、先生方からご指導いただいたことをもとに「総括・まとめ」を書き、「ご指導ありがとうございました」と感謝のことばでしめくくるようにこころがけています。

3 「総括・まとめ」を書くための留意点

1）特有の表現に気をつける

実習園で使用することばの表現には、その園ならではのものがあります。

たとえば、「登園」を「順次登園する」、また「視診」を「個々の子どもの体調を把握する」と異なる表現を使う場合があります。また、「年長児」「年中児」「年少児」と表現する園もあるので、その場合には、「年長さん」などと書いてしまわないような注意が必要です。

【その他の注意すべき園で使用する表現】

- 「保育者」ということばは、「先生」「教諭」などの表現より多く使用されています。たとえば、幼稚園教育実習の場合は保育所実習と間違えて「保育士」、逆に保育所実習では「教諭」と書かないようにします。
- 実習生を「実習生」と書く園や、「先生」「保育者」と記入する園があるので、その園の指示に従います。
- 「おあつまり」「おつくえ」「おいす」「おかばん」「お食事」「おかあさん座り」「お庭」「ごあいさつ」「お部屋」など、園で使用していることばをそのまま実習日誌に記入しないで、「集会」「机（またはテーブル）」「椅子」「通園かばん（または通園バッグ）」「食事」「正座」「園庭」「あいさつ」「保育室」など、実習園の先生の指導のもと、実習日誌にふさわしいことばに置き換えます。

> 同じ意味のことでも、園や地域などによってさまざまな言い方があります。実習園で先生方に確認してください。早く園の生活を理解し、慣れるという意味でも大切なことです。

2）話しことばに気をつける

話しことばを、実習日誌にそのまま書いてしまう癖が日常的についている人は、直しておきましょう。下記に気をつけたい話しことばの例を挙げます。

【気をつけたい話しことば】

話しことば	書きことば
～なんて思いました。	～と思いました。
～だなぁなんて思いました。	～と思いました。
めっちゃうれしかったです。	大変うれしく思います。 大変うれしかったです。
いいなあ、と思いました。	よいと思いました。
かわいいなあって思いました。	かわいらしいと思いました。 かわいらしいと思うことができました。

保育をやってみたら…	保育をさせていただいところ…，保育を行いましたところ…
なんでうまくいかないんだろ？	なぜ，うまくできないのかと
ぜんぜんへいきだったので	大丈夫でしたので
いろんな	いろいろな，さまざまな
大変だなあと	大変だと
大変だと思うけど	大変なこともあると思われる（ます）が
～があったりする。	～がある。
用意しとくので	用意しておくので
～なんだなと	～なのだと
～したり…する。	～したり…したりする。
ちがくて	違っており
しっかりしなくちゃ	しっかりしなくては
～なんで	～なので
でも	しかし
なので	だから
～とゆう	～という
ふいんき	ふんいき

> 幼稚園教育要領・同解説，保育所保育指針・同解説書で使われていることばや表記を参考にするとよいでしょう。

3）「ら抜き」ことばに気をつける

実習日誌で目立つ「ら抜き」ことばにも気をつけましょう。
【×】「見れる」「着れる」「来れる」
【○】「見"ら"れる」「着"ら"れる」「来"ら"れる」

4）ひらがなで書く癖に気をつける

当然，漢字で書けることばが，ひらがな表記されているケースが目立ちます。

たとえば，「ようちえん」「おえかき」「いす」「たのしい」「えほん」「うた」「おりがみ」「おにごっこ」「おこなう」「かくにんする」「こうどうする」「はなす」など，何でもひらがなで書く癖がついている人は気をつけましょう。

また，実習日誌を漢字を用いて書くために，安易に携帯電話やスマートフォンなどで漢字を確認することは避け，国語辞典または電子辞書をもつようにします。

5）マイナスの表現に気をつける

たとえば，「怒る」は，「感情に任せている」と感じ取られる場合があるので，「叱る」または「注意する」「諭す」などのことばに置き換えるとよいでしょう。

6）送り仮名に気をつける

送り仮名や表記を国語辞典などで確認します。
【×】お話し，接っする，表わす，現わす，行なう，必らず
【○】お話，接する，表す，現す，行う，必ず

7）接続詞の使い方に気をつける

接続詞についても，間違いやすいので注意しましょう。たとえば，「だから」という接続詞は，はずしても意味が通じる場合が多いです。また本来は，逆接の「しかし」を使うところを順接の「また」としないなど，接続詞の多用や使い方に注意しましょう。

コラム　実習日誌のやり取りを通して学びを深める

　実習園の先生は，実習日誌に記入したことを読んでくださり，それにコメントする形で答えてくださることもあります。つまり，実習日誌には，実習生と担当の先生との，文章によるやり取りという要素があります。そのため，「今日のあのことですが……」といった曖昧な記述ではなく，どのような場面での，どの部分についての質問かを，明確にして書きます。

　ただし，「なぜ，○○ちゃんのことを叱ったのですか？」「△△先生は，○○ちゃんのことを，大声で怒っていました」などと，保育者を批判するような表現は避けなければなりません。こうした場面については，質問をして状況を聞かせていただいた後，「△△先生が，○○ちゃんを叱っているように思えてしまったのですが，それは，毎日の積み重ねのなかで，○○ちゃんには，このような論し方が必要であったことがわかりました」「子どもに注意することは，いつも子どもたちと一緒に生活されている先生方にとっても，大変むずかしいということがわかりました」など，その場面から自分が学んだことも含めて記述するようにします。

> 担当の先生にお聞きしたいことは，その日のうちに確認しておきたいものですが，子どもたちが降園した後も，先生方は大変忙しくしています。そのため，つい，聞きそびれてしまうことも出てくるものです。そうした場合は，実習日誌で質問するなど，上手に活用してください。

> 先生は「怒っている」のではなく，これまでの子どもたちとの関係に配慮しながら指導上の効果を見通して，叱ったり論したりしています。感情的に怒ったりどなったりしているのはないことを理解しましょう。

Action 9　実習日誌 III

home room

実習日誌の提出・取り扱い

　実習の学びや気づき，思いがたくさん詰まった実習日誌です。先生方に最後のご指導をいただくための提出・受け取りにも，最後までていねいに取り組みましょう。

　実習日誌を提出するときに，受け取りに伺う日時も確認しておきましょう。そして指定された日時に必ず，取りに伺うようにします。なお，遠方などの場合，郵送してくださることもあります。その場合は，実習園に郵送代などのご迷惑をかけないように気をつけるようにしましょう。

> 実習日誌の提出期間についてわからないときには，担当の先生に伺ってみましょう。

> 実習園では，皆さんの実習の後も保育が続いています。皆さんの実習日誌を見てくださるのも，保育の合間の時間を使っていただいているのです。

memo

home room

「総括・まとめ」を書く前にスキルアップ
―ある1日をもとに―

　これまで「総括・まとめ」の書き方を学習しました。こうしたまとめには、あくまでも自分なりに学び取ったことを書くものですが、実習中にはあわただしさに追われてしまい、じっくりと振り返る余裕がなかったかもしれません。そして、いざ書こうとしたときには、「これでいいのかな」と戸惑うこともあると思います。

　そこで、「総括・まとめ」を書く前に、ある1日を取り上げて、ポイントを意識しながら、ある日の「総括・まとめ（感想、気づき、反省・考察）」を書き直してみましょう。こうした積み重ねが、実習を通した学びをいっそう深め、実践力を育ててくれます。

　下記のことを踏まえて、これまで書いたもののなかから1日を選んで右ページのスキルアップシートに書き直します。その際、実習日誌の全体に目を通し、書き留めたことや先生方からいただいた指導・助言、そして子どもとのかかわりや自分自身の感想や気づきをもとに、次ページに整理してみましょう。さらに、実習担当の先生から添削や指導・助言いただくとよいでしょう。

【振り返る際のポイント】

①感想：子どもたちの行動に対して、自分がどのように感じたかを書きます。
　　　→事実や活動の羅列にならないように、焦点を絞って書くようにします。

②気づき：自分の子どもたちへのかかわり方や環境設定などについて反省し、今後の改善点を考えます。
　　　→具体的な内容を書くようにします。
　　　・「もっとよく遊ぶ」「よく見る」「工夫する」というような表現だけではなく、具体的にはどんな働きかけやあそびの提案をするのかまでを書くようにします。

③反省・考察：おとなの働きかけが、子どもにどのような影響を与えているのかについて考えます。具体的には、以下のようなことを考慮します。
　　　・子どもの行動、発言、あそび、活動から子どもの内面の発達を考える。
　　　・子どものあそびや活動の流れから、仲間関係を考える（どんな風にかかわりをもち、維持しようとしているのかなど）。
　　　・たとえば運動会の練習で、子どもたちにどのような内容のことばかけをするか。なぜその年齢で、その種目が選ばれているのか。また、子どもたちは、どのような意欲をもって取り組んでいるかを考える。
　　　・自由あそびでは、どのようにあそびを深め、展開させているかを考える。
　　　・子どもによる取り組みの違い（能力・個性）に対することばかけをどのように行っているのか考える。

> 前半・基本実習の「総括・まとめ」と後半・応用実習の自己課題の設定に向けて、実習日誌を活用してみましょう。

スキルアップシート

学籍番号　　　　　　　　氏名

1. なぜ実習日誌をつけるのか（目的の再確認）。

2. 実習日誌の書き方で注意・指導を受けたこと（書く内容，表現，言葉遣い，漢字など）。

3. 総括・まとめ（感想，気づき，反省・考察）の見直し
　①感想：子どもたちの行動に対して，自分がどのように感じたかを書く。

　②気づき：子どもたちへのかかわり方や環境設定などについて気づいたことをもとに，今後の改善点を考える。

　③反省・考察：

> **point**
> これまで書いた実習日誌のなかからある1日の「総括・まとめ」を広げ，深くとらえ直し，新たに書いてみましょう。

4. 総括・まとめ（感想，気づき，反省・考察）の修正をしてみよう（実習日誌の日付：　　月　　日）。

_____
_____
_____
_____
_____
_____
_____
_____

home room

実習日誌に書かれたさまざまな「学び」
―先輩の感想，気づき，反省・考察から―

　実習で経験した「よかったこと」「うれしかったこと」「驚いたこと」が，「保育者になりたい」「実習に行ってよかった」という気持ちにつながります。
　先輩方の学びをみてみましょう。

【かかわり】
　なかなかかかわりがもてなかった子どもに，こちらから積極的に話しかけることで，こころをひらいてくれて，その子どもの方から近づいてきてくれるようになりました。
　子どもの方から近づいてくれるのを待つのではなく，積極的にかかわりをもつことの大切さを学びました。

【反省を活かした学び】
　全日実習では，活動がまとまりのないものとなってしまい，反省点も多かったのですが，朝の会から帰りの会まで1日，保育を行うことで，流れを再確認でき，改めてやりがいを感じることができました。

【子どもの姿・子ども同士のかかわり】
　朝の会がはじまる時間に，保育室のすみから動かないBくんのところにCちゃんが行き，「行こう，先生が待ってるよ」と声をかけました。なかなか動かないBくんに「元気なくなっちゃったのかな？」というとCちゃんは，しばらくしてから「Bくん，元気出た？」と聞いてから，「今日は楽しいことがあるから行こう」と，Bくんを連れて朝の会の場に移動しました。
　きっとCちゃんはいつも先生がBくんのそばに寄り添っている姿を見ていて，同じようにBくんに接したのだなと思い，こころ温まる思いがしました。

【先生の援助（認める・褒める）】
　先生「Aくん，きちんと座れているね」とAくんを褒めることでまだ座っていなかった子どもたちが皆，席につきました。また，先生が「おへそは先生の方に向いているかな」と呼びかけると，どの子どもも先生の方を向いていました。「ダメ」と叱るよりも褒めることが大切だと思いました。先生のことばかけの工夫を見習いたいと思います。

【工夫・環境・構成・行事】
　実習期間中に，子どもたちのつくった作品が展示された作品展を見せていただきました。子どもたちが工夫していたところがよくわかるような展示方法で，楽しんでつくっていた場面までも思い出されて感動しました。
　先生方の，作品の工夫がよくわかる展示方法もよい学びとなりました。

【気づき・驚き】
　Dくんが「ここがバッタのおうちだよ」と話してくれた草むらに，Dくんと一緒にしばらくいたところ，本当にバッタが来ました。Dくんは得意そうに「だからバッタのおうちって言ったでしょ！」とうれしそうでした。
　Dくんは，草むらをバッタのおうちだと考えていることに驚き感動しました。

Action9 実習日誌Ⅲ

memo

Action 10 さまざまな悩み
― 安心して臨むために ―

1 女子学生の場合

　もうすぐオリエンテーションや実習がはじまります。そのオリエンテーションや実習を直前に控え,「ちょっと聞きづらい疑問点が……」「どこまで準備を行ったらよいのかな……」などと悩んでいることはありませんか。

> 実習先や養成校により考え方が異なる部分がありますので,事前によく確認し,準備に臨みましょう。

　ここでは,女子学生の皆さんがいだきやすい実習前の悩みをいくつか挙げ,考え方や解決策を示します。

1）服装 ―清楚さを大切に―

　保育者は,子どもたちにとってはおとなのお手本でもあります。そのため,実習生も保育者のひとりとして,子どもたちに清潔感を与えるものや,安全に保育が行える服装を選びます。もちろん,保育者自身が動きやすいことがまず大切です。

（1）保育中はどのような服装で実習を行うの？

　乳幼児がつかみやすいような,少しゆったりとしているポロシャツやＴシャツを着用することがおすすめです。なぜなら,乳幼児は,安心するためにこころのよりどころとして,よくお気に入りのタオルやハンカチをもっていることがあり,そのかわりに保育者のエプロンや衣類のすみをもち,安心することもあるからです。

> 実習園に実習着で行くことは望ましくありません。園で着替えるようにしましょう。

> 保育中の服装は,ジーンズが禁止であったり,通勤服に指定があったりするなど,実習園によって服装の規定が異なりますので,オリエンテーション時に必ず確認しましょう。

> 下着の色が透けないよう,Ｔシャツの下にはタンクトップなどを重ね着するとよいでしょう。重ね着は,夏場は汗の吸収,冬場は保温になり,一石二鳥となります。

point
実習時の服装は,オリエンテーションに行った際に,保育を行っている先生方の服装を見て参考にさせていただき,準備を行うとよいでしょう。

（2）通勤時はどのような服装がいいの？

　通勤時は,社会人としてふさわしい服装をこころがけましょう。たとえば,ニットアンサンブルに

パンツや，ブラウスの上にカーディガンをはおり，ひざ丈の長さのスカートを合わせるといった清潔感と清楚さを感じさせる服装が好ましいでしょう。

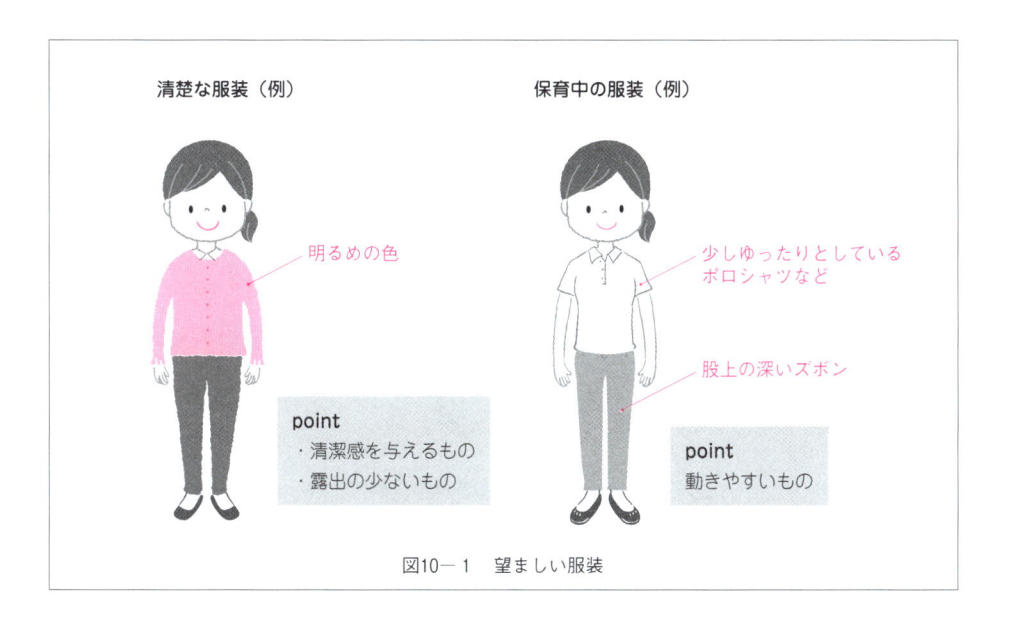

清楚な服装（例）
- 明るめの色
- point
  ・清潔感を与えるもの
  ・露出の少ないもの

保育中の服装（例）
- 少しゆったりとしているポロシャツなど
- 股上の深いズボン
- point
  動きやすいもの

図10－1　望ましい服装

home room

避けたい服装の例

　実習では，子どもたちと明るく，そして優しく接することが大切です。自分の表情や立ち居振る舞い，そして服装も重要な保育環境になるものです。そこでここでは，実習では避けたい服装について例を示しますので参考にしましょう。

【事故やケガにつながる要素を含む服装】の例
① スパンコールやビーズなどの飾りがついているトップスは，乳幼児が飾りが気になって引っ張り，とれてしまうことがあります。また，口に入れて誤飲事故の原因になることもあります。
② フードやひものついているトレーナーなどは，子どもに後ろからフードやひもを引っ張られ，保育者が転倒し，まわりの子どもたちにもケガをさせてしまう恐れがあります。
③ ファスナーがついている上着は，保育者が振り返ったときに金属の留め具が子どもの顔に当たったり，目に入ったりしてしまい，思わぬケガにつながる危険性があります。

【派手すぎる色や，暗すぎる色の服装】の例
① 蛍光色の衣類
② 柄が個性的な服装
　（例）ドクロマークなど

【清潔感を与えない服装】の例
① 胸元が見える露出度の高いトップス
② 背中やお腹の見えるローライズズボン
③ 丈が長く，裾を引きずってしまうズボン

2）その他
（1）エプロンはどんなものがよい？

　オリエンテーション時に，どのようなエプロンを用意するとよいのか聞いてみましょう。また，実習園の先生方がどのようなものを着用されているか，ようすをみておきましょう。とくに指定がなかった場合は図10－2を参考にして，エプロンを用意します。

　保育者は座ったり，立ち上がったりとつねに動いているので，肩ひもタイプのようなエプロンだと，どうしても背中が見えてきてしまうものです。図10－2のタイプのエプロンであれば，背中が見えたり，エプロンの肩ひもが落ちたりする心配がありません。

　また，エプロンの着用がない園の場合は，インナーのタンクトップやトップスのTシャツ，ポロシャツなどは，少し長めの丈のものを着用することをお勧めします。

肩ひもタイプのエプロンは，肩ひもが落ちているとベビーベッドや棚，ドアノブ，椅子やテーブルなどさまざまな場所に引っかかり，活動の妨げになります。

トップスの丈が長めであれば，背中が見えてしまう心配がありません。

園により，キャラクターを不可と考えている園もあります。

手がふさがっている時に，背中が見えてしまうと身だしなみを整えることができません。身だしなみを気にしながらでは，保育に集中できません。また，冷えてしまいます。

○明るい色のもの
○ポケットがついているもの
　※ハンカチ，ティッシュなどを入れておくため
○かわいらしい絵がついているもの
　※乳幼児とのコミュニケーションをとるときに使用できる
○肩ひもタイプではなく，前身衣と後ろ身衣が合わせ布になっていて，サイドをボタンでとめるタイプのもの

〈後ろ〉　〈前〉　明るい色　ポケット　かわいらしい絵

図10－2　指定がない場合のおすすめエプロン

（2）実習中，メイクはどうする？

　メイクは汗をかいた際や，夏場にプールに入ったときなどには落ちてしまいがちです。メイクはとくに必要ないと考えますが，戸外では日に当たるので，日焼け止めやファンデーションを薄く塗り，眉毛を描き，リップクリームを塗る程度はしておくとよいでしょう。

　しかし，身だしなみの一環として，しっかりメイクをするという方針の園の場合には，その指示に従います。ただしその場合も，あまりメイクが濃いと，子どもを抱っこしたときや子どもの衣類に口紅やファンデーションがついてしまうことがあるので気をつけましょう。

> おしゃれのためのつけまつげやカラーコンタクト，香水，ネイルなどは必要ありません。

（3）実習中に肌寒くなってしまった場合の服装は？

　保育中は，戸外で活動し汗をかくことが多くあります。しかし，活動が落ち着くと汗がひき，肌寒く感じてくることがあります。女性はとくに冷えやすいかもしれません。このような場合，脱ぎ着ができるカーディガンなどを準備し，対応できるようにしておきます。

　自分自身の体調をよい状態に保てるよう，工夫や配慮をしましょう。

> 寒さ対策に，靴や靴下用のカイロを利用するのもよいでしょう。

（4）自慢の長い髪をおろしていたいけれど大丈夫？

　長い髪の毛は，子どもを抱っこしたりおんぶをしたりした際には，子どもの顔にかかったり，食事の際には食べ物に入ってしまったりすることがあります。また，走るときや前かがみで指導するときなども，長い髪を束ねている方が好ましいでしょう。さらに，保育者自身の視界を遮ることがあり，子どもから目が離れてしまうことにもなり，大変危険です。

> 飾りがついているゴムやシュシュは，飾りなどが落ちたときや子どもが手にしたときに，誤飲をまねくおそれがあります。飾りのないものや，保育中に落ちたりはずれたりしないものを使用しましょう。

　清潔感を保つと同時に危険防止のためにも，肩につくよりも長い髪の毛は，しっかりと束ねましょう。

（5）爪が伸びて切り忘れてしまった　－今日くらいは大丈夫？－

　子どもの皮膚はやわらかく薄いため，伸びている爪であやまって傷つける恐れがあります。

　爪は絵本のページをめくったり，指示をだしたりする際などに子どもの目に触れるからだの部分です。「今日くらいは大丈夫」とは思わずに，手の指先まで意識し清潔に気を配りましょう。

　また，長い爪ではピアノを弾くときに邪魔になります。粘土あそびや砂あそびの際にも，爪に粘土や砂が入り，不衛生になります。

ネイルは，どのようなものであっても，実習においてふさわしくありません。実習前には必ずとるようにしましょう。

伸びている爪は不衛生であり，風邪，インフルエンザ，食中毒などの感染源になることがあります。このような手の状態のままでは，子どもの給食の配膳もできません。

（6）アクセサリー類を身につけていても大丈夫？

　ピアスやイヤリング，ネックレス，指輪などのアクセサリー類は，はずれたときに子どもが誤飲をしたり，素足で踏んだ際に思わぬケガを招くことがあり大変危険です。子どもの安全を守るために，アクセサリー類を身につける必要はありません。

眠る前の癖や不安を安心に変えるために，「先生，耳を触らせて」と言ってくる子どももいますので，ピアスやイヤリングははずしましょう。

（7）保育中にトイレに行っても大丈夫？

　トイレは，活動と活動の間のできるだけ保育に支障のない時間帯に行くようにします。なお，トイレに行く際には必ず，指導担当の保育者の許可を得てから行くようにしましょう。

　生理痛がひどく，保育にたずさわれないことが予想される場合には，事前に指導担当の保育者に相談しておくとよいでしょう。また，生理用品を取りにいくためだけに，保育室を空けるようなことがないようにします。いつでもトイレに行けるように，生理用品はポーチなどに入れて保育室内の手の届くロッカーやポケットのなかに入れておくとよいでしょう。

トイレに行く場合に限らず，保育中に保育室を離れるときも同様です。「○○へ行ってきます」と断り，許可を得てから保育室を離れ，戻ったときには，「戻りました」と担当の先生に必ず報告しましょう。

女性は生理で手足の指先など末端に冷えを感じたり，腰痛や腹痛があったりする場合があると思います。そのような場合には，カイロを洋服の裏に貼ってみたり，腹巻をしたりするとからだが温まり，痛みがやわらぐことがあります。

memo

2　男子学生の場合

1）女性の多い職場のなか

　保育現場は女性の多い職場です。小学校には男性の先生が多くいますが，それでも学年のなかでは，数人中男性はひとりだけということもあるものです。女性だけの職場に男性がやってくると，どのように対応してよいのか，実習園の先生方が困ってしまうこともあるそうです。

　また，園への送り迎えのときや，スクールバスの停留所でお会いする保護者もやはり，お母さん方が多いのではないでしょうか。

　かわいらしい動物や花，キャラクターなどの壁面装飾があると，女性の先生方ならではのセンスを感じます。一方，男性であれば，子どもに「高い　高い」をして楽しませたり，元気に園庭でボールを蹴って駆け回ったりと，女性と男性とでは子どもとのかかわり方にも自ずと違いが表れます。

　子どもが好きで，保育者になりたいけれども，女性の多い職場でどのようにすればよいのか，いくつか考えてみましょう。

2）期待されていることを探る

　保育現場では，重い教材や遊具を運ぶのも高い所にものを取りつけるのも，ほとんど先生方で取り組みます。そのため，男性の実習生には，そうしたときに気軽に手伝って欲しいと思っていると考えられます。また，元気のよい子どもたちと，思い切り外あそびをしてあげて欲しいとも思います。いつもの環境に，「男性の先生や実習生が加わったら保育が少し変わった」という声を保育現場で耳にすることがあります。

　「ピアノが苦手」「子どもの前で手あそびするのがなんだか恥ずかしい」などと消極的にならずに，自分からすすんで，「○○やってみたいのですが」「なにかわたし（ぼく）にできることはありませんか」「わたし（ぼく）が○○をやります」など，言うようにすることが大切です。

memo

3）施設や設備　―男子用の更衣室やおとな用のトイレはあるのかな？―

　更衣室は，女性の先生方との共用の場合もあります。また，更衣を，保育室や教材室などを利用して行うこともあります。使用した後の始末や確認をしっかりと行うことです。

　また，女性の下着や生理用品などが落ちていたり置いてあったりして，目につくこともあります。それらが，同じ職場で働いている職員や実習生のものか，それとも保護者のものかもわからないことがあります。そういうときには，園長先生や主任先生に報告し，対処してもらいましょう。

4）3歳未満児のクラスで実習をしたいと思っていたけど……

　3歳未満児のクラスにはまだおむつをしている子どももいて，保育者がその交換をしなければなりません。対象が女児であることもあり，そうしたことへの配慮から「3歳未満児以外のクラスを担当していただきます」と言われることも多いようです。そうしたことは，男性である皆さんを守るための配慮でもあります。もしも，3歳未満児とかかわりたいときには，「いつか見学させていただいたり現場を少し見せていただいたり，かかわらせていただけませんか」とお願いしてみましょう。

5）子どもたちとのかかわり

　子どもたちは，時々，悪気がなくてもおとなにとって「ひどいなあ」と思うことを口にすることがあります。また，男子学生を遠巻きにして見ていることや，さっと走ってきてたたいては，また遠くに逃げ去ってしまうようなこともあります。

　そういうときでも，あわてずに，たとえば「何しているの？」と関心がある態度で声をかけながら子どもたちのあそびのなかに少しずつ入って行ったり，ひとりでいる子どもに「一緒に○○しようか」と声をかけたりするなどしてみてください。

　「お兄ちゃん先生，優しいよ」「いっぱい遊んでくれた」「おもしろかった」。きっと，そうした声が，子どもたちのなかから聞かれはじめるでしょう。

　ただし，子どもたちをもち上げたりするような場合は，子どもたちがそれまで慣れていた女性の先生方とは動きの大きさや速さ，勢いが違います。子どもが驚いたり，怖がったりしないように，加減しながら優しくかかわってあげるとよいでしょう。

---

home room

皆さんを守る配慮

　異性に対する介助・補助となる場合，とくにその対象が女児である場合には，男子学生にはあえて，それを行わせないという配慮があります。園の方針に従って行動するようにしましょう。

6）持ち物・身だしなみ
―男性だから仕方がないとは考えないこと―

　女性の多い現場のなかで，ついつい自分が男性であることで「許されるだろう」「まあ，いいかな」とあまえてしまうことがあるかもしれません。しかし，実習生として保育現場で学ばせていただいている立場であることには，女子学生となんらかわりはありません。

　ここでは，男子学生にとくに気を配って欲しい点について，いくつか示します。

（1）ピアノ
　「弾けなくてもいいや」などと思っていませんか。一生懸命弾いて途中でつかえても，子どもたちは，案外歌い続けてくれるものです。「やってみます」「次は，もっと頑張ります」という姿勢が大切です。

> もしもピアノが苦手でギターが得意なら，ギターを弾いて，子どもたちと歌ってみるのもいいですよ。

（2）昼食
　子どもたちと同量では少しもの足りないでしょう。先生方におかわりを勧められたら遠慮なくいただいて，しっかりエネルギーの補給を行い，午後からの保育や仕事に取り組めるようにしましょう。

> 弁当持参の日があるかもしれません。弁当箱の準備はもちろん，自分で簡単な料理をつくれるようにしておくとよいでしょう。

（3）服装
　清潔感を大事にします。汚れや汗の臭いのついていないものを着用するようにしましょう。洗濯も料理や掃除と同様，自分でできるようにしましょう。

> 大きな模様・絵の描いてあるシャツなどはやめましょう。

（4）態度
　ポケットに手を入れて話したり，靴のかかとを踏みつぶしたりしないようにします。
　また，自分と同年か年下の保育者や保護者がいることもありますが，失礼のないように接しましょう。

> 実習園の先生方のなかには，自分よりも年下の先生がいる場合もありますが，実習生にとっては，指導してくださる立場の先輩です。

（5）言葉遣い
　「～いいすよ」「～すけど」のような言葉遣いは厳禁です。慣れないとはじめは少し照れるかもしれませんが，相手の顔を見て，ていねいに話しましょう。

> ふだんの口ぐせをチェックしておくことが大切です。

（6）髪の毛
　姿勢を低くして子どもとかかわることが多いので，髪の毛が長いと顔にかかってしまいます。事前に美容院や床屋に行って，きれいにカットしておくとよいでしょう。

> 子どもに顔がわかるような髪型にしましょう。

（7）におい

　タバコやお酒などのにおいを身にまとって保育現場に行くことはやめましょう。家の人がタバコやお酒をたしなまない家庭の子どもたちにとっては，そのようなにおいは大変つらいものです。自分では気がつかなくても，部屋や車などにしみついたにおいがからだについてしまうこともあります。

> 実習がはじまる前から，衣類や持ち物などのタバコのにおいには十分に気をつけましょう。

> 先生の姿から学び取る大切な機会にしてください。

（8）その他

　男子だから「おおざっぱでいい」「細かいところに気づけなくていい」というわけではありません。掲示物の貼り方，提出する書類の文字，クラスで使ったぞうきんやふきんの絞り方，干し方やたたみ方・重ね方，掃除のときのほうきの使い方，靴の脱ぎ方など，その園でずっと大事にされてきたあり方や雰囲気を感じ取り，それに沿った行動をこころがけていくことが大切です。

home room

保育者に求められること

　保育者には，保育の技能の他に，子どもや保護者とかかわっていく力も求められます。なぜなら，保育は，かかわりと信頼関係を通してなされるからです。そこでまず，保育者に求められることは，①きめ細かな気づき・配慮　②温かい対応　③ていねいであることです。こうしたことをぜひ，実習園の先生方の姿から学びましょう。

memo

3　共通

1）ジャージー（保育着）が１着しかない　―洗濯で乾かなかったらどうしよう―

　養成校指定のジャージーを１枚しかもっていない場合には，自分の手もちのものでよいのか，事前のオリエンテーションの際に，「このようなタイプのジャージーなのですが，いかがでしょうか」と聞いておくとよいでしょう。

point
実習期間中の予備の保育着については，オリエンテーションで確認しておきましょう。

　実習期間は数日から２週間もの長丁場ですので，洗い替え用に数着，ジャージーやエプロンを事前に準備をしておきます。

　また，保育中に衣類が汚れたときのことを想定し，予備として，下着，エプロン，ハンカチ，生理用品，ビニール袋などを準備しておきましょう。とくに，夏場は水あそび，冬場は子どもの嘔吐などで着替えが必要になる場合があります。

洗い替えがないことを理由に，いつも同じ場所に汚れがついているジャージーやエプロンを着ていることがないようにしましょう。

保育着は，ジーパンは禁止でもチノパンツなら認められる園，エプロンの着用が義務づけられている園，反対にエプロン不要の園などさまざまです。

2）子どもの抱っこやおんぶもうまくできるかな？

　抱っこやおんぶをするときには，子どもを誤って落としてしまわないよう，また，壁やロッカーに子どもをぶつけてしまうことがないように，周りにも十分注意を払って行動しましょう。

　また，実習中は，日ごろ使わない筋肉を使い，腰痛を引き起こすことがあります。子どもを抱っこするときや，机や椅子を持ち上げたり，運んだりする際などには，膝を伸ばしたままの状態ではなく，少し曲げて力を入れるなど，腰に負担のかからないように意識して動くとよいでしょう。

保育には体力も必要です。日ごろから，バスや電車は目的地の１駅前で降りて歩いたり，駅のエスカレーターは使わずに階段を使用したりするなど，体を動かす習慣を身につけておくとよいでしょう。

3）わたしの声が子どもたちに届くのかが心配

　部分実習や責任実習では，声を出す機会が多くなります。声を無理に出し続けると，声帯を痛めて声をからしてしまうことがあります。声は喉を使って出すのではなく，お腹の底から出すように気を配りましょう。実習前に，友だちの前で声を出す練習を行っておくとよいですね。

子どもの関心をひくような話し方は，「ゆっくり」「はっきり」話すとよいでしょう。

　実習中に声を出しすぎたと思ったら，帰宅後は喉を休めるようこころがけましょう。また，声を張らずに子どもたちの視線・興味をひきつけることができるよう，身ぶり手ぶりを工夫し，また，手あそびをたくさん覚えておくのもよいでしょう。

4）アレルギーや持病がある場合，どうしたらいい？

　実習生自身がもっているアレルギーや持病などについては，事前に養成校の実習指導教員へ伝え，指示をあおぎましょう。また，実習先へ伝える際は，オリエンテーション時に伝えておくようにします。常用薬がある場合は，忘れずに持参しましょう。なお，服用する市販の薬のなかには，眠くなる成分が入っている場合もあるので，実習中にウトウトと眠ってしまうことがないようにしましょう。

　いずれの実習生も，体調のよい状態で実習期間を過ごせるよう，家族に洗濯や食事などのふだんの生活を手伝ってもらいながら，しっかりと自己管理に努めましょう。

> 保育中に体調不良になってしまった場合は，実習園の指導担当の保育者に伝え指示をあおぎましょう。実習を中断した場合は，その旨を養成校の実習指導教員や実習指導センターに連絡し，報告を入れましょう。

> 服薬については，オリエンテーション時に相談しておきましょう。指導担当の保育者にも保育開始前に相談し，服薬のタイミングの指示をあおぎましょう。

memo

memo

Action10 さまざまな悩み

Action 11 期待される姿
―今，できること―

1 実習生としての姿

実習にあたっては，実習生自身が日々の学びや生活スタイルを確立しておくことが重要になってきます。また，実習を通して専門性を身につけるだけではなく，ひとりの生活者としての向上も期待されます。

2 実習生として育って欲しいこと

1）社会人としての心構え

実習生は，実習園の職員に準じて勤務することになります。そのため，保育者としての姿勢や態度を求められるとともに，すべての場面において，園のルールの遵守や時間厳守を徹底するよう，こころがける必要があります。

2）生活と体調の管理

日ごろから体調を整えておき，実習には万全の体制で臨むようにします。とくに実習中は，緊張やストレスが重なり，身体的不調を起こしやすいので，自己管理を徹底しておきましょう。

なお，下記に必要な自己管理行動の具体例を挙げておきます。

point
同じ園や施設で実習を行う仲間とともに，実習に関する内容の議論や相談などを行い，チームワークを高めておきましょう。

空欄には，自分で自己管理行動について考え書き入れ，さっそく実行してみましょう。

check list

- ☐ 睡眠をしっかりとる。　　　　☐
- ☐ 生活リズムを整えておく。　　☐
- ☐ 風邪などの予防対策を行う。　☐
- ☐ バランスのよい食事をとる。　☐
- ☐ 適度な運動を行う。　　　　　☐
- ☐ 声をからすような生活は慎む。☐

Action 11 期待される姿

home room

健康で気になることがあれば

「健康」であることは，実習生にとって必要なことです。実習中の体調管理をしっかり行うためにまず，基本的な生活習慣を身につけましょう。

また養成校では，喫煙所が設けられている場合もありますが，実習園はほぼ100％禁煙であると思ってください。あなたに喫煙習慣がある場合には，禁煙外来などに行って相談することをお勧めします。なお，アレルギーなどの身体症状は事前に必ず，実習担当の先生に申し出ておきましょう。

また，保育に明るく素直に向き合うために，学生相談室に行くことを躊躇せず，事前に実習指導教員，心理学の教員，学生相談室の相談員などに相談してみましょう。学生相談室に行くことは，ケガなどで保健室に行くのとさほど変わらないものだと考え，心身の健康を整えて実習に臨みましょう。

> わたしは，体調によって薬を服用しています。不安なこともあるので，養成校の先生の指導を受け，学生相談室に行ってアドバイスをいただきました。

3　日々の生活のなかで

1）意識して生活すること

保育や実習のことを意識して生活するようにこころがけてみましょう。そうすることで，ものごとに対する気づき方や感じ方，自分自身の生活が少しずつ変化してくものです。そして，今までには見えてこなかった教育的価値の高い事象[*1]にも，気づくようになっていきます。

日々の生活のなかで気をつけること　*check list*

- ☐ 保育者としてふさわしい服装や身なりをふだんからこころがける。
- ☐ 所作，礼儀，言動について十分，意識する。
- ☐ あいさつ，返事，報告を明確にできるようにする。
- ☐ 1日中，子どもとかかわることができる体力をつけておく。

※ウォーキングやジョギングなどを週2～3回，無理のない範囲で行うなど，ふだんから，運動をすることを意識しておきましょう。

> 自分では気づかなくても，ある日，周囲の方々から「保育者らしくなったね」と言われることがあるものです。

[*1] あそびや生活，コミュニケーション場面などでの細かな行動や心理などへの気づき，教育・保育問題について自分からアプローチすることによる問題意識の広がりや高まりなどのこと。

> **point**
> 【実習前】
> つねに、保育者としての意識をもちながら、園や学校の状況などにアンテナをはっておきます。また、教育・保育問題はもちろんのこと、社会的な話題や事象などについても問題意識をもつことが大切です。不安なことや、わからないことがあれば、積極的に先生に質問しましょう。
>
> 【実習直前】
> 実習園の教育・保育方針や活動の流れなどをわかる範囲でできるだけ把握することに努めましょう。また、ボランティアなどで、事前にようすを把握しておくようにしましょう。実習園で、先生方が実際にどのように子どもたちとかかわっているのかを見て、自分がどうするかを知ることはまさに、「真似ぶ」＝「学ぶ」につながります。

2）日々の積み重ねで

ここでは、実習に向け、実習生として日常の生活のなかで、日ごろから準備のできることをいくつか挙げてみます。

（1）相手の名前を覚える

まずは、学内の友だちの名前を覚えてみることからはじめてみてはどうでしょう。

「漢字を見て、フルネームを目から覚える方法」や「実際に話してみて、相手の特徴をつかんだうえで覚える方法」など、自分の覚えやすい方法が見つかるはずです。

> 実習ではまず、子どもの名前をしっかり覚えましょう。これが、コミュニケーションの基本であり、折にふれ、名前を呼ぶことが大切です。実際に声に出して呼んでみることで子どもとのかかわりができるのです。

> 上履きや名札などに書かれている名前を見るとよいでしょう。

（2）座り方に気をつける

あぐらをかいて猫背のままだらしなく座ったり、たてひざをついたりする座り方は、見かけの悪さはもちろん、子どもに何か危険なことが起きそうなとき、とっさに助けにいくことができないので望ましくありません。

> **point**
> 日ごろから、必要に応じてすぐ動けるように、子どもたちのお手本となるような姿勢をこころがけておきましょう。子どもの事故などを未然に防がなければなりません。

（3）言葉遣いに気をつける

「チョー○○じゃん」「うんとー，○○でぇー」など、日ごろの言葉遣いがつい出てしまうものです。保育にふさわしい言葉遣いを日々の生活のなかで、友だち同士でも確認し合いましょう。

また、自分のことを名前で呼ぶ実習生がいます。「わたし」とスムーズに表現できるよう、今から身につけておきましょう。

> 男子生徒の場合も、「自分」「おれ」ではなく、「わたし」「ぼく」と表現しましょう。

（4）文字を正しくていねいに書く　p.65 3へ

　実習日誌は，実習園の先生方や園長先生が直接手に取って読んでくださるものです。
　また，就職後も，おたよりや連絡ノート，実習日誌，子どもの心情や成長を記録する際など，文字を書く機会がたくさんあります。内容に気を配るのはもちろんですが，読んでいただく相手がいることを忘れずに，文字にも気を配りましょう。子どもたち一人ひとりの名前を書く際には，文字を間違えないようにします。日ごろから，国語辞典を使う習慣を身につけておくとよいでしょう。

（5）身の回りの整理整頓をこころがける

　保育現場は生活の場です。保育者の仕事は，その環境整備からはじまり，あわただしい時間のなかで衛生を保ち，子どもとともに生活をすることだといえます。日ごろから，使用したものを手際よく片づける習慣を身につけておきましょう。

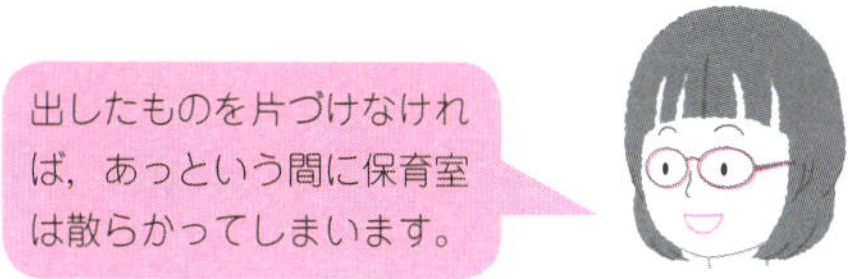

> 出したものを片づけなければ，あっという間に保育室は散らかってしまいます。

（6）ふだん生活している地域での生活を振り返る

　ふだん生活している地域で実習を行うことは，実習園に通う子どもたちと同じ地域で生活するということになります。幼稚園や保育所のなかだけではなく，園の外へ出ても保育者としてみられることになります。
　たとえばゴミ出しを行う，買い物へ出かけるという日常生活のなかで，園に通う子どもたちや保護者と会うことも少なくありません。このように，両者が同じ地域のなかでかかわっていることを踏まえ，地域社会での生活を見直しましょう。たとえ帰省地で実習を行うなど，ふだん生活をしている地域とは違う場所でも，自分の生活を振り返っておくことは大切です。
　これからは，保育の専門職としての視点に立ち，「相手がどのように感じているか」という部分に気持ちを向けていくとよいでしょう。

> 車の音楽のボリュームを最大にしたまま運転していませんか？

> 夜中に仲間と大騒ぎをしていませんか？

> ご近所の方にあいさつをしていますか？

> これらのことに，こころあたりはありませんか？

（7）生活のなかから工夫する　p.250 3へ

　保育のアイディアは，日常のなかにあふれています。日ごろから教材研究や準備をこころがけておきましょう。実習直前になって，「材料が手元になくて困る」というような事態は防ぎたいものです。

【例】
・身近な自然のようすに目を向けて，自然素材を集める。
・プリンのカップやペットボトルやトイレットペーパーの芯を集めておく。

コラム　身近なものに目を向けて

　子どもたちは、遊びながらさまざまなことを学んでいます。あそびの環境を整えるために、先生たちは日々、さまざまな工夫をしています。実習生も先生として、あそびの環境を考え整えていくことは、とても重要な実習内容のひとつです。

　たとえば、皆さんの地域や家庭に目を向けてみましょう。身の回りには保育に活用できるものが、なんとたくさんあることでしょう。草木や石ころ、小動物などは、道ばたの草むらや公園でも容易に見かけられます。不用になった日常生活用品も工夫しだいで保育に活用できます。包装用紙や紐類、ダンボール箱や菓子箱、プラスチック製のカップやペットボトルなど、やがてはゴミとして捨てられるだけのものでさえ、子どもたちの手にかかれば自由な発想と想像力で魅力ある遊び物（教材）に変身します。また、自然の風景や地域の行事などは、室内の装飾やレイアウトを考えるうえでとても参考になるものです。

　皆さんも、日ごろから身近なものに目を向け、これらを教材や遊具に活用する楽しさを、おおいに味わってください。

home room　関係や立場，園の習慣に配慮した言葉遣い

　たとえば、幼稚園では、先生を「保育士」とは呼びません。「保育者」はどちらにも共通する表現です。また、その園だけに通用する表現もあります。実習では、その園の呼称に従うようにしましょう。

　先生の呼び方は、園の考え方によって大きく変わります。姓で〇〇先生と呼ぶ園、名前で〇〇先生などと呼ぶ園、愛称で呼ぶ園など、さまざまです。そこで呼び方も、その園の方針に従うようにします。

　また、目上の方に対して「ため口」をきくことはしません。どんなに年齢が近く、仲よくなっても、実習させていただくという立場をわきまえることが大切です。

　子どもたちの呼び方にも注意が必要です。先生方が、愛称や呼び捨てで呼んでいる園であっても、実習生がそれをまねることはしません。相手が子どもだからといって、馴れ馴れしい言葉遣いだったり、傷つけたりするような表現は避けなければなりません。先生方は、それまでの関係のなかで、「指導する際の言葉遣い」と「親しい雰囲気の言葉遣い」、そして「個別に対応する際の言葉遣い」を適切に使い分けているのです。

> 実習生という自分の立場をわきまえることが大切です。皆さんに対する好印象、そして評価へとつながるのです。

4　学生生活のなかで

　皆さんには，実習で出会う子どもたちに対して，自分では当たり前にできることをわかりやすくていねいに教え，指導や援助することが求められます。またときには，子どもがはじめて何かができるようになるための援助を行います。そこで，皆さん自身がまず，「自分のことは自分でする」ことをつねにこころがけておく必要があります。

　また，教育・保育は園の全職員で協力して行うものですから，学生であるうちから積極的に仲間とともに学び合ったり，協力して取り組んだりする姿勢を身につけておくことが大切です。将来に向けて，日ごろから同じ夢をもつ仲間たちとよい関係を築きながら，さまざまな経験を深め，保育者としての資質を培っていくことが大切です。

1）理想の保育者像を描く　p.184 3〈

　「自分は将来どのような保育者になっているの？」「実習でお世話になった先生のようになりたい」。このように，自分の将来の保育者としてのイメージを，できるだけ具体的に思い浮かべながら日々の学習に取り組むことが大切です。そうすることで，自分にとって必要な課題や深めたいことがわかってきます。

コラム　理想の保育者との出会い　―自分でもまねてみる―

　教材準備，給食のときにお茶を注ぐこと，雨天時の傘立てやコートかけの始末，ぞうきんの準備など，自分でできることは積極的に行ってみましょう。ただし，子どもたちがすることになっていることまでしてしまうことのないように気をつけます。

　また，勉強してきたことと違うと思うような場面があったとしても，保育中にそのことを顔に出したり，批判的な態度をとったりしないようにします。もし疑問に思うことがあったら，まず聞いてみましょう。感情的になるのではなく，あくまでも保育について教えていただくという立場で聞くことが大切です。

> わたしが実習園で出会った先生は，保育や環境整備の場面で，今，必要なことがすべてわかっていて，何でも上手にこなしているように思いました。子どもへのことばかけ，保護者への対応，そして保育や子どもに関する考え方など，見習いたいことをたくさんもっていらっしゃいました。
> わたしもその先生のようになりたいと思い，先生の姿を一生懸命にまねてみました。やり方などを先生に尋ねると，ていねいに教えてくださいました。

home room

実習に行くことが認められるために

　実習に行くことを認めてもらうためには，学生としていくつかのクリアすべき課題があります。今のままで大丈夫ですか？　もう一度，確認しておきましょう。

1）決められた科目を履修し，単位を修得していること
　養成校によって異なりますが，多くの学校では実習に出る前に，学んでおかなくてはならない科目を決めています。いずれも保育者になるための基礎となる科目です。シラバスに書いてある留意事項をよく読んでおきましょう。

2）ふだんからしっかりとした態度で授業に臨んでいること
　オリエンテーションなどでどうしても授業を休まなくてはならない場合は必ず，それぞれの授業担当の先生に事前に届け出ます。病欠などは事後となりますが，その場合でも，報告を忘れないようにすることが大切です。

　授業に臨む際の留意点を下記に挙げます。これを機会に改めて確認して取り組みましょう。

授業中の留意点
- [ ] 授業中のおしゃべり，いねむりをしない。
- [ ] 授業中に携帯電話やスマートフォンなどを使用しない。
- [ ] ノートのとり方をしっかり身につける。
- [ ] 誤字・脱字のないよう努力し，文章を書くときは漢字を正しく使用する。また，句読点にも気を配る。
- [ ] 提出物は期限を守る。
- [ ] 授業の中途退席をしない。
- [ ] 筆記用具などの忘れ物をしない。
- [ ] 授業で配布された資料をていねいに保管する（授業ごとにファイリングする）。
- [ ] 万が一，遅刻・早退・欠席があった場合，担当の先生を訪問し，配布プリントなどをいただく。

2）子どもや保育にかかわる理論，知識，技能を身につける

　保育の現場で出会う子どもたちは，一人ひとり違った個性をもっています。とくに，配慮が必要な子どもの場合，その子どもの発達や生活経験などに対する理解を踏まえて，効果的な教材・教具や興味・関心に沿った働きかけを工夫することが必要です。そこで，子どもたちに提示する前に，皆さん自身が何度も教材をつくったり，シミュレーションして試したりすることが大切になります。

3）実践的に学ぶ

　ボランティアやさまざまな子どもたちの活動には積極的に参加し，養成校で学んだことを実際の現場で確認してみましょう。その際，子どもたちの発達や心理的な動きを意識してかかわるようにこころがけるとよいでしょう。また，現場の先生に，支援のポイントや，工夫とその根拠になることがらなどを聞いてみるのもよいでしょう。

4）子どもたちの興味・関心をひく手あそびや指あそびを身につける

　幼稚園や保育所で実習する場合，子どもたちの関心をひく手あそびや指あそび，また導入となる歌あそびなどを練習しておくことが大切になります。そこで指導方法や教材・教具の研究を欠かさないようにしましょう。

　ピアノの技術や子どもに伝わる歌の表現力は，1日で身につくものではありません。そして，自ら練習に取り組み，時間をかけなければ上達しないこともすでにわかっているはずです。日々の積み重ねによって，技術は磨かれていくものです。さあ，早めに練習をはじめましょう。 p.211 hrへ

home room

手あそび・指あそび・歌あそび

　子どもの生活には歌があふれています。幼稚園や保育所の生活のなかで歌われる歌を練習しましょう。そして，実習のなかで子どもの笑顔を引き出す音楽活動へと発展させましょう。次に挙げる手あそび・指あそび・歌あそびは，有名なものばかりです。皆さんは何曲ぐらい知っていますか。

1）手あそび・指あそび
○あなたのおなまえは
　（自己紹介やお当番さんの紹介に使ってみましょう。）
○おべんとうばこのうた
　（楽しい給食やお弁当の時間に使ってみましょう。）
○おむねをはりましょう
　（姿勢を正して次の活動に入る前に使ってみましょう。）
○はじまるよ　はじまるよ
　（手をひざに置き，集中することの前に使ってみましょう。）
○とんとんとんとんひげじいさん
　（全身を使って背筋を伸ばすことから，話に集中する前に使ってみましょう。）

2）歌あそび
○朝（登園）
・おはよう　　（増子とし作詞／本多鉄磨作曲）
・おはようのうた
　　　　　　　（高すすむ作詞／渡辺　茂作曲）
・おはようのうた
　　　　　　　（田中忠正作詞／河村光陽作曲）
○昼（昼食）
・おててを洗いましょう（作詞・作曲者不詳）
・おべんとう（天野　蝶作詞／一宮道子作曲）
・おかたづけ　　　　　（作詞・作曲者不詳）
○夕方（降園）
・おかえりのうた
　　　　　　　（天野　蝶作詞／一宮道子作曲）
・さよならのうた
　　　　　　　（高すすむ作詞／渡辺　茂作曲）
・さよならマーチ
　　　　　　　（井出隆夫作詞／越部信義作曲）

実習生としての立ち居振る舞い 1

home room

> これまで多くの実習生とかかわってきました。皆さんは，保育現場という社会のなかで，最初は戸惑い苦労するようです。少しずつ，園の生活に慣れていくようにしてください。立ち居振る舞いは必ず，身についていくものです。

1）朝 「おはようございます」

　保育者，子ども，保護者だけではなく，調理士さん，運転手さんなどすべての職員の方々，さらに，園に出入りするさまざまな方々などにもすすんであいさつをしましょう。

　しっかり相手の目を見て，「おはようございます。今日も1日，よろしくお願いいたします」または，「おはようございます。今日も1日，ご指導をお願いいたします」などとあいさつをします。笑顔で言えるようになるためには，たとえば，鏡の前で口角を上げる練習をしてから出かけるのもひとつの方法です。

2）夕 「お先に失礼いたします」

　実習生が先に帰るときには，先生方に，毎日お礼を言って退勤することになります。

　アルバイトなどで，「お疲れさまです」と言い合うことに慣れすぎていませんか。「お疲れさまです」は，本来，先生がねぎらいとしてかけてくださることばです。そのため，実習生の側からは，「本日はご指導ありがとうございました」などとお礼のあいさつをしましょう。

　また，「お先，失礼します」と軽く言うのではなく，「お先に失礼いたします」とていねいに言うようにします。「ありがとうございました。明日もよろしくお願いいたします」などということばに添えて，「お先に失礼させていただきます」とあいさつをすると，先生方に気持ちが伝わります。

> 今回，実習をした園の先生方は，職員室を出入りする際，おじぎをされていました。園によっての違いがあるようなので，早く覚えるように努力しました。

5　地域の生活のなかで

　教育・保育現場は，保護者をはじめ，地域のさまざまな人たちとのかかわりによって機能しています。実習期間には，近所のお年寄りや商店の方々，小学生や中学生，高校生，そして郵便配達の方など多くの方々とお会いすることになるでしょう。ときには，散歩の途中で声をかけてくださることもあります。

　保育者を目指すうえで，実習園や地域の方々とのかかわりを深め，地域での生活を自分の学びに活かしていくことが大切です。

> わたしの「ねらい・目標」は，
> ・清潔感のある通勤着を着用するようにこころがける。
> ・ゆったりと歩く。
> ・明るい表情をこころがける。
> ・相手の気持ちが明るくなるような気持ちのよいあいさつをする。
> ことでした。

1）ボランティアに参加する

　ボランティアの形態や内容はさまざまですが，肝心なのは学生の皆さんが，はっきりと目的意識をもって活動に参加しているかどうかです。実習園や施設によっては，ボランティアや体験活動が義務づけらている場合もあります。つねに「学ばせていただいている」という姿勢を忘れずに，積極的に取り組みましょう。

> 養成校にボランティア募集の案内が届いていることがあります。担当の先生にたずねてみるとよいですね。

2）実習園で体験活動をする

　園では，1年を通してさまざまな行事が行われています。事前に相談し連絡を取りながら，参加可能なものについてお願いしておくとよいでしょう。園や子どもたち，先生方のようすを知るまたとないチャンスです。

　また，保育参観や保護者参加行事など，保護者の立場を理解できるような機会を得るようにしましょう。参加観察が可能であれば，先生方がどのように保護者の方たちと接しているのかを見ておくこともよいでしょう。できれば，先生方から，保護者とのかかわりについてアドバイスなども受けることができるとよいですね。

3）研究会や研修会，講座に参加する

　学生の皆さんでも参加が可能な研修会や講演会，そして学会などを積極的に利用しましょう。日ごろから，情報誌や研究誌，インターネット，養成校の掲示板，養成校の先生などから情報を得るようにしましょう。また，園や養成校では，公開保育や公開講座なども行われています。自分から積極的に情報を収集し，学ぶ姿勢をもつようにしましょう。

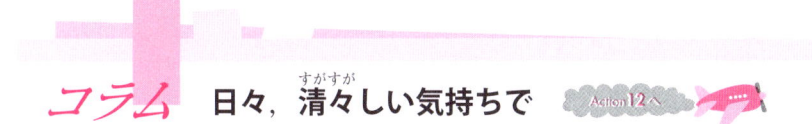

コラム　日々，清々しい気持ちで

　実習に臨もうとしている実習生なら誰でも，幼稚園や保育園の「先生」として，子どもたちの前では明るく元気に，笑顔や微笑みに満ちた最高の自分でありたいと思うものです。しかし，実習中は，次の日のためにしておかなければならないさまざまな課題を家にもち帰る日もあり，週末は疲労困憊が予想されます。日ごろから，健康的な生活リズム，休養，気分転換などをこころがけ，毎日気持ちよく朝を迎え，「今日も楽しく頑張るぞ」という気持ちで，実習先に向かいましょう。

6　家庭生活のなかで

　実習期間中は、家族の理解と協力を得ながら家庭生活を送りましょう。実習では、体力・気力ともに、想像以上に使うものです。

　1日の保育が終わり、帰宅してほっと一息、すぐさま実習日誌の記述、明日の準備と時間的にも精神的にも余裕のない生活が続きます。そのような生活を送っているなか、「おつかれさま」という声がけや食事のしたく、保育着の洗濯など、家族の皆さんに、いつも以上にお世話になっていることが考えられます。もちろん、直接的な援助はなくても、思いをかけてくださっていることは多いものです。

○**家族にわかってもらいたいこと**
・実習日誌の記述や明日の準備で、時間的にも精神的にも余裕のない生活
○**家族に手伝ってもらってありがたいこと**
・食事　・洗濯
・お風呂の準備など

> 家族の理解と協力でずいぶん助かりました。

> ひとり暮らしをしている実習生も、今まで身につけてきた生活力を発揮し、実習を乗り越えていきましょう。実習後は、大きな自信を得ることができると思います。

> 家族の支えに感謝し、その気持ちを「ありがとう」ということばで伝えましょう。そして、家族の思いに応えるようにしっかりと実習に取り組みましょう。

home room
家庭生活でもできること　—掃除、片づけ、整理整頓—

　保育室の掃除は、安全管理、環境設定の基本であり、欠かせないものです。画びょうひとつでも保育室に落ちていれば、子どもたちのケガにつながります。

　ほうきのあつかい方、ちりとりでのゴミのとり方、ぞうきんの絞り方、床や棚の拭き方など、これまで、掃除の経験が少ない場合でも、実習に臨む前に、自宅や自室の掃除からはじめて、身につくように努力しておきます。ひとり暮らしをしている実習生も、この機会に掃除や片づけなどの仕方を見直してみましょう。自宅や自室の清掃・管理ができていれば、たとえば、実習園で使わせていただいたロッカーや靴箱をきれいにして、実習を終えることができますね。「来たときよりも美しく！」をこころがけましょう。

point ①
宿泊をともなう施設実習では、洗濯機を使う場合があります。

point ②
掃除の仕方の他にも、洗濯したものの絞り方・干し方、たたみ方なども見直しておきましょう。

> 掃除、備品教材管理の準備や後始末も、保育者の大切な仕事のひとつです。「なぜこんな仕事をするように言われるのだろう？」と思うとつい、表情に出てしまいます。こうした仕事も保育者にとって大切だということを理解しましょう。

実習生としての立ち居振る舞い2

　実習園で「まだ態度がなっていない」「身についていない」など，指導を受けることがあるかもしれません。自分では緊張感をもって実習に取り組んでいるつもりですが，なかなか先生方のようにはいかないことがあるものです。
　そこで，実習生としての「立ち居振る舞い」について，次に挙げるふたつの点から先生方のようすを観察したり，指導していただいたりしたことを振り返り，よりよくなるようにこころがけていきましょう。

1）その場にふさわしい行動をとること

　姿勢，立ち方，座り方，あいさつ，おじぎの仕方，歩き方，走り方，動き，ていねいな取り組み，落ち着き，表情，声の大きさや抑揚など，その場にふさわしい行動をとることができるように努力していきましょう。

2）謙虚であること

　相手を尊重し，自分は「実習をさせていただいている。教えを請う立場である」ことをつねにわきまえて，言動に気をつけるようにすることが大切です。しかし，極端に気にし過ぎて引っ込み思案になってしまわないように，前向きに意欲をもって過ごすことが大切です。

> 背筋を伸ばす，元気な姿，明るくやさしい表情，笑顔，気をつけて作業する，落ち着いて歩く，きちんと整理整頓する，「ほう（報告）・れん（連絡）・そう（相談）」ができるなど，保育者として求められるさまざまな「立ち居振る舞い」を先生方から学び取ってください。指導されたときには「よし，がんばろう」と受け止めてみましょう。

home room

先生から用事をお願いされたとき

　子どもたちは，実習生といえども先生と同じような存在として受け止めます。先生の言動一つひとつが子どもたちに少なからず影響を与えていくとなれば，子どもの成長にかかわる責任の大きさをつねに自覚しておかなければなりません。子どもがさまざまなかかわりを体験しながら育っていくように，皆さんも，先生や子どもたちとのかかわりのなかでさまざまな経験を通して，いずれ保育者として育っていきます。一緒に生活するなかで誰かに頼まれたり相談されたりしたときに，それに応えられるようにしましょう。

> 実習中，先生方が実習生にいろいろな頼みごとをすることがあります。そうしたときにも，お互いに事情はありますが，気持ちよく対応して欲しいと思っています。

> ○○をお願いします。

【○】
> かしこまりました。
> はい，わかりました。

point
素直に答えるとよいでしょう。

【×】
> そうですよね。

（言われてしまった。）

いかにも「わかっていたのに，言われてしまった」という気持ちが先生に伝わってしまいます。

memo

Action11　期待される姿

コラム　実習へ臨むにあたって
―子どもとともに学ぶ「生きる力」―

　保育所保育指針解説書や幼稚園教育要領解説には、「子どもたちの『生きる力』を育てる」ことについて書いてありますが、皆さんは、「生きる力」について考えたことはありますか。

　人は生まれてから、いろいろな人たちと出会い、さまざまな経験をします。そのようななかで、人生に起こるさまざまな出来事をどう受け止め、どのように解決していくのか、時には答えがみつからないこともあるものです。

　悩んで足踏みするときもあるでしょう。自分のことを「わかって欲しい」と、もがき苦しむこともあるでしょう。それぞれが、生まれてくる環境も経験する出来事も異なるので、一人ひとり、皆このように悩みもがく課題が違うのかもしれません。しかし、そのどれもが「生きる課題」であり、「生きる力」につながることを忘れてはいけないのだと思います。

　ところで、保育でよく使われることばに、「共感する」「見守る」などがありますが、これらのことばの意味は、どういうことだと思いますか？

　「うれしい」「悲しい」「悔しい」「寂しい」などと言った感情は、自分自身に起こった出来事を通して感じるものです。感じ方は一人ひとり違います。ですから、自分自身が本当に経験したことのない出来事に対する感情について、本当の意味で共感し、「受け入れ生きる力」を育てることは、一番むずかしいことだと思います。

　しかし、保育現場は、子どもたちの生かされている命を大切に、この「受け入れ生きる力」を育てる場です。また、子どもたちが親から離れ、葛藤しながら向かえる人生最初の社会が、保育所であり、幼稚園です。つまずきながらも乗り越えていける、こころとからだを育てる場所だということを忘れないで欲しいと思います。子どもたちが転んでもつまづいても、見守り、努力し頑張っていることに共感していきたいものです。

　とはいえ、この育つことが期待される「生きる力」ですが、これはおとなにとってもむずかしいことです。皆さんのなかには「先生」と呼ばれると、子どもたちに「生きる力」を育てることを今、教えなければならないと思う人がいるかもしれません。しかし、人が生きられ

111

る時間はさまざまで，そのゴールは，誰にもわかりません。しかし，この「生きる力」はいくつになっても，ずっと学び続けるものなのかもしれません。

　今，実習に行く前に「子どもたちの前で失敗したらどうしよう」「怖い先生がいたらどうしよう」と不安で心が押しつぶされそうになっている人がいるかもしれません。でも大丈夫です。実習での経験は，皆さんにとってすべてが必要な学びです。そして，出会う子どもたちや先生方も，人生において出会うべき人たちであり，それらすべてが，皆さんの「生きる力」を大きく育ててくれるのです。

　つらいと思うことや，困難な出来事も，すべていずれ過去となります。しかし，それをどのように自分で乗り越え，「生きる力」に変えていったのかということが大切なのです。

　子どもたちは，自分の思いを理解し寄り添ってくれる，一生懸命な皆さんを信頼しています。その思いを感じ取りながら，後悔しない毎日を送ってください。

　この本を手にしてくださった皆さんに，少しでも勇気がわき，子どもたちと真摯に向き合いながら，ともに「生きる力」を育て合っていかれることを祈っています。

コラム　望ましい姿・好感のもてる姿

1）子どもたちのために

　実習生といえども，子どもたちにとっては「先生」です。

　実習を受け入れてくださった園では，だいじな子どもたちを任せる信頼と期待を込めて，皆さんを迎えるでしょう。皆さんは実習期間中，「先生」として子どもたちに，さまざまな刺激や影響を与えることになります。幼児教育に大切な人的環境としてよいお手本となるよう，自分をしっかり見直してみましょう。

　また，子どもたちと過ごす時間が長くなるにつれて子どもたちは実習生が大好きになります。はじめはちょっと警戒心で距離を置く子どももいますが，皆さんが，笑顔であいさつしたりうれしそうに見守っていたりしているうちに，親しみをもちはじめます。そのうち，両側から「先生こっち来て」と腕を引っ張られるほど子どもたちに慕われるようになるでしょう。

　子ども一人ひとりに温かいこころを寄せてかかわり，一緒に楽しく遊び，保育を創意工

夫し，自分自身を真剣に振り返りながら明日へつないでいく……そのような実習生でありたいですね。皆で楽しめるあそびや歌，手あそび，お話，ゲームなどはできるだけ多く身につけておくと気持ちに余裕もでき，子どもたちの期待にも応えられます。季節や自然，小さな生き物や草花，こうした身の回りの美しさや変化に気づいたり感動したりする感性も，自分のなかで磨いていきましょう。子どものよろこぶ姿をイメージしながら，教材研究を楽しんでください。皆さんの新鮮な感覚に，先生方は大きな期待を寄せています。

また，子どもたちの素敵な先生として，身だしなみも大切です。清潔感のある服装や髪型はもちろんですが，子どもたちが全身で飛び込んでくるスキンシップを受け止められるよう，頭のてっぺんから足の先まで，安全第一をこころがけてください。

2）職場社会の一員として

実習は，子どもたちとの生活が楽しみであると同時に，職場という社会へ参加する不安もあることでしょう。しかし，「学ばせていただく」という謙虚さをもち，積極的な姿勢で取り組んでいるうちに，毎日が充実してくるはずです。

ところで実習生にとっては，はじめての園訪問が第一の心配事かもしれませんね。

先生方との初対面となる打ち合わせのための訪問では，すべてのかかわりがここからはじまるのですから，第一印象も好ましいに越したことはありません。そのためには，にこやかにこころを込めてあいさつをしましょう。実習を受け入れてくださったことへの感謝と，実習生としての心構えや意欲，期待感などについて自分の考えをまとめていれば，相手にはその誠意も伝わります。

そして，実習中は礼儀正しくきびきびと行動し，言葉遣いにも気を配ります。そのためにも，尊敬語，謙譲後，丁寧語の使い分けを学び直しておくと安心ですね。また，先生方からも好感をもたれるように，指導や助言を素直に受け入れ前向きに臨んでください。

皆さんにとって有意義な実習となるよう，実習園の先生たちは，協力を惜しみません。職場の一員としての自覚をもち，全職員に協力的な気持ちをもちながら一生懸命取り組んでいる実習生の姿に，保育者としての輝きがキラリと感じられます。

【参考文献】
・鯨岡峻著『ひとがひとをわかるということ―間主観性と相互主体性―』ミネルヴァ書房，2006
・岡本依子・菅野幸恵・塚田-城みちる著『エピソードで学ぶ乳幼児の発達心理学―関係のなかでそだつ子どもたち―』新曜社，2004

Action 12 安全や健康，衛生の理解Ⅰ
―自己管理―

1 自分の健康状態を把握する

　決められた期間内での実習を実りあるものにするためには，自分自身が感染症にり患し，実習園の子どもに感染させないことが大切です。また，免疫機能が低下していると，感染症にり患している子どもから自分自身が感染する可能性もあるので，まず自分が健康な状態であるかを確認しましょう。

　実習期間中は慣れない環境で緊張が続いたり，帰宅後には実習日誌を書いたりと，想像以上に心身が疲労します。できるだけ，「寝不足で体調を崩し，実習を欠席してしまった」「寝坊をして遅刻をしてしまった」ということのないように，体調管理をしっかりと行いましょう。保育者の体調がすぐれないと細やかに行き届いた保育ができないことはもちろん，事故やケガを招いてしまう恐れがあります。体調管理は，保育者としての大切な仕事のひとつと考えてください。

　また，実習前に家族の皆さんへ実習中のスケジュールを話しておき，実習日誌の記入途中で眠っていたら起こしてもらったり，入浴の順番を優先してもらったりするなど，協力をしてもらうようにしましょう。

> ひとり暮らしの実習生は，実習日誌の記入中に眠ってしまっても起きられるように，実習日誌の記入を終える時間に，目覚まし時計や携帯電話，スマートフォンなどのタイマーをかけておきましょう。

home room

体調が悪くなったときは

　実習期間中に体調が悪くなったら，実習園と養成校に電話をかけて，その旨を伝えましょう。病気や体調不良の場合に実習を欠席することは，子どもや職員の方々に病気をうつさないためにも，そして自分自身が早く回復して実習に復帰するためにも必要なことです。

> **point**
> 自分の体調を相手にしっかり伝えてください。
> 【①いつから症状が出たのか，②どこの部位か，③どのような症状があるのか】など，メモをして的確に伝えます。それは病院受診の際にも役に立ちます。病院受診後は，診断結果を実習園と養成校に伝えましょう。欠席，通院については，養成校の実習指導教員の指示を得ることが必要です。

実習に出かける前に健康状態をチェック

1）一般的な体調チェック

	症　状	考えられる疾病	対処法
①内科的な症状	めまいがする	脳神経系（高血圧・低血圧・脳腫瘍・貧血）	病院を受診 ※主治医やかかりつけの病院があれば相談しましょう。
	ときどき頭痛がある	偏頭痛・三叉神経痛・副鼻腔炎	
	ときどき腹痛がある	便秘・膀胱炎・子宮内膜炎	
	胸が苦しくなる	胃・十二指腸潰瘍・精神的胸痛	
②口腔の状態	歯が痛む・歯石が気になる・あごが痛む・歯肉が腫れているなど		病院を受診 ※歯磨きをしていても十分に磨かれていないことがあります。歯間ブラシなどを使い、歯垢をためないよう1本ずつていねいに磨きましょう。
③既往症があり、気になる症状がある			※主治医やかかりつけの病院があれば相談しましょう。

2）感染症チェック

症　状	考えられる感染症	対処法
悪寒、頭痛、高熱、倦怠感、筋肉痛、咽頭痛、咳	インフルエンザ	病院を受診 ※主治医やかかりつけの病院があれば相談しましょう。
目の充血、めやに、鼻汁、発熱、口内に白い点、発疹	麻しん	
結膜充血、まぶたの腫脹、異物感、目やに	流行性角結膜炎（はやりめ）	
倦怠感、微熱、寝汗、咳	結核	
突然の嘔吐、下痢	感染性胃腸炎	

memo

2　健康を保つ4要素　—睡眠・栄養・排泄・運動—

　健康な状態を維持するためには、睡眠・栄養・排泄・運動のバランスが重要です。毎日の生活があわただしくなると生活リズムがくずれます。健康を保つための自己管理にあたって、図12－1を参考にし、週に1度はバランスチェックをしてみましょう。

　よい生活リズムが整っていることは、自分自身はもちろん、子どものこころとからだを守ることにもつながります。

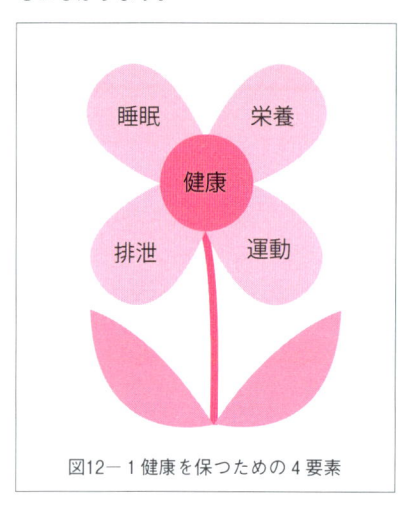

図12－1 健康を保つための4要素

> 健康は、「睡眠、栄養、運動」の3つの要素が一般的ですが、「排泄」も、健康を保つための重要な要素です。

> 子どもにとって身近で教えてくれる先生（実習生）は、保護者のかわりになる「人生のよいモデル」です。そのため子どもと接するときはいつも、「健康」という花を咲かせた状態を保つことが必要です。

健康を保つために

図12－1の4枚の花びら（4要素）について、下記の項目でチェックしましょう。

- ☐ 睡眠時間は十分ですか？
- ☐ 就寝時間や起床時間は遅くありませんか？
- ☐ 目覚めはどうですか？
- ☐ 夜はぐっすり眠れていますか？
- ☐ 朝ごはんをしっかり食べていますか？
- ☐ バランスのよい食事をしていますか？
- ☐ 排便はありますか？（1日1回）
- ☐ 毎日、適度な運動をしていますか？
- ☐ こころは安定していますか？

check list

早寝
早起き
朝ごはん（運動・排泄）

よりよい睡眠のために

まずは，早起きからはじめてみましょう。

人間の体内時計は25時間周期になっています。そのため，生活リズムは自然にどんどん遅れていき，夜型になります。朝出かけなければならない時間を決め，身支度・朝食・排便などの時間を考え，逆算して，朝，起きる時間を決めましょう。

あなたが健康であれば，笑顔で子どもに接することができるでしょう。子どもたちは実習生の笑顔に信頼感を抱きこころを開いてくれます。皆さんはそうした関係を築くことで，多くのことを学ぶことができるようになるでしょう。これで準備は整いましたね。

Action 13 安全や健康，衛生の理解Ⅱ
― 実習園での対応 ―

1　ぐったりしている子どもがいる　―どうする―

　健康な子どもは，機嫌がよく表情が豊かです。しかし，体調が悪いときは年少であればあるほど，痛みやだるさなどの不快を機嫌や活気の変化などで表現します。ぐったりしている子どもが目の前にいた場合，実習生はどのような対応をとればよいのか一緒に考えてみましょう。

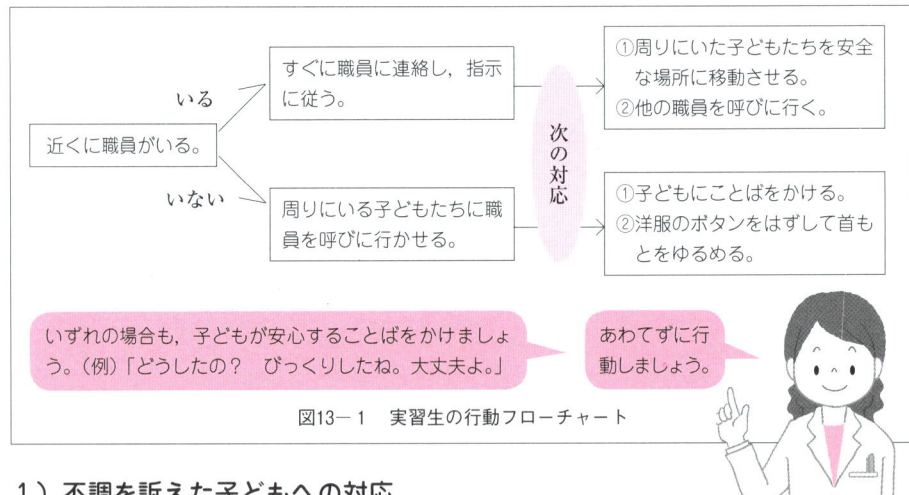

```
近くに職員がいる。
  ├─ いる  → すぐに職員に連絡し，指示に従う。 → 次の対応 → ①周りにいた子どもたちを安全な場所に移動させる。
  │                                                            ②他の職員を呼びに行く。
  └─ いない → 周りにいる子どもたちに職員を呼びに行かせる。 → 次の対応 → ①子どもにことばをかける。
                                                                          ②洋服のボタンをはずして首もとをゆるめる。
```

いずれの場合も，子どもが安心することばをかけましょう。（例）「どうしたの？　びっくりしたね。大丈夫よ。」

あわてずに行動しましょう。

図13―1　実習生の行動フローチャート

1）不調を訴えた子どもへの対応

　子どもが不調を訴えたときは，以下のことについて確認し，医療機関での受診を判断し対処します。

知っておくべき対応1　不調を訴えたときに確認するための手順

①**意識の確認をする**
- ☐ 表情・全身状態はよいか
  「どうしたの？」
  →目で見る（視覚）
- ☐ きちんと答えられるか
  「名前は？」「どこか痛いところがあるの？」
  →耳で聞く（聴覚）
- ☐ 傷・腫れはないか
  →触れてみる（触覚）
  →臭いを嗅ぐ（嗅覚）
- ☐ 排便・排尿・嘔吐はないか

②バイタルサイン*の確認をする。
- ☐ 「体温は？」→触れてみる（触覚）
- ☐ 「呼吸は？」「脈拍は？」→耳で聞く（聴覚），触れてみる（触覚）

③いつからどんな症状があるか？
- ☐ 「いつから？」→今・園に来てから・朝から・昨日の夜からなど
- ☐ 「痛みの程度はどのくらいか？」→ガンガン・ズキズキ・ズキンズキン・チクチクなど
- ☐ 「かぜの症状はないか？」→のどの痛み・鼻水・咳・くしゃみなど
- ☐ 「他の症状はないか？」→訴えている箇所以外の全身の状態
- ☐ 「食欲はあるか？」→食事は具体的にどの程度食べることができたか
- ☐ 「機嫌はどうか？」→泣く・わめく・怒る・だまるなど
- ☐ 「元気はあるか？」→問いかけに答えられるか・手足を動かせるかなど
- ☐ 「熱中症ではないか？」→多量の汗・高熱・吐き気・頭痛・意識障害など
- ☐ 「感染症ではないか？」→発熱・発しんなど

*バイタルサイン…医学用語で「生命の兆候」のこと

五感を通して確認する手順です。

2）医療機関での受診の判断

医療機関（内科・整形外科・外科・皮膚科・眼科・耳鼻科・歯科など）での受診が必要か？　病院の選定，搬送方法，他の子どもたちに対する対応などについても念頭に置く必要があります。とくに，遠足や園外保育などに出かけた場合には，園に連絡し応援の要請なども必要です。

知っておくべき対応2　確認の結果，考えらる対応

〈外科的な傷病と判断したとき〉
①傷の応急手当→汚れを流水で洗う・ガーゼなどで止血をするなど
②打撲，捻挫などの応急手当→R：安静にする・I：冷やす・C：固定する・E：挙上するなど

p.120hrへ

③鼻出血の応急手当→下を向かせ，小鼻を親指と人差し指の第2関節で5分以上つまみ，止血する。

〈内科的な疾病と判断したとき〉
①園で経過を観察する。
②保護者に連絡し早退させる。

2　担任・園長先生に報告する　―どうする―

　事故・災害報告は，あやふやさや曖昧さがないように行われなければならないものなので，口頭による報告だけでなく，右記のpointについて文書に書き起こした形で報告できることも大切です。

> どのような場合でも，実習生が直接，保護者に連絡することはありません。園の先生方に報告・連絡・相談するところまでです。

point　5W・Nowを報告します。
- [ ] いつ（When）
- [ ] どこで（Where）
- [ ] 誰が（Who）
- [ ] 何をしていて（What）
- [ ] どうなったか（What）
- [ ] 今，どのような状況か（Now）

home room

応急手当の基本「RICE（ライス）」

　よく起こるケガ，たとえば，捻挫や骨折などをしたときに行う応急手当のことを「RICE（ライス）」といいます。
　早期の治癒にかかわることなので，しっかり頭に入れておきましょう。

R est：安静にする
無理せず安静にすることで，新しいケガが起こるのを防ぐ。

I cing：冷やす
冷やすことで，血管が収縮して内出血や炎症・腫れや痛みを抑える。

C ompression：おさえる
圧迫し，固定することで，出血や内出血の量を少なくして，腫れを抑える。

E levation：高く上げる
心臓より高く上げることで，血液が心臓に戻りやすくなり，内出血や腫れを抑えて痛みを和らげる。

○こんなことはやめましょう
・動かす
・温める
・マッサージする
※内出血や腫れをひどくします

出典）『健』9月，p.23，日本学校保健研修社，2012を改変

清潔・衛生・安全に留意する

home room

- □ 清潔な身だしなみを整える。
- □ 実習生自身の健康管理に努める(実習中に睡眠不足にならないように気をつける。バランスのよい食事をこころがける。日ごろから体力づくりを行い、規則正しい生活を送るなど)。
- □ 感染症予防のため手洗い、うがいなどに努める。
- □ 子どもから目を離さない。
- □ ドアの開閉時や、足もとなどに子どもがいないかを目視で確認し行動する。
- □ 抱っこの際、誤って子どもを落とさないように注意する。
- □ 床や子どもの手の届くところに誤飲の原因になるものがないかつねに目を配り、ある場合には取り除く。

memo

資料 感染症について

学校保健安全法施行規則第18条で定められている主な感染症の種類と出席停止期間の基準

感染症の種類		症　状	出席停止期間
第1種	エボラ出血熱	頭痛，高熱，背腰痛，吐血，下血	治癒するまで
	クリミア・コンゴ出血熱	発熱，頭痛，関節痛，筋肉痛	
	痘そう	突然発症，解熱後体幹に発疹	
	南米出血熱	発熱，関節痛，頭痛	
	ペスト	全身倦怠感，悪寒，頭痛，発熱	
	マールブルグ病	頭痛，倦怠感，背腰痛，発熱	
	ラッサ熱	発熱，頭痛，咽頭痛，吐血，下血	
	急性灰白髄炎（ポリオ）	発熱（2峰性），麻痺（四肢，非対称性）	
	ジフテリア	発熱，嗄声（しわがれた声），咳嗽（せき），呼吸困難	
	重症急性呼吸器症候群（SARS）	発熱（38℃以上），咳嗽，呼吸困難	
	中東呼吸器症候群（MARS）	発熱，せき，息切れ	
	特定鳥インフルエンザ＊	突然の高熱（38℃以上），咳などの呼吸器症状，全身倦怠感	
第2種	インフルエンザ（特定鳥インフルエンザ＊を除く）	高熱（39〜40℃），関節や筋肉の痛み，全身倦怠感，咳，鼻水，のどの痛み	発症した後5日を経過し，かつ，解熱した後2日（幼児にあっては，3日）を経過するまで
	百日咳	コンコンという短く激しい咳が続く	特有の咳が消失するまで，または5日間の適正な抗菌性物質製剤による治療が終了するまで
	麻しん（はしか）	発熱，鼻汁，目やに，発しん，くしゃみ	解熱した後3日を経過するまで
	流行性耳下腺炎（おたふくかぜ）	発熱，耳の前下部の腫れと痛み（押すと痛む）	耳下腺，顎下腺または舌下腺の腫脹が発現した後5日を経過し，かつ，全身状態が良好になるまで
	風しん（三日はしか）	38℃前後の発熱，発しん，リンパ節の腫れ	発しんが消失するまで
	水痘（水ぼうそう）	発疹→水疱→かさぶた	すべての発しんが痂皮化するまで
	咽頭結膜熱（プール熱）	38〜39℃の発熱，のどの痛み，目やに，結膜の充血	主要症状が消退した後2日を経過するまで
	結核	初期は発熱，咳，易疲労感の症状，微熱，盗汗（寝汗）	病状により学校医その他の医師において感染症のおそれがないと認めるまで
	髄膜炎菌性髄膜炎	気道や血中に入る菌血症（敗血症）を起こし，高熱や皮膚・粘膜に出血斑，関節炎，ついで髄膜炎（頭痛，吐き気，精神症状，発疹，項部硬直）	
第3種	コレラ	米のとぎ汁のような猛烈な下痢と嘔吐（コレラ顔貌）	病状により学校医その他の医師に腸管出血性大腸菌感染症おいて感染症のおそれがないと認めるまで
	細菌性赤痢	全身倦怠感，悪寒をともなう急激な発熱，水様性下痢，腹痛，膿粘液便，しぶり腹	
	腸管出血性大腸菌感染症（O157：H7）	激しい腹痛，水様性下痢，血便	
	腸チフス	階段状に上昇する発熱（38〜40℃），バラ疹，便秘	
	パラチフス	38℃以上の高熱，余脈，便秘	
	流行性角結膜炎	目の異物感，充血，まぶたの腫れ，目やに，瞳孔の点状の濁り	
	急性出血性結膜炎（アポロ病）	目の激しい痛み，結膜が赤くなる，異物感，涙が出る	
	その他の感染症		

注）＊鳥インフルエンザA（H5N1・H7N9）のこと

【参考文献】
・安藤幸夫・真山亨・藤田善幸著『検査の手引き　病院の検査がわかる』小学館，2007
・文部科学省「学校において予防すべき感染症の解説」
・兼松百合子・荒木暁子・羽室俊子編著『子どもの保健実習』同文書院，2013
・『健』9月，日本学校保健研修社，2012

memo

Action 14 保育者の仕事を学ぶ
―援助と環境構成―

1 環境を構成する

　保育者は，子どもを迎えるための環境構成[*1]にはじまり，保育実践，保育後の振り返りと省察，明日に向けての環境構成，記録作成といった日常を送ります。なかでも，保育後の振り返りと省察や明日に向けての環境構成は，「ここで保育は決まる」と言われるくらい重要です。

　実習では，実践後の時間は保育者としての学びにあふれる時間と心得て，保育者が何を考えているのかに注目し，振り返ってみましょう。

　また，指示された仕事は，明日の何につながるのかを考えながら行います。そして，仕事は指示されることを待つばかりではなく，できるだけ自分から申し出て，保育者の手伝いをさせていただき，明日の保育をつくる環境構成にからだごとかかわっていきましょう。そうすることで，その結果やもたらされる効果を実感することができ，たとえば，①今日の子どもの実態，②明日の保育のねらい，③ねらいが環境構成に込められていく具体的なプロセス，④明日の子どもがその環境にかかわる姿の予想，実際と予想のずれなどの多くの学びを得ることができます。

home room

*1 環境構成

　環境構成とは，保育のねらいが実現するように子どもの興味・関心を引き出し，それを活かしてあそびや活動をより意味ある豊かなものにするために，さまざまな工夫をすることです。保育は環境を通して行われるため，単なる子どもの受け入れ準備や場の設定だけではなく，子どもたちの発達援助に向けての取り組みすべてを指します。

【例1】　子どものあそびがより充実することを目指した環境づくり
　　　　→レストランごっこがはじまりそうなので，製作コーナーに紙皿を加えておく。エプロンを用意しておく。
【例2】　子どものあそびがより安定して過ごすことができる環境づくり
　　　　→部屋の一部をカーテンで仕切ってクッションを並べ，休みたい子どもが休める空間をつくっておく。

2　子どもの気持ちに寄り添う

　子どもは日々，成長している存在であることを頭に入れ，発達をとらえながら接するようにこころがけます。まだことばで自分の気持ちを表すことができないので，表情や状況から気持ちを汲み取り，代弁したり，ことばをかけたりします。その際には，子どもの立場に立ち，「今は何を伝えたいのだろう」「どんな気持ちでいるのだろう」と，子どもの気持ちに寄り添いながら接するとよいでしょう。

　ガヤガヤした環境では，子どもの気持ちは落ち着きません。また，ことばを獲得しようとしている乳幼児に早口で語りかけても，ことばをとらえることができません。子どもの目の高さにあわせ，ゆっくりと優しいトーンで話しかけます。子どもの話を聞くときには話を途中でさえぎることなく，聞き終わってから，たとえば，「うん，そうだね。電車が通ったね」と共感し，受け入れるように会話を楽しみます。おとなとの信頼関係を育む大切な時期です。つねに子どもが安心できるよう優しく受

home room

安全な環境をつくる

　保育中の事故やケガを未然に防ぎ，傷病などからも子どもたちを守るためには，つねに安全な環境をこころがけることが大切です。

Point 1
保育者がどのように安全に配慮しているのかを観察しましょう。実習生自身の立ち位置を確認し，子どもたち全体が見渡せるか，背を向けていないかなどに気を配りながら活動に参加しましょう。

Point 2
複数の保育者で子どもを見ている場合，保育者同士がどのように連携を取っているか観察しましょう。

Point 3
乳幼児の発達の特性をとらえ，どのような場所が危険箇所なのか，どのようなものが危険なものなのかを事前に学習しておきましょう。

Point 4
子どものようすをよく観察するとともに，いつもと違うようすがあれば，そのつど，保育者へ報告しましょう（咳が多い，下痢をしている，衣類が汗でぬれているなど）。

Point 5
人数確認の際には，子どもたちが整列できるよう援助を行いましょう。活動中，子どものトイレの付き添いなどでその場を離れる際には「○○ちゃんとトイレへ行ってきます」，帰ってきたら「戻りました」とそのつど，担任の先生に報告しましょう。

け入れ，共感しながら接することが大切です。

では，子どもたちが健康で安全に，そして安心して過ごすための環境を整えるためには，どのようなことに注意していけばよいのでしょうか。

3　子どもを理解し，成長・発達を促す

保育者の仕事には，子どものありのままの姿をとらえ，一つひとつの行動を理解し，成長・発達を促すためのアプローチの方法を探っていくという大きな役割があります。このことは，ことばでは簡単に言えても，じつは，保育者自身の教育・保育観に大きく左右されるものなのです。

たとえば，ことばや運動面にしても，子どもたち一人ひとり，その実像は違っています。そのため，他の子どもと比較する（相対評価）だけではなく，あくまで，目の前の子どもたちのわずかな成長でも見逃さずに評価していく（絶対評価）視点をもったかかわり方が求められます。

そのようなかかわり方を実践するためにも，日ごろから，子ども理解に必要な視点（①発達レベル，②興味・関心の程度，③コミュニケーションレベル，④身体・運動レベル，⑤家庭環境の把握など）をもって，積極的に子どもたちに関与し，自分自身の教育・保育観を高めていくことが必要となります。

自分の思い込みや狭い枠組みのなかにとどまった教育・保育観では，目の前にいる個々の子どもたちを十分に理解することはむずかしくなってきます。これまで授業で学んできた専門的知識や技術はもちろんのこと，人としての感性（共感や感動を積極的に求めていく姿勢）を磨く努力を行い，先生たちの日々の活動ややりとり，そして，子どもたちのわずかな成長の姿から気づきや感動を得ることができるような教育・保育観を培っていくことが大切になってくるでしょう。

子ども理解のポイント

check list

子ども理解のポイントをまとめました。参考にしてみましょう。

- [ ] 子ども目線で理解しようとしていく姿勢をもつ。
- [ ] 子どもの日々の成長をしっかりととらえていく。
- [ ] 子どものことばに耳を傾け，その背景をとらえていく。
- [ ] 発達のつまずきを次の成長のステップとして考える。
- [ ] 「できる」「できない」にとらわれず，活動の過程を大切にする。
- [ ] 子どもの行動を具体的なことばや表現で置き換えてみる。
- [ ] 子どものわずかなこころの動きを見逃さない。
- [ ] 子どもたち同士，子どもと先生との「やりとり」に着目する。
- [ ] 多様な価値観を養っていくためにも，子どもから「学ぶ姿勢」を大切にする。

Action14 保育者の仕事を学ぶ

home room

仲間と学び合い，研修会への参加を活かす

多様な考え方や価値観を学ぶことで，それまでもっていた保育についての固定的な考えや手立てを見直し，新たな価値観を形成していくための手がかりになることでしょう。

4　保育者の1日の仕事をとらえる　―理想とする保育者の姿から―

乳幼児は，おとなの保護がなければ生活していくことができません。保育者はその乳幼児の命を預かり，健やかに成長していくための環境づくりを行います。

命を預かるということは，大変大きな仕事であることを踏まえて，保育所の1日の生活のなかでの保育者の仕事と実習生の仕事を，乳児のクラスを例に理解しましょう（図14−1，表14−1）。

memo

①出勤 → ②環境準備 → ③環境設定 → ④受け入れ（園児登所） →

⑧朝の会 → ⑨おやつの準備・おやつ → ⑩設定保育 → ⑪排泄の援助 →

⑮おやつの準備・おやつ → ⑯降所準備 → ⑰帰りの会 → ⑱排泄の援助 →

㉓次の日の準備

休憩時間は特別決まっていないこともありますが，保育所やこども園では，休憩時間をとるようにと言われることもあります。保育時間の後，先生方が打ち合わせをしながら一息ついていても，それは子どものことや保育のことなどの情報交換の時間で，休憩時間だと勘違いして携帯電話やスマートフォンなどを出したり，プライベートなことに時間を費やしたりしないことです。

図14－1

Action14　保育者の仕事を学ぶ

⑤自由あそび（好きなあそびを楽しむ） → ⑥排泄の援助 → ⑦朝の会の準備／片づけ／排泄・うがい

⑫食事の準備 → ⑬午睡（お昼寝）の準備・午睡 → ⑭排泄の援助／着替え

⑲引き渡し（園児降所） → ⑳延長保育準備／延長保育 → ㉑掃除 → ㉒その日の振り返り

> **point**
> **次の日の準備の例**
> ・自由あそびの環境設定
> 　【例】コーナーあそび…お絵かき，ままごと，製作，積み木などを準備をする。
> ・設定保育の環境設定
> 　【例】製作…必要な見本の作成や画用紙，折り紙など必要人数分切っておく。
> ・絵本や紙芝居の下読み
> ・救急箱の補充
> ・玩具の消毒（乳幼児クラス）
>
> **行事の前や季節の変わり目**
> ・行事の準備・季節ごとの壁面製作

保育者の1日

表14-1

時　刻	1日の流れ	保育者の仕事
	出勤	○時間に余裕をもって出勤する。 気持ちにゆとりをもって過ごすため，急な交通渋滞などにも対応できるようにする。
	環境の整備	○室内の空気を入れ換える。 ○園庭の整備を行う。 ・ごみや石などの危険物を除去し，また遊具の安全をチェックする。砂場を掘り返し，日光消毒をするなど ○子どもが室内で展開できるあそびの準備をする。 ・玩具，材料など
	受け入れ （園児登所）	○視診，触診などで子どものようすを確認する。 ○連絡帳をチェックし，持ち物を始末してから，朝の準備をする。 ・出席ノート，お手ふき，コップ ・月曜日は上靴，体操着などの配置場所を決める。 受け入れ時の保護者とのやり取りや連絡帳に記入されている内容から，体調不良や送迎の変更など，職員同士で共通理解を図る。 p.255 7へ
	自由あそび （好きなあそびを楽しむ）	○子どもたちのあそびのようすを見ながらあそびのなかに入り，ことばをかけ，あそびの続きを行ったり発見したりすることを援助する。
	排泄の援助（※1）	○おむつ替えまたは，排泄時にはことばかけをしながら援助を行う。 ・トイレは狭い空間なので，子どもたち同士のトラブルで転倒などによるケガをしないように目を配る。 ・おむつ替えの際には，便の有無を確認する。便があった場合，便の状態と時間を記録する。
	朝の準備	○机や椅子の準備をする。
	朝の会	○朝のあいさつ，朝の歌・季節の歌，出席・欠席の確認などを行う。 ○人数把握，除去食（アレルギー対応）を確認したうえで，給食人数を調理室（給食室，職員室）へ伝える。

保育者の1日

実習生の仕事
○余裕をもって園に向かうために，1本早い電車に乗るようこころがける。

- オリエンテーションで，着替えや環境整備の時間，遅刻の連絡手段など，具体的な点について確認する。

> 園での保育の流れをしっかりと把握して，朝は先生方の支度のようすを学べるよう，早めに行動しましょう。つまり，遅刻はけっしてしないことが大切です。

○園の先生に指示をいただく。
○先生方のようすをよく見て「お手伝いします」「やらせてください」と申し出て，積極的に取り組む。
○出勤される園の先生や，早朝預かりなどで早い時間に登所する園児，保護者に対して，自分から「おはようございます」と明るく元気にあいさつをする。
○先生が，日々どのように環境構成をしているのかを見せていただき学ぶ。

○子どもと目線を合わせ，明るく優しく包み込むように朝のあいさつをする。

- 名前を覚え，「○○君（ちゃん）おはよう。今日は何をして遊ぼうか」「今日はお散歩に行くんだよ。楽しみだね」など，これからはじまる1日が楽しみに思えるようなことばかけをする。

> 子どもたちのなかには，薬を持参したり，ケガや不調で活動を制限される子どももいます。受け入れの際や連絡帳で確認をしましょう。また，視診，触診など，その後のようすで活動を制限する場合もあります。服薬については園の方針により異なります。
> ※服薬を受け入れている園，いない園があります。

○安全に配慮しながら，子どもたちの個々のペースに合わせて一緒にあそびを楽しんだり，楽しんでいる子どもたちを見守ったりする。
○抱っこをする際にはただ抱くのではなく，優しく子どもに語りかけたり，童謡や園で歌っている歌などを歌いながら，外の景色を見せたりなどする。

○おむつを替えるときには子どもの気持ちを代弁してあげる。
　・「きれいにしようね」「きれいになって気持ちよかったね」など。
　・トイレへ付き添うときには「出るかな」「出たね。気持ちよかったね」など。
○排泄の後には，トイレットペーパーの使い方や水を流すことや，きれいに手を洗い，自分のタオルで拭くことなども子どもたちに伝える。

> 子どもが興味をもったものに対して，たとえば，「ピンクのお花が見えたね。きれいだね」「お友だちの○○ちゃんが見えたね。楽しそうに遊んでいるね」など，おとなが自分の思いを理解し，共有してくれている安心感を与え，自分のことを認めてもらっているという思いや，ことばの認識を促すために，ことばにして話しかける。

○机や椅子を運ぶ際には，子どもたちが周りにいないか安全を確認し，子どもの手の指や足を巻き込むようなケガの防止に努める。
○保育室の床を傷つけないよう，机や椅子はもちあげて運ぶ。

> 子どもたちに，「大きな音を出さないように運ぼうね」とのことばかけをすることも大切なことです。

○子どもたちとこころを通わせながら，あいさつをしたり，歌を歌ったりする。

> あいさつのことばは，園によって異なります。あいさつのことば，歌の歌詞や手あそびなどを覚えて実習に臨みましょう。

	おやつの準備・おやつ（※2）	○机を台ふき用のふきんで拭き，コップなどの準備をしてからおやつを受け取る。
	設定保育（※3）	○子どもたち個々の発達や個性に配慮し，設定保育を行う。 ○保育室の外へ出た際には人数を確認してから，あそびを開始する。 ○入室の際にも同様に人数を確認する。
	排泄の援助	※1を参照
	食事の準備	○子どもたちに食べることの楽しさを伝えられるような雰囲気づくりをするとともに，援助する。 ○食事のマナーを伝える。 ○子どものようすを確認する。 ・食事の進み具合・その日の体調の確認・食べられるものが食べられるようになったこと・食べられる量が増えたことなど ○アレルギーのため除去食の子どもがいる場合には，職員同士で連携して誤食のないよう留意する。同時に，本人や周りの子どもたちの思いにも配慮する。
	午睡（お昼寝）の準備	○パジャマに着替える援助をし，布団を敷く。 ○ここちよく睡眠がとれるように環境を整える。 ・室温の管理をしたり，ゆったりした音楽を流したりするなど
	午睡（お昼寝）	○子どもたちがここちよく眠れるように援助する。 ○乳児は仰向けに寝かせ，睡眠中，布団が顔にかかっていないかなどに十分注意を払い，呼吸のチェックを行う。　p.134 資料へ ○職員間で連携し，子どもを見守るとともに，食事などの片づけや午睡後の準備，連絡帳の記入などを分担して行う。
	排泄の援助	※1を参照
	おやつの準備・おやつ	※2を参照
	降所準備・帰りの会	○身の回りの支度の援助を行う。 ○1日を振り返り，子どもたちが明日への期待をふくらませることができるような話をする。
	排泄の援助	※1を参照
	引き渡し（園児降所）	○保護者を確認してから子どもたちを引き渡す。 1日のできごとや生活のようすなどを簡潔にわかりやすく保護者に伝えるとともに，保護者からの質問や悩みがあった場合には，それに答える。
	延長保育（預かり保育）準備	○延長保育を利用する子どもを確認し，担当保育者に引き継ぎを行う。

○子どもたちが楽しく食べられるよう,「おいしいね」などとことばをかける。
○手や口の周りが汚れていたら拭いてあげたり,自分で拭ける子どもにはことばかけしたり,必要に応じた援助を行う。

○「導入－展開－終末」から片づけの流れを確認しながら,活動内容にあわせて子どもと楽しんだり援助を行ったりする。
○子どもの自主性を尊重し,実習生があそびの主になることのないように気をつける。

※1を参照

○おやつのときと同様,子どもたちが楽しく食べられるようにことばをかける。
・「おいしいね」「にんじんあまいね」など
○個々のペースにあわせ,無理強いをすることなく援助する。
・口の中の食べ物を飲み込んだことを確認してから,次の食べ物を口へ運ぶようにする。
○クラス担任の先生の方針や日々の指導を尊重し,自分のかかわりを判断する。

○布団を敷く手伝いを行う。
○からだを活発に動かす「動」の時間から,からだを休める「静」の時間になることを意識し,子どもたちがゆったり過ごせるようなことばかけを行う。

○月齢や個々に応じて眠り方もさまざまなので,個々にあわせた援助の方法について保育者から指導をいただきながら取り組む。
・抱っこやおんぶ,背中をやさしくトントンするなど
○睡眠中の注意事項をよく確認する。

※1を参照

※2を参照

○子どもたちのようすを見守る。
○必要に応じて身の回りの支度の援助をする。

先生が話している意図を考えながら聞く。

降所準備の際には,忘れ物がないか再度確認しましょう。たとえば,園児制服,帽子,出席ノート,おたより,コップ,おしぼり,汚れた衣類など。週末は上履きやパジャマ,夏には,プール用具,冬には手袋など,季節によって持ち物が変わるので気を配ります。

※1を参照

○子どもたちが,明日に期待をもてるようなことばかけをする。
・「また明日,遊ぼうね」「また明日,待っているね」など
○保護者にもていねいにあいさつをする。

○移動時の援助を行う。
○どのように引き継ぎを行っているか先生方のようすを見る。
○引き継ぎの間,子どものようすを見守る。

延長保育へ入る場合は,子どもと遊ぶ（設定保育同様 ※3参照）。

機会があったら延長保育に取り組ませていただきましょう。昼間の子どもとのかかわりの違いを感じ取りましょう。

	掃除	○1日使用した保育室，トイレ，玄関，テラス，園庭，水飲み場（流し）や遊具などを清掃する。 ・掃き掃除や拭き掃除，必要に応じて消毒も行う。
	その日の振り返り	○実習日誌や記録などの記入を行う。
	翌日の準備	○1日を振り返り，反省点を活かして準備を行う。

資料 SIDS
（Sudden Infant Death Syndrome：乳幼児突然死症候群）

SIDS について『保育所保育指針解説書』には次のように書かれています。

　乳幼児突然死症候群（SIDS）は，「それまでの健康状態および既往歴からその死亡が予測できず，しかも死亡状況調査および解剖検査によってもその原因が同定されていない，原則として1歳児未満の突然の死をもたらした症候群」と定義されています。

　主として睡眠中に発生し，日本での発生頻度はおおよそ出生4,000人に一人と推定され，生後2か月から6か月に多く，稀には1歳以上で発症することもあります。SIDSのリスク因子として，「両親の喫煙」「人工栄養」「うつぶせ寝」の3点が指摘されており，うつぶせ寝にして放置することは避けなくてはなりません。うつぶせ寝にする際には，子どものそばを離れないようにし，離れる場合には，仰向けにするか，他の保育士が見守るようにします。特に入所初期の観察は十分に行います。

『保育所保育指針解説書』p.163，厚生労働省，2008，より

　さらに『保育所保育指針解説書』には，『SIDS（乳幼児突然死症候群）に対しても，うつ伏せ寝を避け，睡眠時にチェック表を利用して乳児の様子を把握するなど，十分な配慮が必要です』とあり，午睡中のようすを把握することは大変重要な仕事です。

> 午睡チェックは園によって方法が異なります。担当保育士に方法を確認し，指導をいただきましょう。

子どもが寝ているときの注意事項

①昼寝の部屋は暖め過ぎないよう，こまめに温度計をチェックしてください。
　また室内が暑すぎたり寒すぎたりしたときは，エアコンの微調整をしてください。
②子どもの顔の表情が見えなくなるので，カーテンを（閉めていたら）開けてください。カーテンを開けても部屋が暗い場合は電気もつけてください（明るくても子どもは寝られます。昼寝

○先生に掃除の方法をよく聞き、手早く、ていねいに行う。
○見えるところだけでなく、机・椅子の裏面や下なども行う。

> 乳児の口に直接触れるような玩具は、消毒を行います。

○反省会を設けていただく場合は、質問や感想をまとめて聞けるよう準備をしておく。
○先生にお手伝いさせていただくことがあるかを確認する。
○実習が終了したら、1日お世話になったお礼を述べ、帰宅する。 p.149 2へ

の部屋は、ふだんから保育士がいる部屋と同室か、すぐ近くの方が動線も短くなり、子どもの突然の変化、異常の場合にも気づきやすいです)。

③顔が布団と布団、布団と壁の間に入らないようにするため隙間を開けないでください(これは部屋が狭い場合ですが、部屋が広い場合は布団や壁との隙間に子どもの顔がはまらないよう十分、布団や壁からの間を開けてください)。

④乳児の場合は5分(目標)に1回、1〜2歳の場合は10分に1回の定期的な呼吸確認と直後のSIDS予防のためにからだに触れて刺激してください(2歳以上の子どもの定期的確認〈15分毎〉も、万が一の事故や体調の急変にいち早く気づくためにも必要です。確認はタイマーを使います)。

⑤子どもは仰向け寝にしてください。途中で、子どもがうつ伏せ、横向きになったときも、すぐ仰向け寝にしてください。

⑥キルト、シーツの下には、ナイロンのオネショシーツは、敷かないでください(途中で子どもが寝返りを打つことも考慮して、万が一の窒息事故を予防するためです)。

⑦昼寝時のエプロン着用は危険です。昼寝時は必ず外してください(誤ってエプロンが顔にかかり、呼気がこもってSIDSを誘発しないようにするため。さらに裏地がナイロンの場合は顔にかかると密着して、窒息の可能性もでてきます。また、ベッドの場合は子どもが紐をベッドの柱に引っかけて、宙づり状態になる危険性があります。ふだんから事故予防のためにエプロンの紐の結び方にも配慮してください)。

⑧布団、毛布などは、首から下にかけてください(寝ている途中で顔にかかった場合は、すぐ取り除いてください)。

注1)上記の実践は、SIDSだけではなく体調の急変、窒息等の事故の予防及び早期発見にもつながります。
　2)この資料は保育関係者用です。そのため書かれている内容については、ご家庭にはそのままあてはまりません。
出典:「託児ママ　マミーサービス」ホームページ　http://mommy-sids.com/「保育施設向けお子様が寝られた時の注意事項」を改変

表14−2　健康観察チェック表（例）

（適切な温度・湿度）冬20℃〜23℃　夏26℃〜28℃　外気温との差2℃〜5℃　湿度50%〜60%

項目 名前	検温	機嫌	鼻汁	目やに	皮膚	咳	便性 (時間)	備考	仮眠・午睡チェック時間							室温 ℃ 湿度 % 記録者名					
歳	：	良☐ 悪☐	無☐ 有☐	無☐ 有☐	無☐ 有☐	無☐ 有☐		：	5	10	15	20	25	30	35	40	45	50	55	
平 成 　　歳	：	良☐ 悪☐	無☐ 有☐	無☐ 有☐	無☐ 有☐	無☐ 有☐		：	5	10	15	20	25	30	35	40	45	50	55	
年 月 　　歳	：	良☐ 悪☐	無☐ 有☐	無☐ 有☐	無☐ 有☐	無☐ 有☐		：	5	10	15	20	25	30	35	40	45	50	55	
日 (　) 　　歳	：	良☐ 悪☐	無☐ 有☐	無☐ 有☐	無☐ 有☐	無☐ 有☐		：	5	10	15	20	25	30	35	40	45	50	55	
天気 　　歳	：	良☐ 悪☐	無☐ 有☐	無☐ 有☐	無☐ 有☐	無☐ 有☐		：	5	10	15	20	25	30	35	40	45	50	55	

0歳児や入所間もない子どもの場合は睡眠時には5分ごと、1歳児以上については10分ごとに観察し、確認後にチェックを入れておく。呼吸をしていた状態の最終時刻を記録できる。※このチェック表は5分おきである。個人別に時間ごとのチェック方法で活用してください。
預かり始めの時期にSIDSの発生率が高いので、特にその時期は5分おきの確認を励行しましょう。

出典）NPO法人　家庭的保育全国連絡協議会「家庭的保育の安全ガイドライン」を改変

【参考文献】
・厚生労働省編「保育所保育指針解説書」フレーベル館，2008
・「託児ママ　マミーサービス」ホームページ　http://mommy-sids.com/
・「家庭的保育の安全ガイドライン」NPO法人　家庭的保育全国連絡協議会，2012

memo

Action 15 オリエンテーション
－実習園との出会い－

　オリエンテーションで，はじめて実習園の先生方と顔をあわせるという場合も少なくないはずです。また，園をはじめて訪れるときの心配な気持ちは，誰にでもあるものです。
　「どんなことを聞かれるのかなあ」「何を話せばいいのかなあ」「何を見て，聞いてきたらいいのだろう」……そのようなことを事前に少しでも明らかにして，不安を少なくしておくことが大切です。

1　オリエンテーションに臨むにあたって　Action 4, 5 へ

　オリエンテーションの進め方は園によってさまざまです。自分の実習生調書などは，すでに園に渡されています。先生方はそれらを見て，実習生に確認や質問をすることがあります。そこで，Action 4「実習生調書の作成」（28ページ）でも述べたように，自分用にコピーをした実習生調書などをあらかじめ見直して，とくに「実習のねらい」「養成校で学んでいること」などについて，適切に，またスムーズに答えることができるように読み返したり，必要に応じて大切なことばを書き込んだりしておきましょう。
　他にも自分が通う養成校のことや，先生方のことについて聞かれるかもしれません。どのような学校で，自分の所属する学部やコースや就職のようすなどについても簡潔に答えられることが大切です。もちろん詳しく知らないことがあるかもしれませんが，正確に答えられるように調べて準備しておき

オリエンテーション前の準備と確認　check list

- ☐ 「実習生調書」のコピーはとりましたか？
- ☐ 交通手段・経路を調べておきましょう。
  - ※家から園までの所要時間や経路，実習期間中の予定などを調べておきましょう。
- ☐ 実習園を選んだ理由を，しっかり伝えられますか。
- ☐ 自分の専攻や研究テーマなどをわかりやすく説明できますか。
  - ※あまりむずかしいことばではなく，わかりやすく話せること。
- ☐ 所属校について簡潔に説明できますか。
  - ※自分の学校ではあるが，批判めいたことは言わない。

ましょう。実習園の先生方は案外，養成校や養成校の先生方について知っていることがあるのかもしれません。そうした共通の関心事や話題から，実習生に対する理解を深めていく場合もあります。

2　オリエンテーションで確認すること

　実習園に足を一歩踏み入れたときから，さまざまな学習，そして情報収集がはじまります。
　ここでは，園に到着した場面や，どんなことに気づいてくればよいのかなど，いくつか想定してみていきましょう。また，142ページの work sheet のような項目について確認し，それを整理しておきましょう。

home room

前向きに

　実習園は，「将来，自分たちの仲間として保育現場で一緒に活躍してくれる実習生」のために，実習という貴重な学習の機会をくださっています。いろいろなことを聞かれることを想定し，質問された際には，つねに「前向き」な話や受け答えができるようにしましょう。

home room

実習中どのような行事があるのでしょうか

　季節によって保育も変化します。実習に参加する月の予定などは，オリエンテーションで聞いておきましょう。下記に各月の行事予定例を挙げます。
　また，子どもの保護者や地域の方々などが参加している行事に参加させていただくことも，実習の一部として行われる場合があります。

4月	入園式，始業式	1月	始業式，おもちつき
5月	運動会	2月	節分
6月	時の記念日	3月	ひな祭り集会，卒園児を送る会，卒園式，終業式
7月	七夕，プール開き，終業式	その他	毎月の誕生会，こどもの日集会，作品展，交通安全，親子クッキング（カレー），防災訓練など
8月	夏祭り，お泊まり保育		
9月	敬老の日，始業式		
10月	遠足，運動会		
11月	勤労感謝の日		
12月	クリスマス会，終業式		

- 行事には積極的に参加しましょう。
- 地域社会に対する理解を深めましょう。
- 職員間の連携方法について具体的に学ぶことができるよいチャンスです。
- 子どもの保護者や地域の方々とのコミュニケーションをとりましょう。
- 守秘義務の遵守については，十分に留意しましょう。

1）どうしよう　―門が開かない。玄関が開かない―

　園によっては，セキュリティを考えて，インターフォンで来訪者を確認してから施錠を解除する場合があります。また，門扉がとても重い鉄製のものや，施錠のかわりに，鎖や紐で縛りつけてあることもあります。あわてずに対応し，先生方に「○○から入ってまいりました」と報告しましょう。玄関にたどり着くまでのことを確認しておきます。

2）仏像にマリア様　―宗教施設が併設の園でこころを配るべきことは―

　神社や教会，寺院などの宗教施設と同じ敷地内に経営されている園の場合，門をくぐると，宗教にかかわる建物やお宮，仏像などが設置されている場合があります。皆さんにとって，それらとはじめて出会うのかもしれませんが，ふだんそこを訪れ信仰する人たちは，日ごろからとても大切にされています。その前を通り過ぎたり横切ったりする前に，立ち止まって一度姿勢を正し，お辞儀をしてから通ることは大切なことです。そして，その園において，それらへのかかわり方が保育の中にどのように活かされているのかについても知っておくことが大切です。

memo

Action15 オリエンテーション

work sheet
オリエンテーションで確認しておくこと

「自分なりに見てこよう」,「理解してこよう」と思う視点をもって,オリエンテーションに臨みましょう。

下記に例を挙げます。皆さんも,いくつか考えてメモをしておきましょう。

【例】
- ☐ 動物を飼育している
- ☐ バス通園している
- ☐ 保護者が来られる機会が多い
- ☐ 外部から講師が来られて,特別な活動に取り組んでいる
- ☐
- ☐
- ☐
- ☐
- ☐
- ☐
- ☐

work sheet
オリエンテーションでたずねてみよう(音楽的なことがら)

- ☐ 自分がお世話になる学年(クラス)はどこですか?
- ☐ 生活の歌はどんな曲を歌っていますか?
  - ①朝(登園)
  - ②昼(昼食)
  - ③夕方(降園)
- ☐ 実習の月(今月の歌)に歌われる歌は何ですか?
- ☐ 楽譜を教えていただけますか? 楽譜を見せていただけますか?
- ☐ 実習中の行事は何ですか?

> これらのことを質問しておいて,本来ならばすべての曲について練習することが望まれます。しかし,ピアノが苦手な場合は1曲でも多くの曲を弾けるようにしておくことが大切です。

work sheet

オリエンテーションの記録

項　目	memo（ご指導いただいた内容）
①実習に対する心構え	
②実習計画	
③行事	
④勤務時間	
⑤実習内容（取り組み）	
⑥保育着	
⑦通勤着	
⑧持ち物	
⑨実習日誌提出・受け取りの方法	
⑩昼食	

> あらかじめわかっている内容は、鉛筆で書いておくとよいでしょう。

> 実習園の先生方は、これらの記述を読んで、実習生がどれだけオリエンテーションの内容を理解したのかを判断します。メモに基づき、記入もれのないようにしましょう。

> オリエンテーションで聞いた内容は、実習日誌に書いておきましょう。

3）先生方の姿や日常のようすから学び取ること

　園にはたくさんの先生方がいて，それぞれがあわただしく仕事をされています。一人ひとりの先生方と，ゆっくりお話をする時間はないと思います。しかし，そうしたなかでも，実習に活かすべきことはしっかりと学び取ることができます。次に，学ぶべきポイントを示します。

【動き・しぐさ・マナーなど】
○先生方のあいさつやお辞儀の仕方。部屋に入るとき，出るときのしぐさなど
○先生方の服装や上履き，帽子，髪の毛
　※髪の毛のまとめ方や色など
○電話の応対のしかた
　※伝言や他の先生にかわるときの話し方
○お茶の出し方
　※おぼん・茶たくの使い方，あいさつなど

【施設】
○園庭や遊戯室，保育室の位置や造り，広さなど
○ピアノ，オルガン
　※保育室と遊戯室に置かれてあるもの
○流し，トイレ，靴箱，玄関のようす，子どもたちの使い方
○園庭や外部の自然環境
　※花，樹木，畑，小動物など
○掲示物
　※壁面装飾，ねらい・目標，卒園制作，クラス掲示，季節にあった装飾，生活に関する掲示物やポスターなど

【他】
○行事・予定・黒板
　※多くの場合，職員室の黒板に氏名やクラス名，園児数などが書かれてある。また，保育室の前に，名札がかけられていることもある。
○お互い（職員同士）の呼び方
　※姓で呼ぶ？　名前で呼ぶ？
　※とくに，園長先生やお世話になる実習担当の先生については，フルネーム（漢字でも書けること）を確認しておくことが大切になる。
○職員の玄関
　※来客用と職員用とが別な場合があるので，実習中はどの玄関から入るのかを確認しておく。

子どもたちにあいさつをされたことや，園庭の花々の美しさ，よく工夫された季節にあった壁面装飾などに関心を向け，それらに対して感じたよろこび，驚きや発見を，ぜひ，実習初日のあいさつに活かしたいものです。

先生方が，職員室に入る前に「失礼いたします」とあいさつをされていたり，来客に「こんにちは」とあいさつをされていたりすれば，それがその園の職員としての日常的な常識になるのです。退室するときはどうでしょうか。それも観察ポイントのひとつです。

3　もしも保育時間中に園を訪れることができたらチャンス！

　図15－1のある実習生のメモからもわかるように，園の日常生活でいつも繰り返して取り組まれていることを知っておくと，子どもへの働きかけ方はもちろん，保育者の動きを予想することができます。

　先生方が子どもを呼ぶときに，「○○さん」と言っていたのか，「○○ちゃん」と言っていたのか，そうしたことにも少し気をつけておくようにするとよいでしょう。

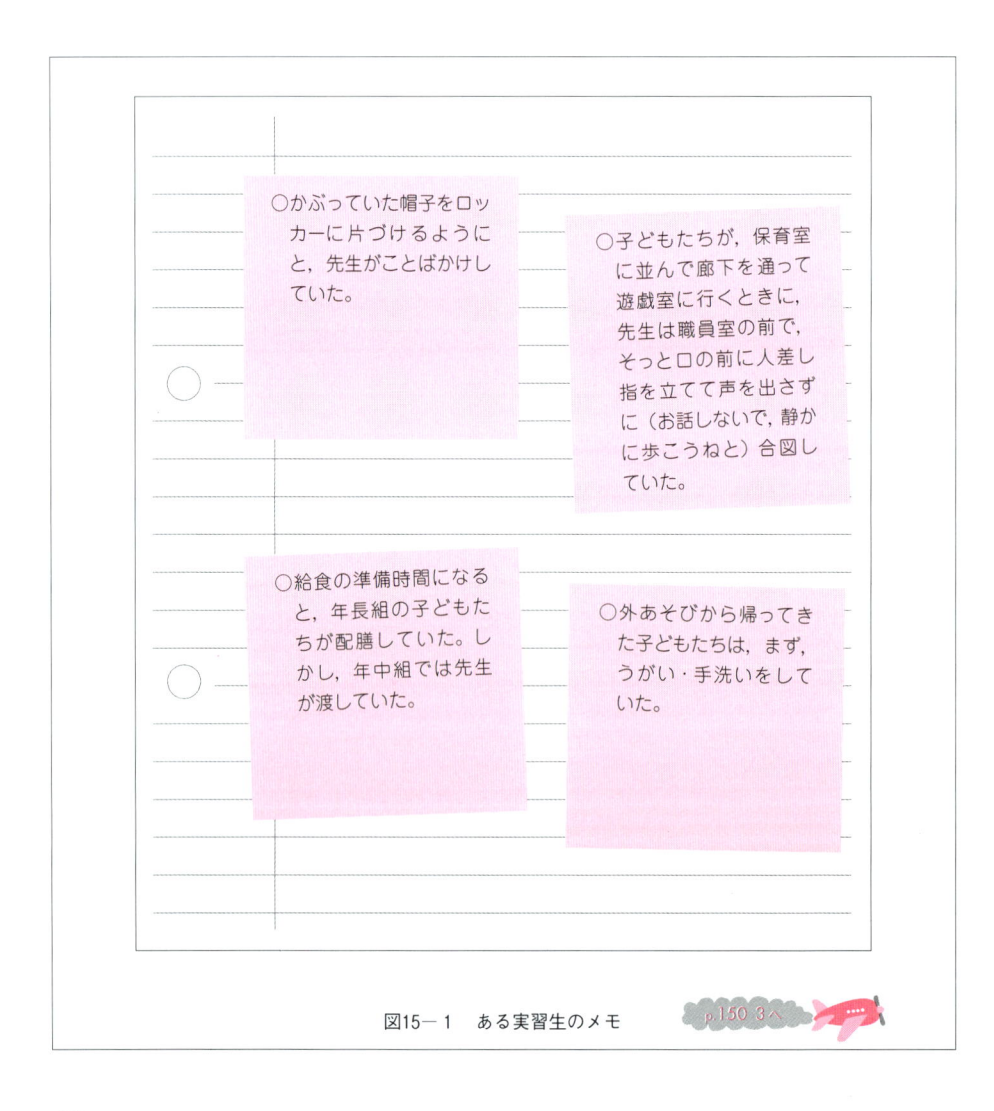

○かぶっていた帽子をロッカーに片づけるようにと，先生がことばかけしていた。

○子どもたちが，保育室に並んで廊下を通って遊戯室に行くときに，先生は職員室の前で，そっと口の前に人差し指を立てて声を出さずに（お話しないで，静かに歩こうねと）合図していた。

○給食の準備時間になると，年長組の子どもたちが配膳していた。しかし，年中組では先生が渡していた。

○外あそびから帰ってきた子どもたちは，まず，うがい・手洗いをしていた。

図15－1　ある実習生のメモ

p.150 3へ

Action15 オリエンテーション

work sheet

先生とよりよい関係を築く

あなたの進路をたずねられたときに，たとえば，今の段階では，保育者ではなく，小学校の教員を目指している実習生もいるかもしれません。そのようなときは以下のように答えたら将来どのように進路を決めていこうとも，これからもよい関係のなかで，先生方は，自分の成長を支えてくださるのではないでしょうか。

> 教員と，保育士の免許や資格をとられるようだけど，将来は，どちらの進路を考えているの？

> まだ，はっきりと決めていないのですが，子どもが好きなので教員か保育士を目指しています。この園で実習をさせていただいて，とても充実した勉強ができました。将来，子どものそばで，その成長にかかわっていけるようになりたいと改めて感じました。

> また行事や時間のあいたときに来て勉強されたらいいですね。

> はい，何か機会がありましたら，ぜひ勉強させてください。

上記を参考に，あなたならどう答えますか？　考えて書き出してみましょう。
また，すでに進路が決まっている皆さんは，改めて保育者を目指した理由を書き出してみましょう。

_____
_____
_____
_____
_____
_____
_____
_____

> 実習後も，実習先の先生方に将来のことなどについて相談にのってもらえます。

Action 16 前半・基本実習開始
－初日からの心構え－

　いよいよ前半・基本実習がはじまります。実習開始の時期に設定される観察実習のスタイルは園によってさまざまです。たとえば，①保育中にメモはとらないでください，②保育の観察のみを行ってください，③初日から積極的に子どもとかかわってください，などといったようなことです。

　そこで，オリエンテーションなどで取り組み方を十分に確認しておくことが必要です。また，子どもとかかわる場合には，保育の流れをさえぎらないように，気をつけることを事前に確認しておきましょう。

> 実習では，子どもの日常生活のなかへ入らせていただくことになります。

> 実習の場を与えてくださった園の先生方や，ともに生活をさせてもらう子どもたち，その保護者一人ひとりに対し，感謝の気持ちをもって取り組むことが大切です。

1　実習初日　－自己紹介－

1）実習初日に

　実習生の皆さんにとって，実習現場ははじめての環境で，大変，緊張し戸惑うこともたくさんあることでしょう。緊張で初日が終了してしまったということのないよう，実習中に何を観察し，どのようなことに取り組みたいのか事前にねらいを立てて臨むことが大切です。

　まず初日は，1日の流れを確認します。おおまかな1日の流れは，事前に実習日誌へ記入していると思いますが，その流れにかかわる細かい部分を確認するようにします。なお，1日の生活の流れは，園や年齢により異なります。

　また，流れと同時に時間（時刻）を把握しておくとよいでしょう。時間を確認しておくことにより，生活の流れをつかみ，先を見通して子どもたちに援助や環境設定を行うことができます。

> たとえば，3時はおやつの時間だと把握しておくと「机や台ふきんの準備」「手洗いの補助」「おやつを調理室へ受け取りに行く」など先を読んで行動できます。

2）職員や子どもたちの前で

　集会やクラスで，自己紹介の時間をいただくことがあります。また，職員の朝礼時に「ひと言お願いします」と時間をいただくこともあります。どのようなことを学びたいのかを明確にしておき，簡潔に伝えられるよう準備をしておきましょう。

Action 16 前半・基本実習開始

home room

初日の朝のあいさつ
―オリエンテーションで学んだことを活かして―

オリエンテーションで観察したこと，経験したことを活かしてあいさつをしましょう。

〈職員の方に〉

とても緊張していたのですが，先日うかがったときに，優しく先生方にことばをかけていただき，また，お忙しいなかを，主任の先生に園内を案内していただき，こころがスッと落ち着き，早く実習に来られる日を楽しみに準備して参りました。

〈子どもたちに〉

朝，お庭に出てみたら，きれいなお花がいっぱい咲いていました。遊戯室では，わたしにたくさんのお友だちが『おはようございます』とあいさつをしてくれました。今日，はじめて○○幼稚園に来て，とてもドキドキしていましたが，皆に優しくしてもらって，とてもうれしい気持ちになりました。

幼稚園，保育所は子どもたちのこころを育てようとしています。そうした先生方の思いやよい姿を，外部からやってきた実習生に感じ取ってもらえたら，先生方も子どもたちも，すばらしい出会いのはじまりと感じるのではないでしょうか。

home room

自己紹介の工夫1

下記の実習生の吹き出し，△△の部分には，たとえば，走ることが得意であれば「鬼ごっこ」，ピアノが得意であれば「歌あそび」，絵が得意であれば「お絵描き」など，といったことをつけ加えるとよいでしょう。他にも，朝，子どもに声をかけられてうれしかったことや，園庭できれいな花を見つけたことなど，よい第一印象を交えて話すのもよいでしょう。

□□学校から先生になるための勉強に来た○○○○（フルネーム）と申します。○○幼稚園の元気な皆さんと△△をして遊びたいと思います。仲良くしてください。よろしくお願いします。

自己紹介をあらかじめ考えておくと安心して実習に臨めますね。

147

home room

自己紹介の工夫2 ―ペープサートを使う―

子どもたちに話すときは，視覚的に関心をひきつけるものがあってもよいでしょう。たとえば，ペープサートなどを事前に作成しておくと，インパクトのある自己紹介となり，子どもたちにも大変よろこばれます。また，次のクラスや他の実習へ行った際にも繰り返し使用できます。

「や・ま・だ・は・な・こです。よろしくお願いします。」

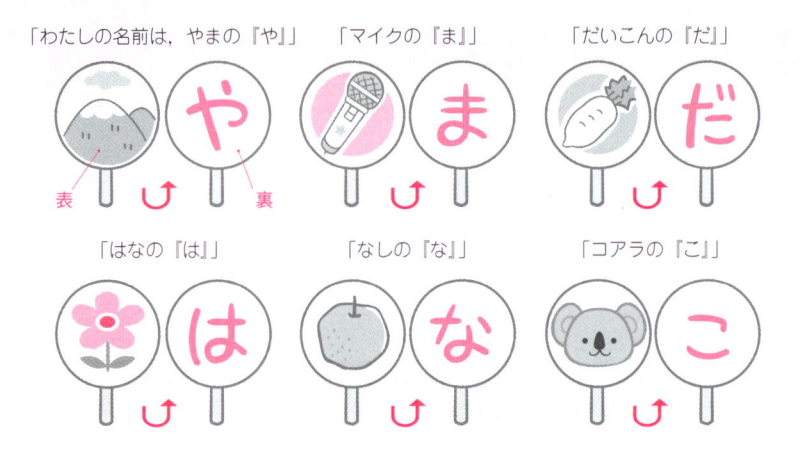

「わたしの名前は，やまの『や』」　「マイクの『ま』」　「だいこんの『だ』」

表　裏

「はなの『は』」　「なしの『な』」　「コアラの『こ』」

- 名前を一文字ずつ区切り，連想できるものを絵に描く。
- 裏には文字を書く。
- 自己紹介の際には絵を子どもたちへ見せ，「これなあに？」などと問いかける。子どもたちが答えたところで，ペープサートをひっくり返す。

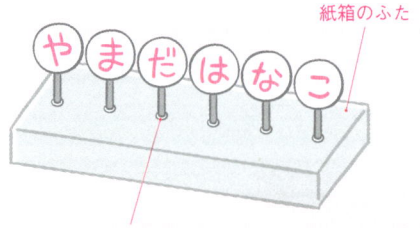

紙箱のふた

あらかじめ穴をあけておくとよい

ひっくり返したペープサートを持ちきれない場合は，紙箱のふたなどに穴をあけてさしこんでいくとよいでしょう。

もし，集会など外で行う場合は首からさげられるように，ペープサートを差し込む箱にひもをつけるなど，工夫しておきます。

2　日々のあいさつ

　実習生が園の先生方に負けずにできることは，「元気なあいさつ」と「笑顔」です。日中，園内で先生方とすれ違う際には目を合わせ，笑顔で会釈をするとよいでしょう。
　さらに，実習の出勤時や帰宅の際に，子どもの送迎途中の保護者に会うこともあります。「おはようございます」「さようなら」としっかりあいさつをしましょう。

home room

こころ通うあいさつ

　気持ちよい穏やかな関係のなかで，日々の実習が行われていくことが大切です。そのためにも次に示す例を参考にして，こころが通い合うあいさつをこころがけてください。

> 子どもたちや職員，保護者の方たちをはじめ，バスの運転手さんや事務の先生，業者の方など，園にはたくさんの方がお見えになります。すすんであいさつをするようにしてくださいね。

日常

> おはようございます。本日もよろしくお願いいたします。

> ありがとうございました。お先に失礼いたします。

> 実習初日と最終日には子どもたちや職員にあいさつをしていただきます。話す内容を前もって準備しておくとよいですね。

初日

> おはようございます。本日から実習でお世話になる〇〇〇〇（フルネーム）です。よろしくお願いいたします。

最終日

> 〇日間お世話になりまして，ありがとうございました。今回の実習で□□を学ぶことができました。後半・応用実習も引き続きご指導をよろしくお願いいたします。

> 相手のあいさつを待つのではなく，実習生から積極的に行いましょう。

> 「□□」の部分に，実習中，自分が学んだことを入れてあいさつをします。事前に，学んだ内容を整理しておくとよいでしょう。

3　メモをとる

1）メモをとる筆記用具に注意

　保育中には，保育者が予想してないようなことがよく起こります。

　たとえば，実習中，メモをとってもよい，という許可を園からいただいている場合，実習生がペンなどの扱いにいくら気をつけていても，尖ったペン先で子どもたちを傷つけてしまうことが起こるかもしれません。ペンのキャップがとれてしまったりするといっそう危険なこともあるので，十分に注意しましょう。

> 保育の環境構成の際には，つねに安全面へ気を配り計画を立てます。ケガにつながると予想されることは，事前に防止しましょう。

> メモをとることにとらわれ過ぎず，子どもや先生たちとのかかわりも大切にしてください。

2）メモの内容

　実習日誌を書く前に，1日記録したメモをその日のうちに読み返し，記入しきれていなかった部分を付け加えておきましょう。その日に読み返すと覚えていますが，数日経つと，細かい部分は忘れてしまうものです。そのときのようすと自分の感じたこと，考えたことを記入しておきましょう。

3）メモや記録の扱い

　実習園のことや保育のこと，子どものことなどを記録したメモを，どこかに置き忘れたり紛失したりすることのないように気をつけましょう。

home room

効率のよいメモのとり方

　たとえば，付箋紙にあらかじめ上から通し番号をふっておき，そこへ，そのときに気づいたことや見たことを順番にメモしていきます。

　そのメモは，時系列に並んでいるので「今日の活動の流れ」を振り返ることができます。さらに，その付箋紙をノートに並べて貼り，コピーをとってファイリングしていけば，毎日の記録として残すことができます。

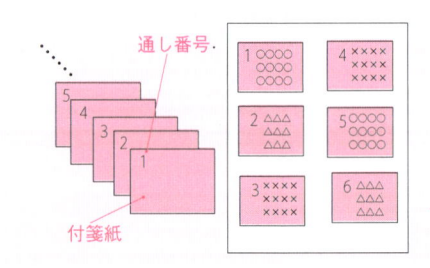

4　実習園の方たちとの関係

1）先生方と

　実習担当の先生方は，各養成校の実習評価表に基づき[*1]，そして，実習生の今後の将来をみすえ，実習生がどのように子どもと接しているか，どのような視点で実習に取り組んでいるのかを見守ってくださっています[*2]。また，実習日誌，子どもや保護者，園の職員への態度，掃除の仕方など，保育者の視点でよく見てくださっています。その意味で実習は，養成校で学んだ知識をもとに，保育現場をお借りして保育を実体験させていただける大変貴重な場といえるのです。

- 実習生は「緊張してうまく動けない」と尻込みをするのではなく，1日1日を力いっぱい取り組み，その日，その場でしか体験できない学びを十分に吸収してください。
- 疑問点は後に残さずに先生方に質問してみましょう。
- 実習の反省会では，現場の先生から直接指導をいただけます。
- 「この部分ができなかった」と落ち込むのではなく，「次回はどう取り組もうか」と，そのできごとをきっかけに振り返って，新たな目標を立て，取り組んでみましょう。

2）子どもや保護者と

　子どもたちは実習生のことが大好きです。年齢が大きくなると「今日からお兄さん（お姉さん）先生がクラスに来ているんだよ。○○して遊んだよ」と保護者へ話していることが少なくありません。実習生は，園での子どもたちの姿や保育者の姿を見ていますが，反対に子どもたちや保護者も実習生をよく見ています。保育者として，ひとりの社会人として見られていることを忘れずに，日々を送ることが大切です。

3）他の実習生と

　同時期に，他に実習生がいると何かと心強いものです。しかし，それぞれ学ぶ目的や課題，養成校で受けてきた指導が異なったりするものです。お互いの立場を尊重して，うまくかかわり合うようにこころがけましょう。

　また，ついおしゃべりに夢中になってしまうことがないように気をつけましょう。

[*1] 実習評価表に書いてある評価項目や内容のこと。実習生が何を学び，身につけなければならないかということが記されている。

[*2] 「評価されている，保育者の資質を問われている」といったニュアンスが含まれている。

5　園の先生に質問するタイミング

p.180 コラム, p.253 h.f へ

　保育現場は忙しいのが現実です。先生方が忙しそうで，なかなか声をかけづらいと思うことがあるかもしれません。しかし，実習期間は，保育者のアドバイスや意見を直接聞くことができる貴重な機会です。聞きたいことがある場合は，それを自分なりに事前にまとめておき，保育時間後のタイミングを見計らって質問しましょう。

> 先生，お聞きしたいことがあるのですが，今，お時間よろしいですか。

> 今は時間をつくることができないから，〇時頃でもいいかしら。

> 現場の先生方も養成校時代に「実習生」として実習を終え，保育者になっているのです。実習生の緊張や不安な気持ちは，よくわかってくださっています。

> 保育者がどうしても時間がとれない場合には，このように言ってくださるでしょう。

home room

観察実習ではここを見てくる

　授業で学習したことを実際に理解し確認するチャンスです。〈保育の内側〉と〈保育の外側〉の2つのポイントに着目して観察しましょう。

出勤→
〈保育の内側〉
8：00登園→視診→受け入れ→支度→自由あそび→排泄→朝の会
→10：00設定保育→排泄→11：30昼食→排泄→12：30午睡→排泄
→15：00おやつ→帰りの会→16：00降園　　　　　　　　　　→退勤

〈保育の外側〉
ミーティング（朝礼）準備，環境整備，片づけ，掃除，消毒，実習日誌の記入，
会議，1日の振り返りなど

> 保育の外側の業務は，園によって取り組み方がさまざまですが，大切な仕事です。

Point 1　〈保育の内側〉
　　　　　　…子どもの姿，生活，保育のようす
①子どもの身体，発達の状況
　〇年齢と身体発達のようす，運動能力など
②子どもの身体や発達の状況に応じた保育環境や配慮
　〇施設や設備の造り（大きさや高さ，機能，使いやすさや色使いなど）

152

○健康観察や基本的な生活習慣の指導（水分補給，排泄，手洗い，うがい，衣服や靴・雨具の始末など）
③あそび
○あそびのようす（あそびの種類・ようす，場所，仲間，持続・継続のようす，展開のようすなど）
④コミュニケーション
○ことばの発達と理解（ことばによる意思の疎通，用いることばや用語，友だち関係，あいさつなど）
⑤援助・環境構成
○日常決まった指導や生活（朝の会，帰りの会，昼食，片づけ，歌，手あそび，排泄など）
○個に応じた指導や声がけ（子どもの特徴と援助・対応，他の子どもへのことばかけなど）

Point 2　〈保育の外側〉
　　　　…子どもを迎える前，子どもが帰った後のようす

　実習園では子どもの登園前や降園後にも，職員がさまざまな仕事を行っています。
　子どもを迎える前には，打ち合わせや園舎内や園庭の清掃や環境整備を行い，その間に送迎バスが出発し，保護者からの連絡の電話が入ったりします。職員は協力し，連絡を取り合いながら，それらにていねいに取り組んでいます。
　また，降園後には，清掃や環境整備を行い，今日，1日の保育を振り返って記録したり，翌日，子どもを迎えるための環境構成を行います。他にも，おたよりを作成したり，行事の準備をしたり，保護者と連絡をとったりなど，子どもがいる保育時間＝〈保育の内側〉とは違ったさまざまな仕事があります。
　先生方の指導のもと，積極的にこうした仕事に取り組んでみることが大切です。

コラム　子どもとのかかわり方

　はじめて保育室に入るとき，実習生は緊張して不安な気持ちになりがちです。未知の場所なのですから，当然のことだと言えるでしょう。しかし，このときこそ「子どもたちはどのような思いでいるのだろうか」と想像してみてください。見知らぬおとなが突然，自分たちの場所に入ってきているのです。子どもたちこそ緊張し，不安な思いでいるのではないでしょうか。このような状況のなかで，実習生がまずすることは，子どもたちを安心させることです。ゆったりと座り，にこやかにして，子どもたちに皆さんの表情を見せてあげてください。そうしていると「この人，大丈夫そう」と思った子どもから少しずつ近づいて，かかわりはじめてくれます。その一つひとつにていねいに応えることからはじめましょう。
　子どもたちは，あなたがここにいること自体をよろこんでくれると思います。無理をせず，ただありのままの自分でいるようにするとよいでしょう。

work sheet

自己紹介（子どもたちへのあいさつ用）

子どもたちにはじめて自己紹介をするとき，下のワークシートを使ってあらかじめメモをつくっておきました。実際に話したときには，ことばや順序が少し変わりましたが，子どもにわかりやすく話すことが大切だと感じました。

養成校名

氏　名

実習期間

好きなことや特技

ひと言（子どもたちとどんなことをしたいか，どのように過ごしたいかなど）

↓

文章にしてみましょう

【例】わたしは〇〇学校から〇月〇日から〇日まで先生（保育士）になるための勉強に来た〇〇〇〇と申します。
　　　からだを動かすことが大好きで走ることが得意です。〇〇幼稚園（保育所）の元気な皆さんと外で鬼ごっこをしてたくさん遊びたいと思います。今日から〇日間，仲良くしてください。よろしくお願いします。

work sheet

自己紹介（先生方へのあいさつ用）

> 第一印象となる最初のあいさつです。自信をもってあいさつしましょう。
> はっきりと大きな声で表情豊かに行いましょう。
> ワークシートに記入後，家族や友だちの前で自己紹介の練習をしてみましょう。
> 実際には準備して覚えたとおりにはいかないこともあります。それでも実習生としての意欲と，ていねいな態度を大切にしてください。

養成校名	学　年

氏　名

実習期間

目標を踏まえたひと言（①見て学びたいこと，②実践したいこと，③こんな保育者になりたいなど）

↓

文章にしてみましょう

【例】○○学校から参りました○年，○○○○と申します。○月○日から○日までお世話になります。今回の実習では，先生方が環境構成の際にどのような配慮をされているのか具体的に見て学びたいと思います。○日間，積極的に頑張りますのでご指導よろしくお願いいたします。

Action 17 観察することⅠ
―子どもたちとのかかわりを通して理解する―

　実習における観察は，子どもや保育者，そして保育を理解するためのもっとも基礎となる取り組みです。子どもや先生方との生活や活動を通して，子ども一人ひとりの実態や保育者の役割，そして，援助や環境構成の意味について理解するためには，積極的にそれらを追究しようとする意識と視点が必要となります。

　そこでここでは，観察すること，とくに「参与（参加）観察（participation observation）」）について述べていきます。

> 実習においては多くの場合，積極的に子どもたちとかかわり，そのなかで気づき，理解することが重視され，また，そうした態度が求められます。しかし，養成校や実習園によっては，観察実習とは，まず，あえて子どもや先生方と距離をおいて全体的にとらえ，徐々に焦点化して観察し，理解することを重視する場合もあります。そこで，観察実習について，養成校や園の先生の考えを確認しておくことが大切です。

1　観察する立ち位置

1）参与（参加）観察　―3つの目―

　参与（参加）観察とは，実際の保育現場に入り込み，①「鳥の目」（子どもたちの活動全般について大きくとらえる），②「虫の目」（子どもたちのあそびややりとりなどを細かくとらえる），③「魚の目」（子どもたちの行動背景や活動の流れをとらえる）という「3つの目」をもって，そこで起きているさまざまな事象を観察し理解する方法です。

2）観察の視点を明確にもつ

　観察の視点を明確にもって，個々の子どもの実態把握はもちろんのこと，子どもたち同士のかかわりや保育者との相互関係，外界（遊具や玩具，友だちや先生などの人的・物的環境を含む）への働きかけのようすなどをしっかりと受け止めていくことによって，その後の子どもたちとのかかわりや具体的な援助方法などについて，より根拠あるアプローチにつながっていくものと考えられます。

　とくに，子どもたちが生活している保育現場においては，1日の流れのなかで，友だちや保育者との間においてさまざまなかかわりがなされており，人やものとの関係を通じて，じっくりと成長していく姿が垣間見られます。たとえば，よくある子どもたち同士のけんかについても，その対応におい

ては，子どもたち同士の関係やけんかにいたった背景など，その前後の文脈をしっかりと把握することが必要です。また，今，その場でなされ

> 子どもたちの成長や発達の問題を，子どもたちを取り巻く保育環境や対人関係の輪の中で考え，解釈していくことができるような視点・観点をもてるようになって欲しいです。

ている活動の背景や意味についても，観察を土台として解釈していくことが求められます。

　そのためにはあなた自身の子どもたちを「みる目」を養い，これまで意識することの少なかった子どもたちのようすから，新たな発見や気づきを見いだす体験を繰り返していかなくてはなりません。

　また，保育現場についていえば，そこで営まれている活動はそれぞれの園によって，歴史や特色，方針[*1]があります。そのため，ただ，観察するだけではなく，それら園の教育・保育方針や援助のねらいを理解していくことも，参与（参加）観察をもとにした結果を後に解釈していく際に必要となってきます。そして，現場のベテランの先生方にはかえって見えない，実習生ならではの視点が浮上してくることもあり，それを共有することができれば，お互いにとって，有益な参与（参加）観察となるでしょう。

　参与（参加）観察では保育現場に足を踏み入れ，実際に，子どもたちの多様な姿に触れたからこそ感じることができた「生き生きとしたやりとり」を取り上げて，そのことについての解釈や考察を継続して行ってみましょう。

【例】
生き生きとしたやりとりの場面
子どもたちは水あそびに夢中で，衣服がびしょぬれになってもおかまいなしであそんでいた。
解釈・考察
①子どもたちはなぜ，衣服がぬれてもおおよろこびであそびを行っているのだろうか？
②水あそびには子どもたちをこんなにも夢中させるどのような意味（理由・背景・思い・原因など）があるだろうか？
　などの仮説を立て，それを検証しながら，子どもたちのさまざまな活動に意味をもたらしていく。

2　参与（参加）観察の方法

1）自然的観察法と実験的観察法

　参与（参加）観察の方法はいくつかありますが，大きく自然的観察法と実験的観察法に二分することができます。

　自然的観察法とは，観察対象に直接的にかかわることなく，その場面を記録していく方法です。たとえば，ままごとを行っている子どもたちの中に，実習生などの観察する人が入って声をかけたり，

[*1] 保育のとらえ方のこと。たとえば，けんかの場面では，①なりゆきを見守る，②理由を明確にする，③落ち着かせるなどといったことで，園によってとらえ方はさまざまである。

手をかしたりというようなかかわりや影響を与えることなく（じつは，その場に立っているだけで子どもたちには何らかの影響を与えています），その自由なやりとりを観察するというような方法になります。

一方，実験的観察法とは，参与者の意図をもったことばかけやかかわりなど，何らかの意図や手立てが加わった状況下での子どもたちのかかわりや行動がどのように変わったのか，もしくはまったく変わらないのか，そのようすを観察するというものです。たとえば，けんかの場面において，実習生などの観察者が「手を出したり，ことばをかけたりした場合」と「見守っていた場合」で，子どもたちの言動がどのように変わるのか，その違いをみるというのもそのひとつです。

2）距離感を保つ

参与（参加）観察を行う際には，あらかじめ，対象者である子どもたちとの距離感をどのように保っていくのかについても検討しておかなくてはなりません。子どもたちとかかわりをまったくもたずに観察のみを行う「完全な参与（参加）観察者」なのか，日々の園の活動に対して保育者と同様，もしくは補助的な形でかかわっていく「積極的な参与（参加）観察者」なのか，たとえば，給食，午睡前，自由保育など，ある特定の場面に限定して観察していく「部分参与（参加）観察者」なのかなど，あらかじめ決めておくことが必要です。それによって，自然的観察法をとるのか，実験的観察法をとるのかも決まってくるでしょう。

無藤・やまだらは，「対する関係」と「並ぶ関係」という二側面から参与（参加）観察のあり方を述べていますが，「対する関係」では，観察者と対象者の間に一定の距離が保たれ，「見る人」と「見られる人」という関係のなかで観察が行われます。

一方，「並ぶ関係」では，観察者と対象者が，身近な場所でともに触れ合う存在となるなかで観察

が行われます。
　観察の目的やねらいによって，対象者である子どもたちとどのような関係に位置するかが決まってきますが，実習をより「生きた」ものとするためには，「並ぶ関係」における参与（参加）観察のほうが適しています。なぜならば，より現実感を浮上させることができる，つまり，保育現場における子どもたちの姿を，より現実のものとして感じ取ることができるからです。

3　参与（参加）観察の手立て

　参与（参加）観察では，まず，「いつ＝When」「誰が＝Who」「どこで＝Where」「なぜ＝Why」「何を＝What」「どのように＝How」の5W1Hを意識した観察が求められます。具体的には，以下の3つの方法があります。

①時間見本法（タイムサンプリング法）
　1日の中で時間を限って観察することにより，全体の動きを把握する方法。

②事象見本法（イベントサンプリング法）
　あらかじめ標的となる行動を決めておいて，その行動が現れたときのようすや状況などを観察していく方法。

③逸話観察法（エピソード法）
　柔軟な姿勢で観察していく方法で，とくに，逸話観察法では，できる限り実習生などの観察者の主観を取り除いた形で，目の前で起こった事象をありのまま観察していくことが求められます。その後，観察においてみいだされた事象がいったいどのような意味をもっているのかを，具体的な記述をもとにして解釈していきます。

memo

4 参与（参加）観察の記録の手立て

　参与（参加）観察の際に記録をとるための手立てはいくつか考えられますが，基本的には，自分が後で見返して，観察場面を「生き生きと」読みとることができるような記録をこころがけることです。これには習熟度が関係してきますが，最初は，観察場面における子どもたちのエピソードを中心に記述するとよいでしょう。もしも，「あれもこれも書いてしまって，どうしたらよいかわからない」というのであれば，観察前にあらかじめ焦点を絞っておき，観察の視点をいくつか立てたうえで，エピソードを記述してみましょう。そのような視点で観察していれば，必ず，参与（参加）観察者が「これだ！」と瞬時に感じる場面が，いくつか出てくるはずです。それを，そのつどメモをとるようにします。それがむずかしい場合には，観察後すぐ記憶が鮮明なうちに，フィールドノート[*1]に書き込むようにしましょう。人の記憶というのは，時間の経過により薄れていくものなので，前述したことは必ず実行しましょう。

　次に，参与（参加）観察と記録のとり方のポイントをまとめてみました。

参与（参加）観察のポイント

- 積極的に先生や子どもたちとかかわる。
- 子どもたちの生き生きとした活動ややり取りをとらえる。
- 観察には大きくふたつに分けて，「自然的観察法」「実験的観察法」がある。
- 「問い」や「新たな発見」を意識して観察してみる。

観察記録のポイント

- まずは，エピソードを中心に書いてみる。
- 観察の視点をいくつか決めておき，それをもとに記録する。
- 事実のみを書くのではなく，その前後関係の文脈（その行動を起こすにいたった理由と行動を起こした後のようすなど）も大切にする。
- 子どもたちのやりとりや関係性のあり方などに着目してみる。
- 直感的に「これは！」と感じたことは必ず記録する。
- 最後に，エスノグラフィー（記述の解釈）を行い，それをもとに子どもたちがとった行動の理由や思い，行動背景，原因など仮説を立て，その検証を行う。

[*1] ポケットに収まる程度の小さなメモノート。このノートは後に，自分の活動や子どもたちのようす，先生のアドバイスなどを思い出して，反省・考察（活動の振り返り）を行うときに効果を発揮する。

コラム 子ども理解・対応など

　近年，教育・保育現場においても，「気になる子」「集団活動になじめない子」などの保育相談が多くなっています。これは，多角的な子どもの状態像が考えられるものですが，とくに「発達障がい」が想定される子どもたちに対する支援のあり方に関するものが多いです。現場の先生方から受ける相談においても，指導・支援がなかなか伝わらないと葛藤している教師がたくさんいるのですが，大切なことは，「障がい」という枠で子どもたちをひとくくりにしないという認識をもつことが必要です。

1）さまざまな個性，気になる子

　保育所保育指針の第4章「保育の計画及び評価」において，障がい児保育に関するねらいが記述されており，「発達過程や障害の状態を把握し，適切な環境下で他の子どもと共に成長できるよう，指導計画のなかに位置づけることや家庭や関係機関と連携し，個別の支援計画書を作成すること，柔軟性のある保育や教職員の連携体制の強化，保護者との相互理解による適切な支援，専門機関との連携など」が明記されています。

　一般的に，障がいといえば，大きくは，「知的」「肢体不自由」「病弱」「視覚」「聴覚」という5つの柱で提示されることが多く，この障がいがある子どもたちも，たくさん，幼児教育や保育の現場で生活しています。

　また，障がいを「個性」のひとつとして理解していく考え方もあり，「さまざまな個性」という視点から，個々の子どもたちのもっているプラスの力をどのように活かし，伸ばしていくかという観点をもった教育的支援が必要とされるようにもなってきました。

　ここでは，あえて，「気になる子」という観点から，「発達障がい」に焦点をあてて述べていくこととします[*2]。

　「発達障がい」という概念については，学術的には広く解釈されたり，限定的にとらえられたりしていますが，今回は，発達障がいを，発達障害者支援法に依拠して「自閉症・アスペルガー症候群・AD/HD（注意欠陥/多動性障害），LD（学習障害）」と限定したかたちで詳述していきます。　p.165 矢印へ

[*2] **発達障害者支援法（平成16年12月10日法律第167号）**
　「発達障害とは，自閉症，アスペルガー症候群その他の広汎性発達障害，学習障害，注意欠陥多動性障害その他これに類する脳機能の障害であってその症状が通常低年齢において発現するものとして政令で定めるもの」（法第2条第1項）

たとえば、「たかし君は、自閉症だから○○ができない、むずかしい」という視点や固定的な観点でかかわっていくのではなく、まずは、たかし君という存在をしっかりと認めてあげたうえで、自閉症の子どもの特性や発達、効果的な支援のあり方について追究していく姿勢が望まれます。
　佐藤（2007）は、教師の仕事として「障がい」によって引き起こされる子どもの「困り感」に着目し、「障がい」の軽減はむずかしくてもこの「困り感」の軽減は十分に可能であることを述べており、これに焦点をあてた教育的アプローチの重要性を述べています。

「困り感」の定義（佐藤，2007）

　「困り感」とは、嫌な思いや苦しい思いをしながらも、それを自分だけではうまく解決できず、どうしてよいか分からない状態にあるときに、本人自身が抱く感覚である。なお、そのような状態にあっても本人にはその感覚が希薄である場合や、また現在は問題が生じていなくても将来そういった状態に陥ることが十分予想される場合もあるが、本人への教育的支援という観点から、これらの場合にも「困り感」があると判断することが望ましい。

出典）佐藤曉・小西淳子著『発達障害のある子の保育の手だて－保育園・幼稚園・家庭の実践から－』p.16，岩崎学術出版社，2007より

　教師は、行動上の問題や逸脱した言動などにとらわれがちですが、まずは、子どもが「どのようなことに困難性を感じているのか」を理解し、その解決に向けたアプローチを模索していくことが必要だと思われます。
　子どもの「困り感」を教師の「支援の手立て」として取り込み、子どもに生じている多くの発達の障がいを一つひとつ取り除いていく姿勢が求められるでしょう。
　とくに、障がいや発達の遅れ、偏りが想定される子どもたちについては、「困り感」の視点と併せて、教育的な支援における「合理的な配慮」を十分に確認したうえで、日々の活動や他の子どもたちとのかかわり場面を保障していくことが求められます。
　さらに、個別的な支援と集団力学を応用したアプローチを併せて実践していく力量も求められてくるでしょう。個別活動と集団活動を十分に確保していくことと同時に、子どもたちがもっている可能性を信じて、多角的にアプローチしていくことを大切にして欲しいと考えます。
　具体的にいえば、子どもが、少し手を伸ばせば届きそうな課題や活動が十分に取り入れられているのかということです。気をつけて欲しいことは、子どもが、ひとりでできそう

な活動に対して，教師が先回りして手を出さないようにすることなのです。そのためにも，子どもたちの実態を把握し，現段階において，「できることとできないことは何か」を正確にアセスメントしておくことが求められます。

　実習生にとっても，上記の内容はしっかりと学んでおいて欲しいことです。養成校では，可能な限り，「障がい」や「発達」に関する講義を受け，正しい知識と技能を養って欲しいと思います。正確な情報や知識がないと，適切な支援を行うことはできず，かえって，子どもたちにとって，負の影響を及ぼしかねないようなアプローチをとってしまうことにもなりかねません。

　そのためにも，さまざまな障がいのある子どもたちの理解を高めていくような努力が求められます。下記に発達障がいが想定される子どもへの保育支援のポイントを挙げます。

発達障がいが想定される子どもへの保育支援のポイント
・発達段階や成長を把握し，生活の力がどこまで獲得されているのかを理解していく。
・活動の意味をわかりやすいかたちで伝えていく努力をおこたらない。
・活動の見通しとゴールを明確にしておく。
・ことばと視覚的な表現を併用していく。
・コミュニケーションを育む場面を意図的に設定していく。
・活動の成就感・達成感が伝わりやすい活動を組織化する。
・保護者との協力は不可欠という認識のもと，信頼関係の構築と協働支援のあり方を探る。

2）小学校の場合

　小学校の場合も，基本的には，保育現場での障がい児保育・教育の観点で支援を行う必要性がありますが，さらに，「特別支援教育」という枠組みでの取り組みが重視されるようになってきます。この「特別支援教育」という考え方は，障がいがある，なしにかかわらず，すべての子どもたちが個々の実態に即した教育を受けることができるよう，さまざまな配慮を考えつつ，教育的な支援を行っていくものとされています。つまり，障がいのある子どもにとって優しい教育支援は，他の子どもたちにとっても有益となるという考えに基づいています。

　たとえば，小学校の場合，学年が進むにつれて，教科教育や集団活動などが重視されてくる教育課程や内容となっています。したがって，これらの活動に困難さをもつ「発達障

がい児」にとっては，学習場面において，さまざまな問題や課題が顕著になってくることがあります。

具体的に，どのような支援が実際に行われているかというと，教科教育については，個別的にサポートをしていく他，クラスに支援教員を配置したり，チームティーチング（TT）や学生支援サポートを活用している実践例がたくさんあります。どうしても，集団学習の時間では補いきれない内容があるため，このような個別支援が必要となってくるのです。

また，学校という枠内にとどまらず，他校との連携や地域へのコミットメント[*1]も盛んに実施されるようにもなっています。小学校における特別支援教育の校内支援システムを有効に活用していくためにも，外部に向けた情報発信がとても重要になってきます。

とりわけ，小学校に対しての巡回相談支援（①都道府県教育委員会設置の専門家チーム，②特別支援学校によるチーム，③発達障害センターや特別支援教育センターによるチーム）を積極的に利用することによって，効果的な支援が実践されているケースが多数報告されるようになってきています。

さらに先生には，他の子どもたちへの理解や配慮とともに，発達障がい児本人が，「自分は他の友だちと違う」という意識を強く抱くことがないように支援することが求められます。そのためには，保護者の考えや思いを十分にくみ取った支援のあり方を追求し，同時に，同じ学校の先生方の理解や協力を得ることが不可欠となってきます。そして，担当や担任の先生ひとりに過重な負担やプレッシャーを与えることのないよう，チームとして支援体制を整えていくことが重要となってきます。

現在では，多くの小学校で「校内支援委員会」が設置されており，そのまとめ役として，特別支援教育コーディネーターが指名されています。

実習生としては，実習校の「特別支援教育」に関する体制や考え方をしっかりと捉えていくと同時に，学校としての支援実践に数多く触れておくことが大切になるでしょう。また，各校に設置されている特別支援学級の実践を主体的に学び，「特別支援教育」にとって必要な知識や情報，子どもたちとのかかわりやサポートのあり方などについて学び取っていかなくてはなりません。

次に，小学校における特別支援教育のポイントを挙げます。

[*1] 地域への「積極的な関与（かかわり）」

小学校における特別支援教育のポイント
・幼稚園・保育所との連携体制を整える（引継ぎ支援）。
・小学校における「特別支援学級」との連携を密にする。
・個別の指導・支援計画を作成する。
・子どもの行動背景を推察していく。
・子どもを肯定的に評価し，理解するように努めていく。
・早期から中学校への進学に関する話し合いや移行支援計画を立てる。
・いじめなどに対する事前防止の手立て。
・周りの児童や保護者に対する理解と協力。
・児童の実態に即した学習環境を整え，通級指導などを利用していく。
・保護者との信頼関係を構築するとともに，連携を強化していく。
・教科学習，集団活動などにおける支援の手立てを学校全体で共有する。
・チームティーチングや補助教員，支援員などの活用を積極的に行う。
・必要に応じて，特別支援学校の相談支援とコミットメントする。
・学校内に支援委員会などを設置し，コーディネーターを中心にして定期的にケースカンファレンスを行う。
・地域や行政などと連携し，情報共有や交換を行っていく。また，有用な地域資源についても積極的に運用，活用していく。

　実習生にとって，障がいのある子どもと接する場合，不安や失敗などが気になるところではあるでしょうが，実際に子どもとかかわることによってしか得ることができない支援の感覚があります。まずは，子どもとの信頼関係を構築していくとともに，「子どもを理解しようとする姿勢」や「わずかな成長・発達をともによろこぶ感性」「子どもたちの行動やことばの背景を推察しようとする力」を養って欲しいと思っています。

※精神科診療・診断の国際基準のひとつであるDSM（Diagnostic and Statistical Manual of Mental Disorders）が，2013年5月に改訂・発刊（「DSM-5，精神疾患の診断・統計マニュアル，第5版」，APA.）され，これまでの「発達障害」から「神経発達障害」というカテゴリー名に変更となった。これに伴い，これまで使われていた下位カテゴリーの名称や診断基準などの見直しも行われている。
　参考までに，「神経発達症群／神経発達障害群」（Neurodevelopmental Disorders）の下位カテゴリー名は，①知的能力障害群／知的発達，②コミュニケーション症群／コミュニケーション障害

群，③自閉症スペクトラム症／自閉症スペクトラム障害，④注意欠陥・多動症／注意欠陥・多動性障害，⑤限局性学習障害，⑥運動症群／運動障害群，⑦チック症群／チック障害群，⑧他の神経発達障害群である。
参考）日本精神神経学会ガイドライン

【参考文献】
・伊藤哲司・能智正博・田中共子編『動きながら識る，関わりながら考える―心理学における質的研究の実践―』ナカニシヤ出版，2005
・無藤隆・やまだようこ・南博文・麻生武・サトウタツヤ編『質的心理学―創造的に活用するコツ―』新曜社，2004
・柴山真琴著『子どもエスノグラフィー入門―技法の基礎から活用まで―』新曜社，2006
・関章信編著『幼稚園・保育園の先生のための保育記録のとり方・生かし方』すずき出版，1997

memo

memo

Action 17 観察すること I

Action 18 観察することⅡ
―個と集団を理解する―

1　個と集団へのまなざし

　集団のなかで個が育ち，また，個が育つことで集団が育ちます。そのためには，子ども一人ひとりが活かされる集団を育てていく必要があります。つまり集団と個は切り離しては考えることができないのです。

　保育では一人ひとりの発達段階や発達過程を踏まえた個と集団への対応が重要になるので，養成校で学んだ子どもの発達段階をよく頭に入れ，「この年齢ではこのような段階なので，先生はこのようなことばかけをされているのだな」という視点から観察を深めることが大切です。

> 集団のなかで一人ひとりの「個性」が育つことが望ましいですね。

2　個の育ちを大切にした集団のとらえ

　幼稚園でも保育所でも，保育とは，「教える・指導することだけではなく，むしろ，かかわりや信頼関係を築きながら，援助したり見守ったり，一緒に活動したりすることが大切である」と言われています。

　あそびのなかで何が育っているのかを見極めながら，子どもたちの育ちを見守り，あそびがよりよい育ちにつながるように援助し，そのための環境を構成することが保育者の主な役割だと言えます。

　実習では，クラス集団，そして子ども一人ひとりと向き合いかかわります。

　しかし，同じクラスの子ども同士でも，「友だち」というほど親しい関係ではなかったり，また，降園後には，近所でよく遊んでいる子ども同士でも，園では違う仲間と遊んだりしていることがあります。そして，昨日まで一緒にごっこあそびをしていたメンバーが，翌日には入れ替わっていることもあります。さらに，子ども一人ひとりに目を向けてみると，つねに仲間と行動する子どももいれば，ひとりあそびをしながら時々，先生のする仕事を手伝うことを楽しんでいる子どももいます。

　たとえば，クラスで製作をしたとき，全員が，同じように先生の指示を理解し，同時に仕上がるわけではありません。子ども一人ひとりの活動に対する興味・関心や経験，その日のコンディションな

> 子どもたちのあそびに参加し，保育の補助をすることは「前半・基本実習」という最初の段階から大切な姿勢です。ただし，園によって子どもやあそびへのかかわり方が異なりますので，先生方の指導をいただきながら取り組むことが必要です。

どの違いなどによって取り組む姿はさまざまです。ある時間まである程度の仕上がりができるように先生方は、机間をまわったり、個別に援助したり、進度を確認したりさまざまな工夫をされています。

たしかに、子どもたちとしばらくかかわる間に、このクラスはこのような特徴があると理解することもできるでしょう。しかし、そこにいる一人ひとりの実態や特徴、個性は、決して一様にはとらえがたいものです。

実習では、「○○組さん」「みんな（みなさん）」と呼ばれる集団と、そのなかにいる子どもたち一人ひとりの存在に目を向け、先生方がクラスを育てるために、一人ひとりの実態をどのように理解し、かかわり、そして必要に応じた援助を行っているのかを学ぶことが大切です。

> 実習後の反省で、「集団から離れている子どもとだけかかわって、あまり、他の子どもたちとかかわる機会がなかった」、「クラスの子どもたちとたくさん外あそびをしたけれど、一人ひとりの子どもの印象が残っていない」と話す学生もいます。集団と個を意識しながら、そこにいる一人ひとり、そして皆とかかわってください。

3　個と集団へのかかわり

保育者には、個々の子どもを見る力が求められる一方で、集団をまとめる力も要求されます。

子どもの気持ちをひきつけるにはたとえば、手あそびをたくさん用意するなどし、その場にふさわしいものを選んで行ってみましょう。たくさんの手あそびの用意ができなくても、同じ手あそびを、スピードをゆっくりめにしたり、速くしたりと、速さを変えて何度か行ってみるのも有効的です。だんだん速くして、最後は、子どもたち一人ひとりの顔を見ながらゆっくり行うなど工夫しましょう。

たとえば、手あそびでスピードを速く行うことは、上手にできた子どもには「楽しい」と受け取れますが、思うようにできなかった子どもには達成感を感じないまま「終わってしまった」という気持ちが残ってしまいます。そこで、クラスの皆が「できた」という達成感や満足感を味わうためには、ゆっくりとした速さで、皆が上手にできて終わる場面をつくることも大切です。そうすることで、子どもたち皆の達成感や満足感からクラス全体が落ち着き、次の行動に移りやすくなります。

> 子どもたちが皆、手あそびを満足して楽しめるとよいですね。

> 静かにさせる手段としてだけに手あそびを使うのではないことは、175ページ h.r（5）で学びます。

視診について

たとえば，子どもの両手を取って「おはよう」とあいさつしたり，通りがかりに頭をなでたり，ボディタッチをした瞬間に，子どもの体温が平熱かどうか，手に伝わる温度で判断します。その他にも，「ケガなどしてはいないか？」「顔色は？」「表情は？」「声は？」「昨日，降園してから今朝までにどのようなことがあったのか？」「その日の園での活動に，どんな期待をもってきているのか？」などを，ことばだけでなく，子どもの表情などあらゆる情報から読み取っていきます。

> 実習日誌の中で「視診」という項目を，「その日の子どもの状態を見る」といった表現をする園もあります。

【具体的な事例 〜登園〜】

「先生，おはよう」「おはようございます」といったあいさつの瞬間から，あるいは，園の門をくぐる前から，先生は子どもの小さな変化にも注意をはらっています。

たとえば，「昨日と違うところはあるか」「笑顔か，泣いているか」「眠たそうか」「しっかり食事はとってきたか」などです。

memo

Action18 観察することⅡ

memo

Action 19 先生の助言
—思いに気づく—

1 先生の考えや思いに気づく

　実習園の先生は，実習生に対して，実習中はもちろんのこと，実習前後も含めてさまざまな助言をしてくださいます。その助言は，実習生個人に焦点を合わせて送られる大変貴重な意見であり，実習生にこれからの成長への気づきをもたらすものです。

　ところで，先生の助言は，いつも穏やかなものばかりではありません。ときには「厳しい」と感じるような指導の場合もあります。しかし，それは実習生の成長を願ってのことであり，「育って欲しい，育てたい」という強い思いからなのです。

　またときには，先生のことばの強弱や顔の表情に目を奪われ，先生が何を伝えようとしているのかという中身に思いが及ばずに，気持ちが落ち込んでしまうことも実習生にはあるようです。そのようなとき，表現の背後にある先生の考えや思いを推察しましょう。そして，助言を感謝し受け止め，努力を惜しまないようにしましょう。

○○××してみたらどうでしょう。

（ああ，そうか！）はい。○○××してみます。

先生は，わたしのことをわかってくれているからこそ，こういうアドバイスをくださるんだ。

2 反省・助言を活かして実践する

　実習園の先生方は，さまざまな視点で実習生とかかわってくださいます。実習生に求められる姿勢や態度はもちろんのこと，子どもとのかかわり方や言動についての把握の仕方，支援方法など，その助言の内容も多岐にわたるでしょう。

　実習生は，指導していただく先生方から数多くのアドバイスを受けるべく自分からすすんで，子どもたちや先生方にかかわっていく姿勢が求められます。たとえ失敗をしたとしても，それをおそれることなく，「トライアル・アンド・エラー（試行錯誤）」の姿勢で臨みましょう。

　たとえば，先生方がとくに話題とする内容のひとつに，子どもたちの活動を支えるための教材・教具の設定があります。ここでは，子どもたちの姿をイメージし，子どもたちの興味・関心に基づいた教材・教具を準備しますが，これらを子どもたちの活動に活かしていくためには，何より実習生の「子どもたちによろこんでもらいたい，楽しんで活動して欲しい」といった思いや子ども観，保育に

対する姿勢が大きな影響を与えます。

　つまり，先生方は，実習生が教材・教具を使った実践を上手に行うことばかりを重視しているのではなく，あくまで，①子どもの立場に立って事前準備を行い，②実際に子どもたちとかかわる場面を想定しながらイメージづくりやリハーサルをし，③実際の教育・保育活動とのギャップやむずかしさを感じているかどうか，といったことをみているのです。

　実習園の先生方は，長年の経験や研究に基づいて，実習生の一つひとつの活動に対して，教育的なまなざし*1を向けサポートしてくれます。先生方に，より多くのアドバイスを求めるためにも，事前準備やリハーサル，活動後の自己省察などを主体的に行っていきましょう。先生方からいただいたアドバイスを真摯に受け止め，それを自分のなかに吸収しながら，次の活動へと昇華させていく積み重ねが，保育者としての資質を養っていくのです。

　また，先生方には，保育の場面の他にも，さまざまな場面で助言をいただくことがあります。ここでは，実習でいただく助言の内容の例を，①実習前の助言，②実習中の助言，③実習日誌での助言，④実習反省会での助言の4場面ごとに示します。あらかじめ知っておき，自分の心構えに活かしましょう。

①実習前の助言

○体調管理に気をつけましょう。
・風邪をひかないように留意すること。
○遅刻・早退はしないようにしましょう。
○早寝早起きの習慣を大切にしましょう。
○朝食をとるようにしましょう。

②実習中の助言

○子どもたちとたくさん遊んでください。
○子どもたちが転んだり失敗したりしたときにはすぐに手をさしのべるだけではなく，ときには，見守ることも大切です。
○壁によりかかったり，棒立ちでいたりしていませんか。姿勢に気を配りましょう。
○子どもががんばっているときに褒めたところがよかったですよ。

③実習日誌での助言

○さまざまな場面を想定しておきましょう。
○ケンカの仲裁はむずかしいですね。相手の立場だったらどんな気持ちになるかを伝えていきます。

④実習反省会での助言

○まず自分で反省をまとめておきましょう。実習期間中を通しての助言をいただいたならば，しっかりメモをとりましょう。

---

*1「成長を見守る，温かく寄り添う，ともに成長していく」といったこと。

home room

音楽に関する場面での助言

歌の指導や音楽に関する場面で、実習生が先生方からいただく助言やことばをいくつか取り上げましょう。

1）歌の指導での声がけ1…「大きな声で」「元気よく」

子どもたちは「大きな声で歌いましょう」や「元気よく歌いましょう」ということばをどのようにとらえているでしょうか。きっと、「大声で怒鳴る」というようなとらえ方をしていると思われます。音楽的に考えるならば、「大きな音（声）」「小さな音（声）」という言い方ではなく、「強い音（声）」「弱い音（声）」と伝えたほうがよいかもしれません。このように考えるならば、「遠くへ届く音（声）」また、「優しい音（声）」や「静かな音（声）」と表現することによって、より一層思いが伝わるのではないでしょうか。

2）歌の指導での声がけ1…「曲の歌い出し」

「サン、ハイ」「セーノー」など、曲の歌い出しを誘うことばを何げなくかけている場合が多く見受けられます。その曲が4拍子でかつ、1拍子からはじまるのであれば「サン、ハイ」ということばは有効だと思いますが、3拍子や2拍子の曲では、どのように誘えばいいのかわからないのが現状です。そこで下の譜例のように、歌がはじまる1拍前に「ハイ」とだけ誘うようにしましょう。また、その曲を歌い込んでいくと間奏の中に「2番」や「3番」ということばを入れられるようになります。

> 歌いだしの合図は下記のタイミングで行うとよいでしょう。

3拍子の場合「ぞうさん」 作詞：まどみちお　作曲：團伊玖磨

ハイ！　ぞ　う　さん　ぞ　う　さん　お　は　なが　なが　いのね

2拍子の場合「なべなべそこぬけ」 わらべうた

ハイ！　な　べ　な　べ　そ　こ　ぬ　け

3）歌の指導で…どうしよう！　もしも！
（1）子どもと歌っている時にピアノが止まってしまった

あなたの声は、子どもに届く声で歌えていますか？　ピアノでメロディやコードを弾くことによって、子どもの歌の表現力や音楽のスケールが大きくなっていると考えてください。

もし、ピアノが止まってしまっても、そのまま子どもたちと歌い続けて、弾ける部分から伴奏することをこころがけましょう。子どもが歌っている歌を止めるようなことにならないよう、注意してください。

(2) 歌詞がわからなくなってしまった

長い曲の場合，歌詞が部分的に入れ替わってしまうことがあります。ピアノと歌を合わせるだけではなく，歌詞だけを音読して歌詞の意味やストーリー性をつかんでおくことが大切です。

「先生だって間違えるんだ」と子どもたちが気づくことによって，子どもとの距離感が縮まることもあります。また，「先生に歌詞を教えてくれる？」と言うことによって，子どもたちが歌詞を再確認することへつながることも忘れないでください。

home room　絵本の読み聞かせなどでの場面での助言

絵本を読むこと，紙芝居を演じること，手あそびをすることなど，子どもたちの前に立つチャンスをいただいたときには，積極的に取り組ませていただきましょう。

1）絵本の読み聞かせ
(1) 読み聞かせの準備

絵はある程度の大きさがあり，はっきりしたものを選びましょう。季節，年齢も考慮します。できれば，実習がはじまる前に図書館などで，絵本を選び，声に出して読む練習をしておきましょう。

具体的には，読み方は自然に，登場人物の気持ちになり，どこで間をとると効果的なのかを考えながら練習しましょう。

(2) 絵本を読むときこころがけることはありますか？

絵本はわきを締めて，とじの部分を下から支えるようにしっかり持ちます。

練習するときには，鏡の前に立つとよいでしょう。絵が子どもたちにしっかり見えているか確かめます。熱心に文章を読むあまり，顔や手で絵をさえぎらないようにしましょう。

(3) 絵本の読み聞かせの後はどうしたらいいの？

保育現場では，絵本を読み聞かせをするとき「導入をきちんとするように，読み終えたらまとめのことばを述べましょう」と言われます。また，「絵本を読み終えたら感想をもぎ取ってはいけない」「絵本を読んだ後，余韻を大切にすること」などとも言われます。

子どもたちと絵本の世界を共有するために，読み終えた後は，ことばによるコミュニケーションをとることも幼児期には大切なことです。「おしまい」というひとことだけでは，絵本読みの時間を，余韻をもって終了させることはむずかしいのです。

(4) 感想を聞いてはいけないのですか？　何と聞いたらよいのですか？

実習生をみていると，「どうでしたか？」と子どもたちに聞いている場面をよく見かけます。「どうでしたか？」は抽象的で，子どもたちには答えにくいものです。「ここが，こうでしたね」と，子どもたちと，絵本の内容を振り返られるような，具体的なことばで，具体的な場面の印象を表現するようにしましょう。

(5) 絵本を読む前に手あそびをするものなのでしょうか？

絵本を読む導入として，落ち着いた状況をつくるために，手あそびを使うことがよくあります。しかし，手あそびは，それだけで十分に楽しいものです。結果的に，子どもたちは手あそびを十分に楽しんだ後，気持ちが落ち着いて静かに絵本に集中することができますが，手あそびは，必ずしも静か

にさせるためだけの方法ではないことを覚えておきましょう。

また，わらべうたも子どもたちの気持ちの高揚をおさえるのに効果的ですが，手あそびと同様に，静かにさせるためだけの方法ではないことを覚えておきましょう。

> 指導案では，「子どもを落ち着かせるために手あそびをする」ではなく，「手あそびを楽しむ」という書き方にしましょう。

（6）細部の書き込みを子どもと一緒に楽しみたい絵本は，読み聞かせには向きませんか？

絵本の細部を読み込むことが楽しい絵本があります。このような絵本は，2～3人または，4～5人くらいまでの子どもたちと，さまざまな時間に「読みあい」という形で読み聞かせましょう。

ソファに座ったり，実習生の膝に抱っこして読んだりなど，家庭で親が読み聞かせをしているような状況をつくって読むことは，子どもと絵本をつなぐ大切な時間です。保育形態によって，さまざまな時間を生み出して，「読みあい」を行ってみてください。

2）紙芝居はどのように読むのですか？

紙芝居は，「読む」のではなく「演じる」ものです。指導案などに記入するときも，「紙芝居を演じる」とします。

また，紙芝居の後ろには，「とめ」と言って「ここでいったんとめる」または，「さっと抜く」などといった説明が書いてあるので，下読みをしておくことが大切です。

園に，紙芝居用の舞台がある場合にはお借りしましょう。また，「幕紙」というボール紙でつくったものを表紙として使用するとよいでしょう。

紙芝居を行う場合には，「演じる」という気持ちで，舞台からお話が子どもたちの方に飛び出していくように，抑揚をつけ，めりはりのある読み方をします。

1枚目に戻ると，またお話がはじまってしまいますので，最後のページで終わりにします。

3）素ばなしとはどのようなものですか

素ばなし（すばなし）は，「語り」，「おはなし」，「ストーリーテリング」などとも呼ばれ，お話を覚えて語る「お話」のことです。昔ばなしも，創作のおはなしも「素ばなし」です。

5～6分くらいの話を選び，事前に覚えておきます。子どもたちの前で語ってみると，絵本や紙芝居と違って子どもの目を見て話すので，子どもの反応が直接伝わってきます。

素ばなしの覚え方のひとつとして，お話の場面を頭のなかで絵に描いてみて，それにことばを添えるようにすると，覚えやすいでしょう。何度か子どもの前で語った素ばなしは，忘れにくいというのが魅力のひとつです。何も教材を準備していなくても，素ばなしならば自分のなかに蓄えておくことができます。

また，自分で創作した話を語るのもよいでしょう。短い話や自分で取り組みやすいお話から挑戦してみましょう。

4）実習で役に立つ教材を準備したほうがよいですか？

指人形，手袋人形，ペープサート，パネルシアター®，手づくり紙芝居，エプロンやハンカチなどを使ってお話をするときの小道具などは，事前に製作しておく必要があります。

子どもは，動きのある小道具にひきつけられます。また，実習生は，子どもの前に立つだけで緊張するものですが，小道具があることで，緊張感が少なくなることもあります。事前に準備しておきま

しょう。
　また小道具は，できる限り手づくりします。製作に時間をかけるので，その間に「お話」が，自分のなかにしみ込みます。「お話」を覚えるのに時間をかけるように，小道具をつくるのにも時間をかけることは，自分のものになった「お話」を子どもたちに届けることになり，また安心して実習に臨むことができます。そしてその安心感は，子どもたちとのコミュニケーションをとるときの大切な要素にもなります。安心の種をもって行くつもりで，小道具を準備しておきましょう。
　自己紹介にこうした小道具を活かすのも，子どもたちに自分を覚えてもらうのに役立ちます。

home room

積極的に取り組む

　前半・基本実習において，先生から，「絵本を読んでごらんなさい」「紙芝居をしてね」「手あそびなら子どもたちの前でできる？」と言われることはよくあります。そのようなときには，「はい，経験させてください」と，前向きに答え，貴重なチャンスを逃さないようにしましょう。
　先生から言われなくても，「絵本を準備してきたのですが，読ませていただいてもよろしいでしょうか？」「手あそびの準備をしてきました。お時間があったらやらせていただいても構わないでしょうか？」と自分からたずねてみる積極性が必要です。

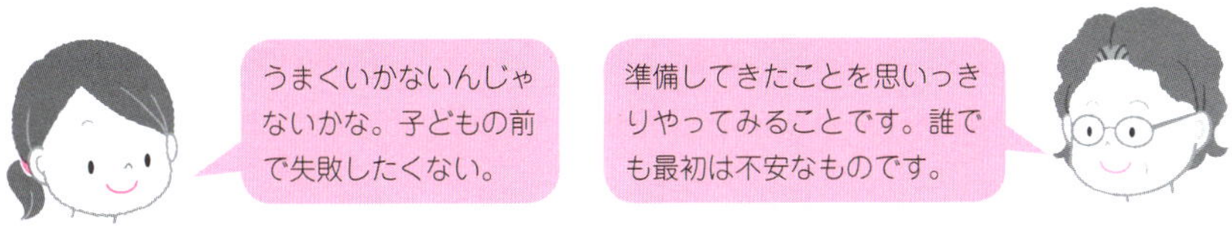

> うまくいかないんじゃないかな。子どもの前で失敗したくない。

> 準備してきたことを思いっきりやってみることです。誰でも最初は不安なものです。

コラム　保育における表現の背後にある考え

　保育における表現の背後には，先生の「保育観」「指導観」「表現の仕方」「子どもに対する愛情」などがあります。それらのことを皆さんに感じ取って欲しいと思います。
　保育を知ることとは，「まず，指導者の思いや願いを知ることからはじまり，そして，そこで終わること」です。先生が何をどうしているのかだけではなく，「どのように考え」「子どもたちと，どうかかわっているのか」というようなことにも関心をもって，実習に臨んで欲しいと思います。

資料 おすすめ絵本・紙芝居・昔話[*1]リスト

絵本
『ぐりとぐら』中川李枝子文，大村百合子絵，福音館書店，1963

『しろくまちゃんのほっとけーき』わかやまけん，こぐま社，1972

『もこ　もこもこ』谷川俊太郎作，元永定正絵，文研出版，1977

『はらぺこあおむし』エリック=カール作，もりひさし訳，偕成社，1989

『だるまさんと』かがくいひろし作，ブロンズ新社，2008

『かいじゅうたちのいるところ』モーリス・センダック作，じんぐうてるお訳，冨山房，1975

『あかいふうせん』イエラ・マリ作，ほるぷ出版，1976

『もりのおやつやさん』とりごえまり作，学習研究社，2008

『オムライス　ヘイ！』武田美穂，ほるぷ出版，2012

紙芝居
『おおきく　おおきく　おおきくなあれ』まついのりこ脚本・画，童心社，1983

『ころころじゃぽーん』長野ヒデ子脚本・絵，童心社，2006

『くれよんさんのけんか』八木田宜子作，田畑精一絵，童心社，1975

『まんまるまんま　たんたかたん』荒木文子脚本，久住卓也絵，童心社，2007

昔話
『てのひらむかしばなし』長谷川摂子文，岩波書店，2005

『日本の昔話1〜5』小澤俊夫再話／赤羽末吉絵，福音館書店，1995

『いまむかしえほん1〜9巻』岩崎書店，2015

日本の昔話には，「桃太郎[*2]」「かにむかし[*3]」「ねずみのすもう[*4]」「三まいのおふだ[*5]」などたくさんあります。皆さんは，いくつくらい昔話を知っていますか？

[*1]「むかしむかしあるところに……」と時代も場所も特定しないことで，これからはじまるお話がどのようなものか子どもに期待感をふくらませ，子どもの興味・関心をひきだす。また，「めでたしめでたし」としめくくることで，お話の世界から現実世界へ戻ってきたことを子どもたちに認識させる。

[*2]『桃太郎』松居直文，赤羽末吉画，福音館書店，1965
　『いまはむかし絵本（2）　桃太郎』広松由希子作，伊藤秀男絵，岩崎書店，2009

[*3]『かにむかし』木下順二文，清水崑絵，岩波書店，1976

[*4]『子どもとよむ日本の昔ばなし　ねずみのすもう』2 おざわとしお文，ふじもとしろう絵，くもん出版，2005

[*5]『子どもとよむ日本の昔ばなし　三まいのおふだ』おざわとしお・まつもとなおこ文，たけとみまさえ絵，くもん出版，2006

『子どもに語るグリムの昔話5　赤ずきん』佐々梨代子，野村泫訳，こぐま社，1992

『子どもに語るグリムの昔話1　おおかみと7ひきのこやぎ』佐々梨代子，野村泫訳，こぐま社，1990

『3びきのくま』L・N・トルストイ文，バスネツォフ絵，小笠原豊樹訳，福音館書店，1962

『イギリスとアイルランドの昔話　さんびきのこぶた』ジョセフ・ジェイコブス再話，石井桃子訳，J・D・バトン画，福音館書店，1981

ノルウエーの民話『三びきのやぎのがらがらどん』マーシャ・ブラウン絵，瀬田貞訳，福音館書店，1965

> 昔話の厳しさは，恐怖や悪をきちんと乗り越える力をもっています。昔話のもつ「3度のくり返し[6]」「主人公は必ず成功する[7]」など昔話の様式を壊していないお話を，語ったり，読んだりしてみましょう。

memo

---

[6] 似たようなお話の流れが3回くり返されることで，2度知っていることをくり返して聞いた後，3度目が異なることに気づき「どうなるんだろう」という期待感をもってお話の世界を楽しむことができる。

[7] 主人公が失敗や挫折をくり返しても，頑張ったり努力したりすることでハッピーエンドを迎える。このような子どもたちが自分を投影できる主人公の姿を通して，困難なできごとを乗り越えていくことへの意欲をもてるようになる。

Action 20 先生や子どもとのかかわり
― よいかかわりづくりと理想の保育者との出会い ―

1 先生とのかかわり

「実習園の先生の笑顔に支えられ，実習を終えた」という感想をもつ実習生が多いようです。実習園の先生とのよりよい関係は，実習を支える要となるものです。では，自分からよりよいかかわりをつくりだすためにこころがけておくこととは，どのようなことでしょうか。次ページに示した2点をこころに留め，また手がかりにして，自分なりに考えてみましょう。

> 将来，きっといい仲間として育ってくれることを願っています。

コラム　保育に疑問をもったら……

　保育に疑問をもつことはよいことです。疑問をもったらまず自分で考え，そのうえで，保育者に「どうしてですか？」とたずねてみましょう。
　保育者の働きかけや対応には，一つひとつ必ず理由があります。実習生の目にはそこまでの深い理由がみえていないことが多いのですが，疑問が出てきたということは，保育を見る目が深まってきたということです。ぜひ，教えていただき，さらに理解を深めていきましょう。

> 質問することが恥ずかしいといったことがないように，保育者とのよい関係を自分からつくっていくようにしましょう。たとえば，まずしっかりとあいさつをし，お手伝いを積極的に申し出たりして，質問をしやすい関係をつくることが大切です。

> 保育中に質問のタイミングをつかむことはなかなかむずかしいかもしれません。そんなときは「おたずねしたいことがあるのですが，今，お時間よろしいでしょうか」とお話してみましょう。また，反省会のときに質問したり，実習日誌で質問したりする方法もあります。

p.152, 5, p.253 ほかへ

Action20　先生や子どもとのかかわり

【よりよいかかわりをつくりだすためにこころがけておくこと】

① 保育者を目指す思い

　先生は，保育者を目指す人を現場に迎え，より力をつけていくためのご指導をしてくださいます。自分の意志を確かにして実習に臨みましょう。

② いろいろな方の支え

　職員・子どもたち・保護者・地域の方，ときには養成校を同じくする先輩保育者など，いろいろな方が見守り支えてくださっていることを忘れずにいましょう。

よいかかわりを築くために　*check list*

- [ ] 実習のねらいを確かにして実習に臨み，実習後には振り返りをし，質問ができるように準備する。
- [ ] 実習前にホームページで調べたりボランティアを行ったりなどして，実習園について理解を深める。
  - ・養成校の関係者や卒業生がいるかを確認する。
  - ・指導者の氏名を正しく覚え，書けるようにする。
- [ ] 実習準備を十分に行っておく（健康管理，授業の復習，もって行くものの用意，保育着・通勤着・上靴・外靴の用意，教材準備と練習，指導案の作成，ピアノの練習）。
  - ・持ち物には記名する。
- [ ] 保育者としてふさわしい通勤着(通勤靴)・保育着・持ち物・メイク・髪型などをこころがける。
- [ ] 保育者のかかわりをよく見て参考にする（まねてみようとする）。
- [ ] 先生の指示はメモをとりながら聞き，理解して忘れず行う。
- [ ] 笑顔を大切にする。
- [ ] 明るくあいさつをし，元気よく返事をする。
- [ ] きびきびと軽やかに動く。
- [ ] 気を働かせてお手伝いを自ら申し出るなど，積極的に動く。
- [ ] 実習日誌や指導案は，指定された期日に遅れず提出する。
- [ ] 実習生同士のおしゃべりを慎む。
- [ ] 実習中に得た情報は，家族を含む誰にも話さない。SNSでつぶやかない。
- [ ] ものを借りて返すときには，感謝のことばを述べ，返す場所を確認してきちんと戻す。
- [ ] 使わせていただいている場所は整理整頓を怠らず，最後は，よりきれいに清掃してお返しできるようこころがける。

2　子どもとのかかわり p.153コラムへ

　子どもに関心があり，子どもが好きで保育者を目指している人は多いでしょう。しかし，実際に子どもたちと遊んだ経験を豊富にもつ人は，少ないのではないでしょうか。

> 保育者に求められることは，①きめ細かな気づき・配慮，②温かい対応，③ていねいであることです。

　子どもは，現実世界とイメージ世界の境界にいます。このことは，たとえば，「泥でつくったおだんごやケーキを本当においしいそうだと感じているけれど，実際には食べることはしない」といったような子どもたちの姿に現れています。現実世界にいるおとなにとって，子どもとかかわるということは，異質な世界とかかわるということです。このように考えると，子どもとのかかわり方に対して，実習生が不安に思うのもうなずけます。

　では，このような不安を少しでも解消するにはどうすればよいでしょうか。ここでは，その考え方と方法を紹介しましょう。

1）内なる子どもを活性化する　―子どもと一緒に！―

　わたしたちは皆，かつては幼い子どもでした。そのころの自分を思い出してみましょう。大好きだったあそび道具で，もう一度遊んでみることも役立ちます。自分のなかに眠っている子どもだったころの気持ちを揺り動かし，生き生きとよみがえらせておくことは，子どもとかかわる前の準備として，とても大切なことです。

わたしの子ども時代　あんなこと・こんなこと　check list

- ☐ 時間を忘れて遊んだこと
- ☐ 懐かしい風景
- ☐ 自然と触れ合ったこと（日差しの暖かさ，草の香）
- ☐ 好きなあそび
- ☐ 好きなおもちゃ・遊具
- ☐ 好きなあそび友だち
- ☐ 楽しみにしていた行事
- ☐ 先生にして欲しかったこと
- ☐ うれしかったこと
- ☐
- ☐
- ☐

> わたしは○○が楽しみだったな。

> 自分も子どものころいろいろなことをして楽しんでいたな。

Action20　先生や子どもとのかかわり

2）子どもの情報を得る

　目の前にいる子どもたちが，今，どのようなものが好きなのか，その興味・関心を調べ，知っておきましょう。
　子どもたちの会話やつぶやき，あそびのようすの理解に役立つとともに，コミュニケーションをとるためのよい手がかりになります。

work sheet

子どもの情報を得る

子どもが関心をもつものや，生活がわかるものを調べたり触れたりして，子どもの情報を得ましょう。

〈子どもの好きなもの〉
- [ ] ヒーロー　＿＿＿＿＿＿＿＿＿＿＿
- [ ] テレビ　＿＿＿＿＿＿＿＿＿＿＿
- [ ] 本（雑誌）＿＿＿＿＿＿＿＿＿＿＿
- [ ] 歌　＿＿＿＿＿＿＿＿＿＿＿
- [ ] おもちゃ　＿＿＿＿＿＿＿＿＿＿＿
- [ ] ゲーム　＿＿＿＿＿＿＿＿＿＿＿

- [ ] ＿＿＿＿＿＿＿＿＿＿＿
- [ ] ＿＿＿＿＿＿＿＿＿＿＿
- [ ] ＿＿＿＿＿＿＿＿＿＿＿
- [ ] ＿＿＿＿＿＿＿＿＿＿＿

> テレビ視聴が日常生活のなかに当然のこととしてある現代の子どもたちは，テレビのなかから得た情報をもとに遊ぶことも珍しくありません。

> テレビアニメやヒーローものにも関心を向け，おもちゃ売り場やスーパーのお菓子コーナー，本屋さんの幼児向けコーナー，赤ちゃん用品店，テーマパークなどをのぞいてみましょう。

home room

先生によって指導が違います

　Ａ先生のご指導を，Ｂ先生のクラスでも行ったら，「そうしないで」と言われ，どうすればよいのかわからずに立ち往生してしまう実習生もいるようです。
　保育には唯一絶対のマニュアルはなく，そのときどきの状況によって指導は違ってくるのです。そのため，その場その場で新しく判断していくことが必要となります。
　先の例でいえば，Ａ先生にご指導を受けたときの子どものたちの状況と，Ｂ先生にご指導を受けたときの子どもたちの状況で何が違ったのかを考えてみましょう。そして，わからなかったときには，先生に質問してみましょう。きっと，よい気づきが得られるはずです。

3　理想の保育者像との出会い

実習生のなかには、「〇〇先生に憧れて」「〇〇先生のような人になりたい」という気持ちから保育者への道をスタートさせた人も多いのではないでしょうか。また、実習を通して理想の保育者像と出会い、具体的にそうなりたいと思うこともあるものです。実習で出会う保育者は、ひとりのモデルとして実習生に保育者像を示してくれるとともに、導き助けてくれる存在です。

work sheet

理想の保育者から学ぶポイント

自分もまねをしてみようと思うことを先生方の姿、立ち居振る舞いから学び取りましょう。そして、少しずつ理想の保育者像に近づいていきましょう。

- ・保育者としての服装・髪型・メイク・持ち物
- ・子ども・保護者・保育者・職員に対する保育者としての態度（言葉遣い、姿勢、立ち居振る舞い、動き方、話し方、声の出し方）
- ・保育室・テラス・廊下・遊戯室・園庭などの環境構成
- ・保育者同士のチームワーク
- ・職員とのチームワーク

あなたなら、理想の先生から何を学び取りますか？　書き出してみましょう。

Action20 先生や子どもとのかかわり

home room

自分の声やことばを届けるために

　子どもの興味・関心をひくような話し方や指示の出し方として，たとえば，手あそびを行うときに大きな声（たとえば，ラインオン）で行い盛りあげた後，小さな声（たとえば，アリ）で行い，子どもたちの気持ちが静かになってから話をはじめる方法があります。また，活動の導入となる材料を事前に準備し，子どもたちに見せることで，興味・関心をひいてから質問をするなどし，話をはじめる方法もあります（視覚から入る方法）。

【例】・食育でグリーンピースを使用する場合，最初に，さやに入ったグリーンピースを見せる。
　　　・トイレットペーパーの芯を使用する場合，最初に，トイレットペーパーを見せる。

次のような方法も参考にしてみましょう。
① 活動の際に，子どもたちを自分の周りに集めてから話す。
② 子どもたちに近づいて話す。
③ 園庭など外では必要に応じて，ホイッスルを使う。
④ 保育室の後ろの壁に届くように意識して声をだすなど。

> 表情を豊かにすることでより気持ちや話したい内容をわかりやすく伝えることができます。

> 先生方がどのような方法で子どもたちの興味・関心をひきつけているのかをみて，学びましょう。

memo

Action 21 ふだんと違う保育を学ぶ
—留意点と学びの視点—

　実習期間中，皆さんは，通常の保育とは異なる意味をもつ活動・行事などを体験することがあると思います。

　おもに，一般的な活動・行事などとして位置づけられているものとしては，儀式や集会，運動会や発表会，遠足，夏祭りなどが挙げられます。これらは，子どもの成長，季節や伝統・社会的活動，年中行事（ひなまつりや節分など）を考慮して計画されますが，他にも地域（町内会や商店街）のお祭りやイベント，文化施設や福祉施設の催しなどといったような，地域社会と密接にかかわっている活動・行事なども多くあります。

　皆さんは，実習において活動・行事などの企画に直接かかわることはないと思います。しかし，通常の保育とは異なる活動・行事などは，園生活の節目として，また，お楽しみとして，園生活に活気や彩りをもたらし，子どものこころの成長に大きくかかわるものです。

　ここでは，行事などにおける実習生としての立ち居振る舞いと，かかわり方について理解しましょう。

> **home room**
> ### 多くの園で行われている活動・行事など
>
> 多くの園で行われている活動・行事などには，次のようなものがあります。
> ① 儀式的（入園式，始・終業式，創立記念日，卒園式など）
> ② 遠足的（遠足，園外保育など）
> ③ 宿泊的（キャンプ，お泊り保育など）
> ④ 発表・体育的（発表会，作品展，運動会など）
> ⑤ 保健・安全的（発育測定，避難訓練など）

1　実習生としての立ち居振る舞い

1）さまざまな活動・行事で

　さまざまな活動・行事などには，近隣の小学校の校長先生や地域のお世話役・お世話になっている方々など，お客様をお呼びすることもあります。とくに運動会では，

> 運動会という行事を実施する過程では，実習生も職員と一体となり，取り組んでください。実際に活動や作業にかかわったという体験やよろこびは，きっと，後に続く実習や将来へとつながっていくと思います。

大勢の方々が応援にみえるはずです。元気なあいさつとていねいな対応で気持ちよく接しましょう。たとえば，実習中に運動会を経験するという幸運に恵まれたときには，運動会にふさわしい，つねにきびきびとした行動をこころがけましょう。そして，子ども一人ひとりが十分に力を発揮できるように，また，友だちや先生と最後まで楽しめるように，こころを込めて補助の役割を果たすとともに，

子どもと一緒に応援もして，運動会を盛り上げてください。
　実習生には各競技などで使用する物品の作成や準備，また，当日の演技や競技の補助などの役割が待っているかもしれません。園をあげての取り組みですので，積極的に，そして，よろこんで協力しましょう。さまざまな作業を通して，先生方のチームワークや，アイディアに込められた工夫や配慮などについての新たな発見があることでしょう。

> 行事を通して，「貴重な体験ができた」「ふだんの保育ではみられない子どもたちのようすがみられた」「達成感，感動を味わえた」と気づくことができるはずですね。

> 実習生にとって運動会や行事などへの取り組みでの最大の収穫は，「力を合わせて頑張った」という達成感を，先生方や子どもたちとともに味わえることです。当日にいたるまでの全職員の取り組みや思いも，感じ取って欲しいと思います。

home room

ふだんの生活で気をつけよう

　公共マナーを守る思いや姿が，その人の立ち居振る舞いやしぐさに表れます。歩きながらスマートフォンや携帯電話を操作したり，イヤホンをつけて音楽を聴きながら歩いたりすることはしていませんか？
　園での実習中も，箸の持ち方やクレヨン・色鉛筆・マジックなどの持ち方，教材の準備と後始末，書類を提出するときの手渡し方など，ほんのささいなしぐさにも，その人らしさが表れるものです。また，いつも身だしなみや清潔感にも注意してください。汗をかいた保育着やエプロンのままで帰宅したりせず，清潔なものに着替えることが大切です。

2）保育の場面で

　保育を観察したり，参加したりする際の立ち居振る舞いやしぐさについて，ふだんから次のようなことに注意しましょう。

① あぐらをかかない。
② 壁によりかからない。
③ 保育を行っている先生の視線をさえぎるような場所に立たない。
④ 子どもと話すとき，子どもの目の高さに合わせて話す。
⑤ 子どものそばに行って話しかける。
　※口元に手でメガホンをつくるようなしぐさで，大声で話したりしない。
⑥ 子どもたちの前で話したり，読み聞かせをしたりするときには，壁を背にするなどして子どもたちが窓の外のようすなど，他のことに気をとられないようにする。
　※保育者が窓を背にすると他のクラスの子どもや外のようす，お迎えの保護者の姿が目に入ってしまい，集中力がそがれます。

> ・行事の日は先生方に相談して，行事に合った服装にしたいと思います。
> ・先生方の保育や，先生方と保護者とのかかわりの妨げにならないように気をつけたいと思います。
> ・ていねいな言葉遣いとあいさつを行うとともに，できることをすすんで手伝うようにしたいと思います。

2　子どもたちの姿と思いに触れる

「1　実習生としての立ち居振る舞い」での運動会の例でみると，運動会当日にいたるまでの子どもたちの姿には，たくましい成長をみることができます。たとえば，苦手だったかけっこが大好きになった子どもがいたり，友だち同士で協力したり励まし合ったりする姿もみられます。さらに，運動会後は，年少・中児は年長児への憧れが強くなり，そうした思いがあそびにも表れ，異年齢で隔たりなく運動会ごっこを楽しむ姿もみられます。

このように，ひとつの行事への取り組みを境にして，子どもたちの実態が変容するようすをみることができ，そこに実習生としてかかわることは，まさに，貴重な学びの機会といえるでしょう。

home room

年長さんってすごい！

さまざまな活動や行事などの後，年少・中児の年長児への憧れは強くなり，そうした思いがあそびにも表れます。

【例】運動会の後
・年長児のリレーごっこに加わって遊ぶ。
・年長児の演技で使用した小道具，たとえば，太鼓，輪，リボンや冠などを借りたり，まねしてつくったりして，それらを使って遊ぶ。

【例】生活発表会の後
・年長児が劇で使った冠や剣，衣装などをまねしてつくって，劇ごっこをする。
・異年齢ごとに発表した歌を覚えて，一緒に歌ったり踊ったりする。

3　緊張感を抱く子どもたちに寄り添う

さまざまな活動・行事などには，ふだんのあそびでは味わえない楽しさがありますが，その反面，いつもとは違う緊張感をともなうこともあります。

たとえば，生活発表会などは，保護者にとっては，わが子の成長の姿がみられる楽しみのひとつです。しかし，子どものなかには発表会当日，大勢のおとなを前に，緊張したり張り切り過ぎたりなど，平常心ではいられない事態も生じ，保育者には，このような事態を予想した配慮や援助が求められます。

皆さんは，こうした場面で子どもたちのがんばる思いと姿，そしてやり遂げた後の充実感に満ちあふれた笑顔に接することができるでしょう。

> 子どもたちは，保育者の適切な援助や励ましによって，いつもとは少し違う状況を乗り越える経験をし，またひとつ大きな成長をみせます。このことを，皆さんもこころに留めておきましょう。

コラム 実習生としてのかかわり
―子どもに期待をもたせる生活発表会―

　生活発表会では，子どもたち一人ひとりが，練習の成果を発揮し，それぞれの持ち味でたのしみながら発表できるように励まします。

　年少児なら，衣装に着替えることをいやがったり，母親から離れようとしなかったり，興奮して動き回ったりする姿も予想されます。先生は，それぞれの子どもに応じた対応をしながら，落ち着いた雰囲気に導き，「楽しみだね」「がんばろうね」などと声をかけ，励ましていきます。実習生の皆さんも，子どもたちの気持ちに寄り添ってあげてください。

　また，ステージにあがる前に，「先生も応援しているね」「はい，立って！」などといった声がけも，子どもを力づけます。

　いざ発表会がはじまってからもトイレに行きたがる，おもらしをする，ステージにあがらない，幕の陰にかくれる，動き回るなど，さまざまなハプニングがあるものです。しかし，これらのことにあわてることなく，先生の指示や合図にすばやく対応するとともに，子どもたちを温かく見守り，ステージからおりてきたら，頑張ったことを褒めてあげましょう。

　一方，年長児は，「大丈夫かな」「うまくできるかな」など，成長がゆえに感じる不安が期待と入り混じるようになります。「まちがえたらまたやり直してもいいのよ」「まちがっても平気，堂々とね」などとことばかけしてみましょう。また，サッカーチームや野球チームが試合に臨む前に，志気を高めるため円陣を組んで大きな声をだすように，周囲のようすに配慮しながら全員で声をあげてみましょう。子どもたちの不安を，やる気や意欲にかえていくことができるでしょう。

memo

コラム 食べるということ
―「食」について皆さんはどのように考えていますか―

保育所での話です。

ある日の食後に、調理師さんからこのような話を聞きました。

「A先生のクラスはいつも給食を残さず食べてくれるけれど、B先生のクラスはいつも野菜の食べ残しがたくさんあるのよ」

そうしたことはどうやら、その日だけでなく、毎回の出来事だというのです。なぜ毎回このような違いが出ていたのでしょうか。クラス人数も食事時間も同じ3歳児2クラスの姿です。しかし、そのなかで徹底的に異なることがわかりました。それは、好き嫌いのないA先生、野菜嫌いのB先生の担任の姿でした。その姿は子どもたちの目にどのように映っていたのでしょうか。

子どもが食事を自ら「手づかみで食べる」という姿が、離乳完了期に見られるようになります。与えられていた栄養を自分で摂りはじめる「自立」のはじまりです。今井はこの手づかみで食べることの背景について「子どもの自発性や自立心を伸ばす」そして、「『自分で食べたい』『おいしいな』という快の体験が成長ホルモンの分泌を促す」と記しています[1]。食べるということは、ただ栄養を摂ることだけでなく、「こころの満足感」が成長に大きくかかわっていることに注目しましょう。子どもたちがその気持ちを得るためには、保育者が食事の際に側で「自分で食べられたね」、「おいしいね」と一人ひとりのこころに共感し、楽しく食べられる場をつくることが大きな意味を果たすのです。

そこで、さきほどの話に戻りましょう。A先生は自らも楽しんで食事をし、子どもたちへ「おいしいね」「大きくなるね」など、自然に声をかけています。その楽しい雰囲気に囲まれ子どもたちは意欲をもって食べます。また、皆で分けあい大切に食べることで、他人への配慮を自然に身につけます。しかし、野菜を好まないB先生は、食に対して気持ちが向きません。B先生の野菜を少ししか盛らなかったり残したりする姿を見て、子どもたちは食に対して意欲がわかなかったのではないでしょうか。

このことを踏まえ、保育者自身も環境の一部であり、子どもたちに与える影響が大きいことがわかります。保育者は子どもの手本、生き方のモデルとなるおとなです。ひとりの保育者として「食」の意味を改めて考え、日頃から「食べ物への感謝」や「作り手への感謝」の気持ちを大切に過ごしたいものです。自分自身の「食」について見直してみませんか。

【引用・参考文献】
[1] 今井和子著『0・1・2歳児の心の育ちと保育』p.104、小学館、1998より

Action21 ふだんと違う保育を学ぶ

memo

Action 22 指導案 I
―早めに相談し，取り組む―

1　指導案の準備

養成校の実習事前指導で「指導案を準備していくように」、また、実習園でのオリエンテーションで「指導案を書いてくるように」と指導をいただくことがあります。

これまで、授業で指導案について学習したり、実際に書いたりした経験があると思いますが、ここでは、実習に際して、指導案の準備をどのようにしていくのかについて理解しましょう。

1）実習における指導案

オリエンテーションで、部分実習や責任実習の予定について話をすることがあります。そのとき、多くの場合、「指導案をいくつか準備してきてください」「やってみたい活動を考えてきて、指導案は実習がはじまってから書きましょう」「先輩の実践例を見て書いてみるといいですよ」「配属するクラス担任の先生とよく相談してください」などと指導をいただきます。

実習期間中には、行事や他の予定があるために、全日実習の予定が立てにくい場合などもあります。しかし、オリエンテーションに行くときや実習初日には、自分なりにやってみたい活動をいくつか考え、「部分（責任）実習では、こうしたことに取り組んでみたいと思います」と、自分の意思を伝えることが大切です。

2）クラスと子どもの実態を踏まえた活動の計画

まず、指導案の記載項目について理解し、考えることが必要です。

〈指導案の記載項目〉
①日時
②クラス編成（年齢・人数・男女数）
③指導者（担任の先生）
④園の行事、週の予定など
⑤子どもたちのこれまでの経験・取り組み
⑥園庭や遊戯室、保育室などの活動する環境
⑦天気
⑧事前の準備・教材研究・指導方法

Action22 指導案 I

オリエンテーションのとき，先生に，「リレー」と「○○をつくって遊ぶ」をやってみたいと相談しました。先生は，いくつもの視点から助言をくださいました。

※（ ）内の番号は，前ページの「指導案の記載項目」の丸数字を示しています。

その日は，園外保育があります。前日は午前保育で，お昼には降園します。次の週の方が落ち着いて取り組めると思います（①，④）。

リレーをやるなら，他のクラスにも声をかけて，たくさんの人数で取り組みましょう（②，③，④，⑤，⑥，⑦）。

以前，子どもたちは同じ活動を経験しています。内容を少し変えてみるか，違う活動を考えるといいですね（②，④，⑤）。

外あそびを予定していますが，雨が降ったときの案を考えておきましょう。遊戯室が使えない場合には，保育室でできる内容も準備しましょう（⑥，⑦，⑧）。

○○の活動は，保育室では狭いので，遊戯室を使いましょう。他のクラスと相談して使えるように確保しましょう（②，④，⑥）。

○○の製作物の材料をすぐに集めるのはむずかしいですね。今回は違う製作物を考えてみましょう（②，⑧）。

2　指導案の作成に取りかかる計画

　部分実習や責任実習に向けた準備について，次のように考えてみます。実習期間によって違いがありますが，ここでは，後半・応用実習を3週間と考えて述べます。

　たとえば，行事や遠足などがあり，保育室で通常の保育が行われない場合，責任実習を行うことはむずかしいでしょう。また，行事のある日の前日は，その準備などで相談や指導案作成を行う時間が十分にとることがむずかしいと考えられます。このように考えると，オリエンテーションや初日に自分の考えを話し，できれば指導案の下書きなどを持参して相談することで，当初から，責任実習をみすえて，日々のねらい・目標を明確にしながら取り組むことができるでしょう。

	1週目						2週目						3週目				
月	火	水	木	金	土日	月	火	水	木	金	土日	月	火	水	木	金
初日		午前保育				行事		部分実習		遠足		部分実習	行事	責任実習		反省会
相談	教材研究・下書き		相談			相談・作成						清書・提出				

クラスの子どもたち全員分の製作の材料の準備を第1週からはじめました。

子どもと実際にかかわってわかることもあります。子どもたちの生活経験をうまく活かして，活動を考えるとよいですね。

3 指導案の作成 ―各項目の書き方―

　実習では，指導案の提出が求められる場合があります。部分実習でも責任実習でも，保育に責任をもって取り組むという意味で，それに臨む力量を身につけておく必要があります。

　指導案には，通常，「略案」と「細案」とがあります。書く項目はほとんどの場合，「1 活動名」「2 ねらい」「3 活動について」「4 過程（保育の流れ）」「5 評価」となります。

　一般に，次ページの「指導案の書式例」で示した項目，内容をすべて表した指導案を「細案」と呼び，「1 活動名」「2 ねらい」そして「4 過程（保育の流れ）」および「5 評価」を表したものを「略案」と呼んでいます。

　「略案」は，部分実習などで「ある場面」の保育を行う場合などに多く用いられます。しかし，全日実習など1日を通した指導案を作成し，また中心となる活動について詳しく表す場合（とくに，研究保育*1などという場合）は「細案」を作成します。

> 「1 活動名」「2 ねらい」「4 過程（保育の流れ）」「5 評価」は，略案でも必要です。

1）略案・細案で必要な項目の書き方

（1）「1 活動名」の書き方

　活動名は，具体的でわかりやすい表現にします。たとえば『スイミー*2』という絵本の読み聞かせを楽しむ活動であれば，子どもを主体とした表現で，「読み聞かせ（『スイミー』）を楽しむ」という表現が考えられます。

　また，身近にあるものでおもちゃ（たとえば，コマ）をつくり，それで遊ぶ活動ならば，「コマをつくって遊ぼう」が考えられます。ただし，この場合には，「コマをつくる」ことと「つくったコマで遊ぶ」というふたつの活動があります。もし「つくったコマで遊ぶ」を主目的とするなら，「手づくりコマで遊ぼう」と，「遊ぶ」ことを強調した表現にすることもできます。いずれにせよ，ねらいや実際の活動にふさわしい表現にすることが大切です。

（2）「2 ねらい」の書き方

　活動によって実現したい子どもの姿や，活動を通して育って欲しい心情・意欲・態度を書きます。この場合も「1 活動名」と同様に，子どもを主体とした表現にします。

　たとえば，『スイミー』の絵本の読み聞かせの後，お話の続きをイメージして，絵を描く活動に取り組む場合を想定すると，次のように考えることができます。

《望ましい例　子どもが主体の表現例（子どもたちが主語になる）》

　『スイミー』のお話の続きの絵を描く。

---

*1 とくに教材研究などを通して指導案を仕上げ，多くの先生方に保育をみていただき反省会などで指導，助言をいただく。
*2 『スイミー　ちいさな　かしこい　さかなの　はなし』レオ・レオニ著，谷川俊太郎翻訳による絵本。

Action22　指導案Ⅰ

指導案の書式例

> 指導案の書式は養成校や園によって異なります。指導に従ってよりよい内容に仕上げましょう。

平成○年○月○日
○○組（男　名・女　名）
指導者：○○○○（実習生）

○歳児保育指導案

1　活動名
2　ねらい
3　活動について
　①子どもの姿について（子どもの実態） ――― 細案で必要

　②活動について（活動の意味など）

　③援助や環境構成について（保育・指導について）

4　過程（保育の流れ）

過程の「段階」を書くことがある
「導入」「展開」「終末」など

保育の場の設定（物の配置など）が示されていることも多くみられる

時　刻	主な活動・子どもの姿	援助・環境構成

5　評価

〈保育所などの場合〉

①「主な活動・子どもの姿」の前部に記入するものもみられる
②主に場の設定，保育者や子どもの位置を示す

4　過程（保育の流れ）

時　刻	環境構成	主な活動・子どもの姿	援助・留意すること

> 指導案を作成する前に，まず担任の先生に，アイディアや下書きを見せて相談してください。クラスや子どもたちの実態，その時期の行事や都合を考えて助言するようにしています。また，教材研究や実際に指導案を書く際にも相談してください。必要に応じて何度も書き直すこともあるかもしれませんが，皆さんにとっても子どもたちにとっても，よりよい実践ができるよう頑張ってください。

『スイミー』の読み聞かせを楽しみ，自分なりにお話の続きをイメージし絵に表わす。

《避けたい例　先生が主体の例（先生が主語になる）》

『スイミー』の絵本を読み聞かせた後，子どもたちに登場した動物について感想を<u>述べさせ</u>，お話の続きを<u>考えさせ</u>て絵を<u>描かせる</u>。

同じ活動を行う場合でも，年齢や時期，集団の発達のようす，生活面での発達など，子どもの実態によってねらいが異なってきます。子どもたちの実態を理解したうえで，実態に即した具体的なねらいを設定することが大切です。

> **point 心情・意欲・態度を表すことばには次のようなものがあります。**
> 〈心情〉…楽しむ・親しむ・感じる・よろこんで・味わうなど
> 〈意欲〉…積極的に・すすんで・自ら・試す・表現する・〜しようとするなど
> 〈態度〉…大切にする・協力するなど
> ただし，心情・意欲・態度は子どもの内面であるため，それを見とり，評価することはむずかしく，ねらいには用いない場合もあります。

> リレーの練習で，年少児は走るのを楽しんでいましたが，年長児は作戦を立てたり競ったりすることを楽しんでいました。同じ活動でも，年齢によってねらいに違いがあることがわかりました。

memo

(3)「4 過程（保育の流れ）」の書き方

①「導入―展開―終末」の段階によるメリハリのある保育の流れ

　話や文章の組み立てを考える際に、「起承転結」や「はじめ・中・おわり」などに留意しますが、「過程（保育の流れ）の組み立て（段階）」においても、そのことに配慮することが大切です。

　ここでは、「導入―展開―終末」という考え方について、「『3匹のこぶた』のパネルシアターを見る」という活動の場合について説明をします。

時刻	主な活動・子どもの姿	過程（保育の流れ）の組み立て（段階）
	○「はじまるよ」の手あそびをする。 ○動物の話をする。 　・知っている動物・見たことがある動物 ○ぶた、おおかみの話をする。	《導入》これからはじまる活動に興味・関心をもたせる活動
	○『3匹のこぶた』のパネルシアターを見る。	《展開》子どもたちが夢中になって取り組む主活動
	○振り返る。 　・登場したものや楽しかったことを自由に話す。	《終末》主活動を振り返る活動（終了の活動）

　「導入―展開―終末」を工夫することで、活動にメリハリがつきます。導入では子どもの興味・関心をひき、自然な流れで展開に移行することが理想的です。そして、終末では、子どものことばや思いをそのまま受け止めたり、取り組みや気づき、頑張りを認めて褒めるような援助や働きかけを行うようにします。

> 終末では、「おしまいにする」「終了する」だけではなく、保育者の働きかけとして、「援助・環境構成」に「一人ひとりの作品（頑張り）を認めながら、名前を記入する」「ルールを守って遊んだ姿を認め褒める」「次の活動への期待感や意欲へとつなぐ」などのように表現するのもよいでしょう。「振り返る」では、「どうでしたかと質問する」「感想を聞く」などといった抽象的な取り組みは避けましょう。実際に子どもたちにたずねると「おもしろかった」としか答えられず、つい質問を重ねてしまい、子どもがつらくなってしまうことがあるからです。

> わたしは、絵本の読み聞かせの指導案を作成したときに、先生から、「絵本に親しんだ余韻をもって活動を終了する」、「子どもたちの読み聞かせを楽しんだ気持ちを大切にしながら、読み聞かせの時間を終了する」という書き方を教わりました。

②「主な活動・子どもの姿」の書き方

　子どもを主語にして、子どもの能動的な姿を書きます。この場合、主な活動に見られる子どもの姿

とは,「望ましい姿」です。指導案は子どもの望ましい姿を導き出すものですから,よい姿をイメージして書きます。

《望ましい例　子どもが主体の表現例（子どもたちが主語になる）》

　○『スイミー』の読み聞かせを楽しむ。
　○気づいたり感じたりしたことを話す。
　○イメージしたことを絵に描く。

《避けたい例　先生が主体の例（先生が主語になる）》

　○『スイミー』を見せる。
　○気づいたり感じたりしたことを話させる。
　○自由にイメージさせ,絵を描かせる。

> **point**
> 子どもの姿が「飽きてしまって話を聞かない」など,マイナスの表現で書かれていることがありますが,先生の働きかけ・援助が子どもの望ましい姿を導き出すような,プラスのイメージで表現するのがよいでしょう。
> 【例】
> 集中力が途切れ話を聞かない子どもがいるので,クマのぬいぐるみが話しているかのように子どもたちに話しかける。
> 　　　　　　↓
> 子どもが興味をもって聞くように,クマのぬいぐるみが話しかけるように話す。

③「援助・環境構成」の書き方

　「援助・環境構成」は保育者を主語にして,「主な活動・子どもの姿」を導き出したり,「子どもの姿」に対応したりするように書きます。この場合,「子どもの姿」は基本的にクラス全体を考えますが,子ども一人ひとりのようすを想定した対応や配慮することを考えます。

時刻	主な活動・子どもの姿	援助・環境構成
	○イメージしたことを絵に描く。 ・用紙をもらう。 ・クレヨンを準備する。　① ・イメージしたことを話す。 ・楽しいようす ・遊んでいるところ ・…… ・絵を描く。	○絵を描くことを話す。 ○画用紙を配る。　　　　　　　② ○クレヨンを準備するようにことばかけする。 　・グループ名を呼んで,取りに行くようにことばかけする。 　・走らず,落ち着いて準備するようにことばかけする。 ○話すことで,描くものを具体的にイメージすることができるようにする。　　③ 　・個々の思いを受け止める。 　・必要に応じて,ことばを補い,思いが表現できるように援助する。 ○思い思いに表現できるように見守る。

①「○イメージしたことを絵に描く」という活動を構成する小さな活動と子どもの姿
②「子どもがクレヨンを準備する」という活動を促し,援助する保育者の働き
③個に応じた配慮

point 「援助・環境構成」を書く際の留意点

「〜してあげる」「〜させる」「導く」「指導する」などではなく,「援助する」「対応する」「働きかける」「見守る」「受け止める」「促す」などの表現を使って記入します。他には,「〜して楽しめるようにする」「より楽しく取り組めるようにする」「自ら取り組むようにする」などの表現もよいでしょう。また,逆に「〜してもらう」などのへりくだった表現は避けます。

home room

場の設定と配置を示す

場の設定を「環境構成」として書く場合,図で示すこともあります。子どもの活動の位置であれば,下の図のように「主な活動・子どもの姿」に書くことができます。

時刻	主な活動・子どもの姿	援助・環境構成
	○『スイミー』の読み聞かせを楽しむ。 ・保育者の周りに集まる。 オルガン　○保育者　机 ・・・・ ・・・・ ・・・・ 子ども ・『はじまるよ』を歌う。 ・読み聞かせを聞く	○お話をすることを話し,保育者の周りに座るように話す。 ・座る位置（見えるかどうか）を確認する。 ・隣の友だちとぶつからないようことばかけする。 ○『はじまるよ』を歌い,これからの活動に期待をもつようにする。 ○『スイミー』を読む。

わたしは,子どもが登園する前に,保育室で子どもがあそびに使う道具や玩具を,使いやすいように配置しました。そのときには,「主な活動・子どもの姿」の欄に保育室のようすを図で示しました。

memo

(4)「5 評価」の書き方

指導案の最後の項目の「評価」には，ねらいに迫るために，「活動や援助が展開されたか」という成果を問う文章を書きます。つまり，ねらいが「読み聞かせを楽しむ」ならば，評価は「読み聞かせを楽しむことができたか」「読み聞かせを楽しむことができた」となります。

> 評価は，実践を振り返る視点や基準であり，実践を振り返って反省を書く欄ではありません。あらかじめ書いておくことで，振り返り（反省・評価）の視点や手がかりになります。

home room

実践力の向上のために

子どもとかかわるとき，必ずしも指導案を書く必要がなかったと思うことがあるかもしれません。しかし，子どもの育ちに自分がかかわる機会を大切に考えるならば，活動を吟味し，ねらいと展開の構想をしっかり立てておくべきでしょう。そして，実践を終えた後で，実際の展開を振り返って修正していくという積み重ねこそが，実践力を高める学習の基本なのです。また，機会があれば，先生方や先輩，仲間の指導案や実践を見せていただくことも有効な学習です。

2）細案で必要な項目 ー「3 活動について」の書き方ー

指導案の書式例に示した「3 活動について」 ①子どもの姿について（子どもの実態），②活動について（活動の意味など），③援助や環境構成について（保育・指導について）」の項目は，全日実習などで細案を作成する場合に必要となります。一方，保育の流れを重視する部分実習で用いる略案ではあまり作成することはありません。しかし，保育を行うにあたってこれらの項目は，自分自身でしっかり理解しておく必要がある大切な内容です。

これらの項目の書き方は，次ページから示している段階を踏むとわかりやすくなります。

> 園の指導計画（月案〈月指導計画〉，週案〈週指導計画〉）を参考にします。また，自分が書いた実習日誌から子どもの姿を探します。

memo

① 「子どもの姿について（子どもの実態）」

【考え方・書き方の基本ルール】　　　　　【例】

【Step 1】
実習園の指導計画や保育に関するテキストに掲載されている指導計画から，一般的なその時期の「子どもの姿」を探します。

↓

【Step 2】
【Step 1】で探した「子どもの姿」から，自分が受けもつクラスの子どもの姿を表す表現・キーワードとして適していると思われるものに着目し，3つくらいをピックアップします。その際，日常の姿，今日の活動でみられるような姿をみつけ出すことが大切です。

↓

【Step 3】
【Step 2】で探したキーワードをつなぎ合わせ，クラスの子どものようすや実態を表す文章を書いていきます。このとき，「～ができない」などのマイナス面ではなく，「～ができる」「～する姿が見られる」「よろこんで～する」など，子どもたちの成長しているよい面に着目することが大切です。また，自分が実際に目の当たりにしている子どもの姿を大事にして，そのことも書き入れましょう。

【Step 1 → Step 2】
○1日の生活の流れがわかり，取り組む姿が見られる。
○動植物の世話をする当番などに抵抗をもつ子どもも見られるが，仲間と協力しながら取り組もうとする。
○新しい仲間関係ができ，互いに意見を出し合いながらあそびを展開する。
○友だちのあそびから刺激を受け，新しいあそびをやってみようとする。

【Step 1 → Step 2】，【Step 3】の色文字は，【考え方・書き方の基本ルール】の【Step 1】で探し出した一般的なその時期の「子どもの姿」を表しています。

↓

【Step 3】
新しいクラスの環境にも慣れ，仲間関係も広がってきた。園での1日の生活のなかで物事に取り組むことや流れも理解でき，自分たちですすんで遊んだり，さまざまな活動に取り組んだりすることができる。また，ことばでのやり取りもできるようになり，互いに意見を出し合ったり相談したりして，遊ぶ姿も見られる。

キーワードを活かすように，下線部のようなことばを補って文章につないでいきます。

「①子どもの姿について（子どもの実態）」の項目には，クラスの子どもたちの実態・ようすを記入します。必ず担当の先生に，見ていただき，指導をいただきましょう。また，こうした文章は，書くスペースに応じて内容や表現，文字数を工夫することが大切です。

②活動について（活動の意味など）

【考え方・書き方の基本ルール】

【Step 1】
活動やあそびの特徴を考え整理します。

↓

【Step 2】
【Step 1】をもとに，その活動が子どもたちにとってどのような意味があるのかを述べます。その際，指導案の項目の「2　ねらい」「3　活動について①子どもの姿について（子どもの実態）」を踏まえて，そこから大きくずれてしまうことのないように考えます。

「かえるピョン！」。上部の紙コップの底に輪ゴムがかけられており，押し離すと飛びはねる仕組み

【例】「かえるピョン！」を例に「活動について」の書き方をみていきましょう。

【Step 1】
「かえるピョン！」は……
○自分でつくったもので遊ぶことができる。
○つくったもので友だちと競い合うことができる。
○自分なりの工夫（かえるの顔，手足，色など）ができる。
○身近な素材を用いてつくることができる。
　・一緒に遊ぶには？…協力する，ルールを決める，相談する，競い合うなど
　・全員が完成するためには？…進度に配慮する，協力する，教え合うなど
　・はさみが使えるか？…これまでの経験，安全への配慮
　・手足の貼りつけはのりがいいか？　セロハンテープか？…素材の性質，子どもたちの能力・経験など

いろいろな特徴や利点など，「かえるピョン！」でできることを考えました。

「かえるピョン！」の特徴やおもちゃとしての利点を活かすためには，どのような援助や配慮，ことばかけ，準備などがあるのかを考える必要がありますね（※色文字部分に相当）。

↓

【Step 2】
【Step 1】をもとにして，文章をつくります。
「かえるピョン！」は，日常生活でよく用いる紙コップや輪ゴムなど，身近な素材を用いた製作物（おもちゃ）である。子どもたちは，仲間と協力したり話し合ったりして簡単なルールを決め，自分たちで試したり競い合ったりしてあそびを展開することができると考える。

紙コップにはさみで切り込みを入れたり，輪ゴムにクリップをつけたり，輪ゴムをかけたりする作業があるが，同じグループの仲間と協力し合って取り組むことができると考える。

作業にあたっては，道具の使い方や，出し入れなどに十分気をつけさせたい。また，遊び終えた後，「かえるピョン！」をもち帰ることで，子どもが家でも身近な素材に目を向け，自分でつくって遊ぶ経験を広げていくことができると考える。

③「援助や環境構成について（保育・指導について）」
【考え方・書き方の基本ルール】

【Step 1】
ここでは，保育者がどのような保育を行うのかを表していきます。これは保育を行うための「手がかりや工夫」とも言えます。子ども一人ひとりが，あそび（活動）に興味・関心をもって，仲間と協力して取り組むためには，どのような援助や環境構成が必要かを示していきます。このとき，活動の流れ（過程の流れ）に沿って示していくとわかりやすくなります。

↓

【Step 2】
全員が最後まで取り組めるように，個に応じた配慮や援助も盛り込みます。

【例】

【Step 1】
○本物のかえるを見たことのない子どもがいたら，図鑑や絵本などで示す。
○紙コップや輪ゴムを使って何かつくったことがあるか聞いてみる。
○つくり終えた子どもに，他の子どもを手伝うようにことばかけする。また，お互いに手伝うようにことばかけする。
○状況によって保育者が手伝ったり，ことばかけをするなど援助を行う。
○自分で操作し試す時間を与えることで，他の子どもたちと競ってみたいという意欲を引き出す。また，製作物の不具合に気づいたら，必要に応じて直すようにことばかけする。
○ルールと競う方法や環境について話し合わせる。
○うまくいかない子どもに配慮する。
○製作物が壊れた子どもに新しいものを与えることができるように，あらかじめ準備しておく。

↓

【Step 2】
【Step 1】をもとにして段階に留意しながら文章をつくる。

はじめに，「かえるの合唱」を歌い，かえるについて知っていることを話させる。また，かえるのまねをしながら，飛びはねることに気づかせる。

次に，「かえるピョン！」を飛ばして見せ，子どもたちが興味・関心をもつような働きかけをする。ここでは，「かえるピョン！」の素材（紙コップ，輪ゴムなど）に着目させ，身近にあるものへの関心を高めるようにする。

製作にあたっては，はさみで切り込みを入れる場所や，輪ゴムを取りつけるときの力の入れ具合いなどに気をつけさせ，同じグループの仲間と協力してすすめるようにことばかけする。

完成後，自分で飛ばすことを試す時間を与え，その後，時間をとってグループの仲間たちと簡単なルールを話し合わせ，競い合って遊ぶようにことばかけし援助する。

point
色文字は流れの順序を表すことばです。このような表現を使い時系列で表します。

子どもたちは何をしている場面だろう？
その姿を引き出すにはどうすればいいのかな？
そこでどんな声がけをすればいいのかな？
「はじめに」，「次に」……「完成後に（最後に）」と，流れに沿って考えていきます。必要に応じて個別の指導・支援を盛り込みます。

【参考文献】
・仙台市立東二番丁幼稚園『生きる力をはぐくむ教育課程』3月，2006

memo

memo

Action 23 指導案 II
― 「日常（いつも）」に着目 ―

1　指導案の考え方

　教育・保育指導法や教育・保育課程論など，さまざまな授業で，指導計画や指導案について学習してきたと思います。実際の保育現場では，あわただしく時間が流れるなかで，実習生が責任実習で作成するような細案を，毎日準備していることはあまりないかもしれません。しかし，先生方は，それがしっかりと頭に入っているかのように行動されています。

　「子どもたちが登園する前に何をするか？」「登園したらどう迎えるのか？」「誰か休むだろうか？」「外あそびの予定だけど，他のクラスは何をするのだろうか？」「今日は，他の学年と園長先生が園外保育に行く予定だけど」など。自分の動きだけではなく，他の職員や園全体の動き，昨日までの子どものようすなど，「今日の保育にかかわる」さまざまなことが想定されているのです。

1）保育のなかの「日常（いつも）」に着目

　保育中の子どもの活動は，突発的な出来事ではありません。

　時計が読めない子どもたちであっても，「こういうときはこれをして」「この次はこれをする」とわかり，「給食の前に手を洗う」「お帰りの前にカバンを背負う」など，日々，くり返し，身についていることが多くあります。つまり，保育は，子どもと保育者の生活の流れのなかにあるのです。

　また，子どもは自分では意識していませんが，ひとたび生活のリズムや流れが狂ってしまうと，しばしば戸惑ってしまうことがあります。保育者が，遠足などの特別な行事のときに子どもの動きを予測するのが大変なのは，「いつもとは違う」からなのです。そこで，実習で指導案を作成する際には，

---

work sheet

「日常（いつも）」に着目する

① 1日の流れで決まっていることや行われていること

- 登園後にシールを貼る。
- 自由あそびの後に片づけてトイレに行く。
- 朝の会をする。
- クラスの活動をする。
- 給食を食べる前にあいさつする。
- 帰りの会では読み聞かせを楽しむなど。

他にもっとあるはずです。考えてみましょう。

_____
_____
_____
_____
_____

②保育者の働きかけのルール
- 「おはようございます」か「おはよう」か？
- 「リス組」か「リス組さん」か「リスさん」か？
- たとえば，何かを取りに行くときに，「男女」に分けて行動させているか，「テーブル（班）」ごとか？
- 靴箱の靴は「前向き」に入れられているか「後ろ向き」か？
- 「静かにしようね」か「おしゃべりやめなさい」か？
- トイレには「ついて行く」か「行かせてから見に行く」か？
- 「元気よく歌おう（あいさつしよう）」か「大きな声で」か？ など

他にもっとあるはずです。考えてみましょう。
_____
_____
_____
_____
_____
_____
_____
_____

③指導案にかかわる子どもの姿と保育者の姿 〈例：コマをつくる活動の場面〉

【子どもの姿】
- はさみを使えるか？ どう使っているか？
- 「○」にはさみをどちら側から入れているか？
- 線の上をはさみで切れるか（円，曲線などのカーブを切る経験の有無）？
- 指示を聞く体勢は？

【保育者の姿】
- はさみをテーブルの上に置くときの注意の声がけはどういったものか？
- 作業をひと通り説明してから取り組ませるか？ いくつかの段階に分けて説明し，作業させて，それを確認しながら進めるか？
- 子どもたちに話をしたり，認めて褒めたりするのは，どのようなタイミングで声がけしているか？
- 静かにさせるときは，「○○さん静かだね」か，「静かにしなさい」か，「お話をやめなさい」なのか。静かになるまで黙って待つのか，指を口の前にもっていくかなど，どうしているか？
- 机間指導や個別指導はどうしているか？

他にもっとあるはずです。考えてみましょう。

【子どもの姿】
_____
_____
_____
_____
_____

【保育者の姿】
_____
_____
_____
_____
_____

この「日常」，つまり日々の生活の流れやいつもなされている活動に着目しましょう。前半・基本実習における1日の流れのなかで留意するとともに，前ページのwork sheetを参照してください。

2）指導案を考える「土台」としての実習日誌

『1）保育のなかの「日常（いつも）」に着目』をより具体的に考えていくために，実習がはじまってから毎日書き綴っている実習日誌を活用しましょう。

(1) くり返し書かれてある大切なこと

「くり返し」が生活のリズムであり，日常であることに着目します。また，1週間のリズムをつかむために曜日による違いや特徴に着目して，とくに最初の1週間の流れをしっかりみることが大切です。たとえば，以下のようなものが考えられます。

> ・月曜日…全体での集まりがある。
> ・火曜日…主にクラスで活動する。
> ・水曜日…午前保育で給食がない・お弁当を持参する。
> ・木曜日…体操教室がある。
> ・金曜日…体操着や上靴をもち帰る。

このような，いつも取り組んでいることに着目することで，その日にやるべきことがみえ，また，そのときの保育者の働きかけや環境構成を予想することができます。

(2) 保育者の援助・環境構成は実習生の目から見えた保育の一面

実習日誌の記入欄である「実習生の動き」は，保育者以外の援助的なかかわりを表します。そこで，「保育者の援助・環境構成」に「実習生の動き」を加味し（209ページの①の部分），保育者としていっそうきめ細やかな働きかけや援助が子どもたちにできるように，指導案を仕上げてみましょう。

次に，お昼の片づけの場面についての実習日誌を活かした指導案作成の例を挙げます。

A〈実習日誌〉

時刻	子どもの姿・活動	保育者の援助・環境構成	実習生の動き
13:10	○片づける ・「ごちそうさま」のあいさつをする。 ・箸，スプーンセットをカバンにしまう。	○子どもたちの姿勢や聞く態度に注意を与えながら，当番に「ごちそうさま」のあいさつを促す。 ・箸やランチョンマットなどの持ち物の片づけを促す。 ・机を拭き，移動する。	 □机を拭いて，保育室の端に寄せる。 □子どもの箸やランチョンマットの片づけを手伝う。 □ストローなどのゴミを片づける。

	・歯磨きをする。	・歯磨きのようすを確認し、必要に応じて手伝ったり援助したりする。	□当番の子どもたちと一緒に、牛乳パックを給食室に運ぶ。 □しっかりと口をすすぎ、口の周りをふくようにことばかけする。できたときにはそのことを認め褒める。
	・排泄をし、帰りの用意をする。	・排泄、帰りの身支度などを確認し、必要に応じて手伝ったり援助したりする。	□順番を守って水道、流しを使うように声をかける。 □着替えがうまくできないでいる子どもを手伝い、できたことを認め褒める。

point（①→②）
A〈実習日誌〉の「保育者の援助・環境構成」と「実習生の動き」を、B〈「保育者の援助・環境構成」＋「実習生の動き」を活かす〉の「保育者の援助・環境構成」に整理してみます（色文字部分）。

B〈「保育者の援助・環境構成」＋「実習生の動き」を活かす〉

時刻	子どもの姿・活動	保育者の援助・環境構成
13:10	○片づけ	○子どもたちの姿勢や聞く態度に注意を与えながら、当番に「ごちそうさま」のあいさつを促す。
	・「ごちそうさま」のあいさつをする。	
	・箸、スプーンセットをカバンにしまう。	・箸やランチョンマットなどの持ち物の片づけを促す。 ・机を拭き、移動する。 □机を拭いて、保育室の端に寄せる。 □子どもの箸やランチョンマットの片づけを手伝う。 □ストローなどのゴミを片づける。 □当番の子どもたちと一緒に、牛乳パックを給食室に運ぶ。
	・歯磨きをする。	・歯磨きのようすを確認し、必要に応じて手伝ったり援助したりする。 □しっかりと口をすすぎ、口の周りをふくようにことばかけする。できたことを認め褒める。 □順番を守って水道、流しを使うように声をかける。
	・排泄をし、帰りの用意をする。	・排泄、帰りの身支度などを確認し、必要に応じて手伝ったり援助したりする。 □着替えがうまくできないでいる子どもを手伝い、できたことを認め褒める。

C〈指導案〉

時 刻	子どもの姿・活動	保育者の援助・環境構成	③
13:10	○片づける ・「ごちそうさま」のあいさつをする。 ・箸，スプーンセットをカバンにしまう。 ・歯磨きをする。 ・排泄をし，帰りの用意をする。	○子どもたちの姿勢や聞く態度に注意を与えながら，当番に「ごちそうさま」のあいさつを促す。 ・箸やランチョンマットなどの持ち物の片づけを促す。 ・机を拭き，移動する。 ・ストローなどのゴミを片づける。 ・当番の子どもたちと一緒に，牛乳パックを給食室に運ぶ。 ○歯磨きのようすを確認し，必要に応じて手伝ったり援助したりする。 ・しっかりと口をすすぎ，口の周りをふくようにことばかけする。 ・順番を守って水道，流しを使うように声をかける。 ・できたことを認め褒める。 ○排泄，帰りの身支度などを確認し，必要に応じて手伝ったり援助したりする。 ・トイレから戻った子どもの服装のようすを確認する。 ・帰りの用意ができた子どもから，オルガンの前に座って待つようにことばかけする。	

> **point（②→③）**
> 他に，自分なりに気づいたことや先生方からいただいた助言を活かして書き込むとよいでしょう（色文字部分）。

コラム　心情，意欲，態度　p.196 point へ

　幼稚園教育要領，保育所保育指針，幼保連携型認定こども園教育・保育要領には，子どもに育てるべきものを，「心情，意欲，態度」という３つのことばで表しています。

　これを簡単なことばで表現すると，心情とは「おもしろそう！」「ふしぎだな」などと感じること。意欲とは「やってみたい！」「知りたい！」などの気持ち。そして，態度とは「がんばるぞ！」「調べてみよう」などの行動です。

　たとえば，サッカーを見た子どものなかに「おもしろそう！」という「心情」が芽生え，次に「自分もやってみたい！」という「意欲」がわきます。しかし，やってみたところで，すぐにうまくいくわけではありません。頑張って練習を重ねたり，人がやっているのを見てまねをしたり，ルールを知ったり，皆と仲よく遊ぼうとしたり，少しぐらい痛い目にあってもがまんしたり……。これらは，すべて「態度」となり，「意欲」をもって取り組むからこそ，身につくものです。

home room

Action23　指導案Ⅱ

子どもたちの関心をひく手あそびを身につける
―いつもの手あそびと新しい手あそび―

　保育現場では，ある活動の前後に手あそびを行ったりすることが日常的に見られます。
　また，集会のときなど，先生が手あそびをはじめるといつの間にか，子どもたちも一緒にやりはじめるという場面に出会うことも多くあります。
　この園やクラスの子どもたちは，「いつもどのような場面で，どのような手あそびをするのだろう。そのとき先生方はどこを見て，どのくらいの声の大きさや身振り，表情でやっているのだろう。そして，やり終えた後にどのようなことばをかけるのだろう」。実習では，こうした視点で手あそびの場面をとらえることが大切です。
　皆さんもまず，実習園でふだん行われている手あそびを学び，それを自分でもやってみることからはじめるとよいでしょう。もちろん，それまで覚えたたくさんの手あそびを，子どもたちに教えながらやってみることも大切な学習です。子どもたちは，実習生の皆さんがいつもとは違う，新しい手あそびを教えてくれることも楽しみにしています。

> 手あそびを行うことで，子どもたちの気持ちをつかみ，これからの活動に期待をもたせたり，集中させたりすることができます。まず，いくつかの手あそびをきちんと自分のものとしておきましょう。そして，自分自身も手あそびを楽しむことが大切です。
> ひとつの手あそびをくり返したり，速度を変えたり，ときには歌詞を変えたりするなどして楽しむことができます。手あそびの後は，子どもたちができたことを認め，褒めることばかけも大切です。

2　日常の流れを大切にした保育

　子どもの日常の生活は，子どもたちが登園してから降園するまで，さらに，昨日の保育から今日，そして明日へと区切りはありません。そのため，全日実習を考える場合でも，部分実習と部分実習をただつなげることで，1日の保育になるのではありません。そこで，子どもたちの活動の全体の流れを把握し，それらがスムーズに進むよう先生方がどのようなことばかけなどをしているかを学ぶとともに，生活の流れを大きく変えないで，子どもがいつもの生活のなかに特別な楽しみを感じられるような活動を工夫します。

> 製作中に工夫をしている子どもがいたら，「○○ちゃんはこんなふうにしています」と皆にみせてあげましょう。

> ひとりの子どもに集中しすぎることなく，クラス全体に目を向け，気を配りながら必要な個別指導や援助を工夫しましょう。

1）流れのなかで個に対応する

　活動を自然なかたちでつないでさまざまな子どもに対応できる流れをつくります。
　たとえば，造形活動の場合「これができた人から，作品はここに置いてね」「はさみは，ここに片

づけましょう」「切りくずはごみ箱に捨てないで，ここに入れましょう」など，片づけの活動をひとつの流れとしてシュミレーションしておきます。

早くできてしまった子どもには，作品で遊んでいるようにことばかけするとか，「このコーナーで，絵本を読んでいてね」と伝えたりするなど，同じ流れのなかで作業時間の違う子どもへの対応も考えます。

2）見通しをもって活動する

見通しをもたせる働きかけを行います。

外あそびの際は，「外に出る前に，お手洗いに行きましょう」「帽子をかぶって，靴を履きかえてね」など，必ず，前後の行動をことばで伝えます。それによって，子どもも見通しをもって取り組めます。

運動あそびでは，説明や働きかけのことばのシナリオを書き，映画監督のように全体の流れを見通しながら，子どもの動きと保育者（実習生）の動きをシュミレーションしてみます。

3）活動に変化をもたせる

活動の展開を工夫して，さまざまな楽しみ方ができるように考えてみましょう。

たとえば，勝敗のあるチームでは，どちらが勝ったのかが視覚的に子どもたちにわかるような勝敗を記すボードを用意します。

また，ゲームが早く終わった場合には，同じゲームのルールを少し変更したり，役割を交代したりして楽しみます。

たとえば，フルーツバスケットを動物バスケットに変えたり，鬼ごっこをこおり鬼に変えたりすることで，活動は豊かに展開されます。趣向を変えて行えるように，いくつかのバリエーションを考えておきましょう。

3　責任実習の展開　—指導案に沿った展開—

子どもがあそびやさまざまな体験を通して学び育つためには，その土台となる生活が安定していることが大切です。したがって，指導案を作成するときは，ふだんの生活の流れや活動をまずは書き出して，そのなかにふだんとはちがう特別な活動を取り入れる工夫をしましょう。そのためには，まず，実習園の保育の特徴や内容を把握しましょう。

指導案は，納得がいくまで何度も書き直し，最終的にはその内容を頭に入れてから実習を行えるように準備します。指導案どおりいかないこともありますが，落ち着いて対応し，うまく乗り切れた理由とあわせてうまくいかなかった理由も振り返ってみましょう。そうすることで，次につながるのです。

実習日誌から「日常の活動」「流れ」を読み取り，担当の先生に確認することも大切です。

子どもたちのなかには，日常の生活が崩れると戸惑う子どももいます。

責任・全日実習に安心して臨むために

　実習の流れを十分に工夫しても，予想外の子どもの行動や予定の時間が違ったりするとあわててしまいます。そこで，安心して臨むために，次のことを参考にしましょう。

1　読み聞かせ用の絵本や手あそびなど数多く用意しておくとよいでしょう。
2　場面に応じて，落ちついて臨機応変に対応できる力を身につけおきましょう。
3　保育は予定どおりにいかないことの連続です。どのようにすることが一番よいのかつねに考えながら行動するように，日ごろから意識しておきましょう。

> 読み聞かせ用の絵本や手あそびなどを用意しておくと，活動が早く終わってしまった場合に安心ですね。

Action 24 反省会
―成果と課題を明確にする―

　教育や保育は，しっかりとした計画があって日々の実践がなされています。計画どおりにいかなくても，実践の途中で少しずつ軌道修正をしたり，当初の計画にはない対応をしたりもします。

　しかし，基本は，教育・保育課程に基づいて，子どもやクラスの実態を考慮しながら実践し，振り返り（反省）を通してまた，次の計画，実践に取り組んでいきます（教育や保育のP→D→Sサイクル，または，P→D→C→Aサイクル）。

　実習は，前半に行う子どもとのかかわりや観察を中心とした「前半・基本実習」と，後半に先生方の指導や助言を得ながら自分も子どもの前に立って教育・保育を行う「後半・応用実習」とに分けて考えられます。

　ここでは，各実習を計画（Plan）に沿って終えたときに，実習の取り組み（Do）をどのように振り返れば（See, Check）よいのかを考えてみましょう。

> P→D→C→Aサイクルどおりにいかなくても，指導計画と評価，実践，振り返りは大切な取り組みです。

1　前半・基本実習を終えて

　保育現場に実習生として訪れたのも，先生の姿を見て子どもたちとかかわったのも，はじめての体験だったことでしょう。だからこそ，それらすべてが貴重な学びであったはずです。そして，うまくいったことも，いかなかったこともすべてが成果であり，もっと向上するために，後半・応用実習に向けての新たな課題を見出すことができたのです。大切な時間を一緒に過ごしてくれた先生や子どもたちに感謝し，振り返りましょう。

1）振り返りの4つの観点
①当初のねらい
　実習日誌や実習生調書には，実習に臨むにあたっての実習の目標が書いてあったはずです。それを，もう一度，読み直してみましょう。

②実習中に得た課題
　実習日誌や実習生調書に書いた実習の目標の一つひとつが，実際に実習のなかでどのように実践することができたのか，また，具体的にどのようなことがあったのかを整理してみましょう。

③いただいた助言・指導

毎日の振り返り（実習日誌）で反省したり考えたりしたことや，取り組んできたこと，また，先生方からいただいた助言などを整理しましょう。

④予想外の出来事

予想外の出来事，実習中に学んだこと，うれしかったことや新たな発見，はじめて味わったことなどを整理しましょう。

これらの4つの観点を，具体的な例で図示してみると，図24－1のようになります。

こうして振り返ってみると，当初のねらいが十分に果たせなくても，予想外の出来事を通して得たこともたくさんあることに気づくのではないでしょうか。また，先生方からそのつどいただいた助言や，「もっと頑張らなければ」と感じた実習中に得た課題もあるはずです。何もかもが実習を通して，先生方や子どもたちとのかかわりのなかで得られた成果です。これらを整理し，実習の終わりの反省会や，実習日誌のなかの総括・まとめ，そしてお礼状へと反映させていくとよいでしょう。

2）反省会や実習最後のあいさつで

「終わりよければすべてよし」と言われますが，前半・基本実習は，後半・応用実習へと続きますし，後半・応用実習は，保育者としてこれから，社会に出るための第一歩となる大切な準備の機会ともいえます。「これから」をしっかりとみすえたまとめにしたいものです。

反省会や実習最後のあいさつでは，できればエピソードを交えて，具体的に学びの成果を述べるとよいでしょう。そして，そこに，自分の気づきや失敗のなかから学び取り，今後の課題となったことを加えることが大切です。

ある実習生の場合

【①当初のねらい】
○子どもと積極的にかかわる。
○読み聞かせを行う。
○個に応じたことばかけの仕方を学ぶ。
○弾き歌いを行う。
○保育者の仕事を理解する。

（吹き出し）実習を通してより具体的なねらいになりましたか。
（吹き出し）当初立てたねらいどおりに学ぶことができましたか。

【②実習中に得た課題】
○多くの子どもたちとかかわる。
○読み聞かせの練習をしておく。
　・表現・声の大きさの工夫。
○すすんで片づけや環境構成に取り組む。
○実習日誌などで誤字・脱字に気をつける。

【③いただいた助言・指導】
○自分からすすんで取り組む。
○提出期限を守る。
○「おかげさまで」「ありがとうございました」をしっかり言う。

【④予想外の出来事】
○子どもに「また遊ぼう」と言われた。
○泣いている子どもの世話をした。
○子ども同士のケンカの仲裁をした。
○朝の会と帰りの会で読み聞かせをした。
○食事中，嘔吐した子どもがいた。

（吹き出し）実際には予想外のことや，新たな発見がいくつもありました。今後の学びに活かします。
（吹き出し）先生方とのかかわりのなかで，保育外のこともたくさん学びました。

図24－1　振り返りの4つの観点

また，先生から褒めていただいたり，認めていただいたりしたことや，今後に向けて指導や助言をいただいたことを具体的に表してもよいでしょう。ただしその場合，「言われた」「注意された」という表現ではなく，「教えていただいた」「助言をいただいた」という謙虚に受け止め学ぶ姿勢を示すことが大切です。

2　研究保育，全日実習の反省で　―話し合いを焦点化するために―

1) 基本的な姿勢

後半・応用実習における全日実習（責任実習）で先生方に保育を見ていただいた後の反省会でもやはり，ただその日の感想や，うまくいったこと，いかなかったことを述べるだけでは十分な成果を得ることはできません。保育にいたるまでの経緯，計画，そして実際の取り組み，そこから考えたり感じたりしたことを，簡潔に説明できるようにしておきましょう。もちろん先生方への感謝のことばや，全日実習（責任実習）を通じて，自分のなかに生まれた新たな課題を述べることも忘れてはいけません。

2) 具体的に振り返り，見直す

指導案と指導中の気づきを書き込んだ記録（保育で実際に使用した指導案でもよい）を必ず見直しておくことが必要です。

指導案（細案）には通常，「ねらい」「子どもの姿について」「活動について」「援助・環境構成について」が書かれています。つまり，実習では，書かれてあるように考え，そのように実践したのです。そこで，指導案（細案）の内容と実際とを比べて，ⓐどの場面で，ⓑ子どもの姿をどう予想したのか，ⓒ予想外の子どもの姿

---

① **実習に臨むねらい**
○こういう思い・ねらいをもって実習に臨みました。

② **実習で取り組んだこと学んだこと**
○こんなことをやってみました。
　・……こうでした。
○こんなことを感じました。
　・うまくいったこと
　・失敗したこと
　・予想外だったこと
○学んだことや感じたこと
　・実践から
　・観察から

③ **先生方や子どもから学んだこと**
　・いただいた助言，指導や励まし
　・子どものことば，姿
　・先生方の姿

④ **実習を経験できたことのよろこび**
○よかったこと
　・教育，保育への夢

⑤ **新たな課題**
○次回までに頑張ってくること
　・知識，研究
　・実技，教材研究

⑥ **最後に**
○感謝のことば
○今後のお願い
○自愛を祈ることば

ていねいに謙虚に。成果と反省・課題をバランスよく振り返りましょう。

うまくいかなかったことよりも，学んだことや新たな課題に気づいて欲しい！

図24-2　反省会での自評，実習最後でのあいさつの考え方

の理由は何だったのか，ⓓ実際にはどのように対応したのか，ⓔどうすればよかったのかなどについて振り返ることが必要です。安易に，「予定どおりにはいかなかったけれど，臨機応変に対応しました」や「子どもたちに助けられました」とまとめてしまわずに，計画やこれまでの取り組みの意味を明確にするようにしましょう。

> 先生方は忙しいなかで反省会のために時間をとってくださっています。

> 当初，子どもたちに折り紙を渡すときに，わたしの前に子どもたちを整列させようと考えていました。しかし，子どもたちはそれぞれ自分の好きな色の折り紙が欲しかったようで，いっせいにわたしのところに来てしまい，混乱してしまいました。

↓

> 各色，十分に用意し，子どもたちに好きな色の折り紙がいき渡るようにしておけばよかったと思いました。また，欲しい色をたずねながら，子どもの席を回って配っていく方法もあったのでは，と考えました。

> このように，しっかりと具体的にとらえることで，これからの保育がいっそうよくなるはずです。

会話部分の実習生の振り返りを表で示すと，次のようになります。

振り返りの視点	具体的な内容	PDS
ⓐ どの場面で（どの活動で）	子どもたちに折り紙を渡す場面。	指導案・計画（P）
ⓑ 子どもの姿をどう予想したのか	わたしの前に子どもたちを整列させようと考えていました。	
ⓒ 予想外の子どもの姿の理由	子どもたちは好きな色の折り紙を欲しがりました。	実践・実際（D）
ⓓ 実際にはどのように対応したのか	いっせいにわたしのところに来てしまい，混乱してしまいました。	
ⓔ どうすればよかったのか	・各色十分に用意して子どもたちに行き渡るようにしておけばよかったと思いました。 ・欲しい色をたずねながら，子どもの席を回って配って行く方法もあったのではと考えました。	反省・評価（S）

3）流れの例

　反省会や実習の最後で自評やあいさつを述べるときには，「1－1）振り返りの4つの観点（214ページ）」や「2－2）具体的に振り返り，見直す（216ページ）」を踏まえ，次ページの例の流れで話す内容を考えてみましょう。

　示した流れの例はあくまでも一例であり，実習園によって内容やその進め方はそれぞれ違います。自分で述べることはしっかりと整理しておき，あらかじめ担当の先生に相談し確認しておくようにしましょう。

お　礼	お忙しいなかを，わたしの保育を見ていただき，またこうして，反省会を開いていただき本当にありがとうございます。
実践について ＰＤについて述べます	□今日は，中心活動で「フルーツバスケット」に取り組みました。 　　　・ねらいについて　　　　　実際に取り組んだ活動を述べる 　　　・子どもの姿について 　　　・活動について 　　　・活動（指導案）を考えるにあたって工夫したことや苦労したことについて 　　　・実践の内容について（自分の指示，援助，対応，子どもの姿，つぶやきなど） □この実践にあたって先生方からの助言や励ましをいただきました。 　　具体的なエピソードが１～２つあるとよい
成果と課題 Ｓについて述べます	□この実践を通していくつかの成果と課題を得ることができました。 　　　・できたことやよかったことについて 　　　・残った課題について 　　計画どおりにいかなかったことや予想外の展開は受け止める。しかし，それをそのままにせずに，今後の新たな課題にする □先生方には，子どもへの指示の仕方や援助の仕方，また，時間の配分などについてご助言をいただければ幸いです。 　　自分が助言・指導して欲しいことをいくつか提示し，今後の実践に活かすようにする。話し合いの内容が焦点化され，自分の課題解決の手がかりとなる
感　謝 新たなお願い	□貴重な経験をさせていただきました。これまで何かとご指導くださった○○先生をはじめ，そのつど，励ましをくださいました先生方，そして，今日最後までわたしと一緒に活動してくれた○○組の子どもたちにこころから感謝を申し上げます。 ①「前半・基本実習」の場合 　　今度，「後半・応用実習」までには○○にしっかりと取り組み，自信をもって子どもの前に立てるよう努力したいと思います。 　　　　　　　　　　　　　　　　　　　　　　　　　　展望を述べる ②「後半・応用実習」の場合 　　この実習で学ばせていただいたことを活かし，教育・保育者を目指して，将来，先生方のように子ども一人ひとりの思いを大切にする保育ができるようになりたいと思います。今後とも，ご指導くださいますようお願いいたします。 　　自分の目指す保育・保育者像を述べるとよい

3　指導・助言を受け止める　―将来の支えとして活かす―

　全日実習（責任実習）が終わると，実習のすべてが終わってしまったような気になってしまいがちです。しかし，皆さんはこれから，実習生としてではなく，保育者として子どもと接する責任ある立場になっていくのです。実習は，そのためのひとつの学びの機会です。自分の振り返りはもちろんのこと，先生方からいただいた指導・助言を大事に受け止め，この実習で子どもたちと過ごしたことが，これから自分が保育者を目指す大きな支えとなることを，改めて感じ取りましょう。

Action24 反省会

反省会の場では，達成感や反対に挫折感のあまり，感極まって涙することもあるでしょう。

将来，その園に就職するかどうかは別ですが，あなたの実習を支えてくださったのは，いずれも同じ地域で，同業者として同じように子どもの育ちにかかわる仲間，そして先輩方です。

home room

謙虚な姿勢で臨む

たくさんの指導・助言をつねに謙虚に受け止めるとともに，次のようなことばを用いることをこころがけるとよいでしょう。

おかげさまで……

ご指導のおかげです。

ありがとうございました。

自分で改めて考え，今後に活かしてまいりたいと思います。

今後とも（ご指導）よろしくお願いいたします。

また，改めてご指導いただきたいと思います。

今後のために，もう少し詳しく教えていただけますでしょうか。

memo

work sheet

自評・あいさつを考えてみましょう

218ページの例を参考に，自評・あいさつを考えてみましょう。

お 礼

> **point**
> これまでのことへの感謝

実践について

> **point**
> ・計画
> ・子どものこと
> ・教材・題材・活動のこと
> ・実践のこと（エピソードなど）

成果と課題

> **point**
> ・とらえ方
> ・うまくいったこと
> ・予想外だったこと
> ・新たな発見
> ・自分に必要なこと

感 謝
新たなお願い

> **point**
> ・実習全体についての感謝
> ・思い出・エピソード（1〜2つ）
> ・保育者を目指す思い
> ・今後の課題（卒業までに頑張ることなど）
> ・今後のお願い
> ・園，職員の方，子どもたちの発展，健康を祈ることば

Step 3

実習のあとに
振り返る／新たな課題をつかむ

ねらい
- ☑ 実習を通して得た学びや経験を振り返り，成果と新しい課題を明らかにする。
- ☑ 指導してくださった先生方や子どもたちの思いに気づき感謝するとともに，かかわりを大切にする。

Action 25 実習を振り返る
―学びとかかわりを深める―

1　少し先のことをみすえて　―次の実習／就職／社会人へと―

　実習はあくまでも、学生としての学習のひとつです。しかし、実習園の先生方は、実習生の学ぶ意欲やこれまで身につけてきたこと、教育・保育の専門者としての資質やこれから期待されること、そして課題など、たくさんのことを感じ取り、また見取っています。

　今の自分を未来につないで行くためには、その時々でお世話になった方々へのあいさつやお礼、必要な「ほう・れん・そう」を怠らずに、ていねいに行っていくことが大切です。

> 実習園で頑張っている卒業生と会うとうれしいものです。皆さんの身近によいお手本となる先輩が活躍しています。

1）実習を終えてもまだまだやることがあります

　皆さんは実習から戻った後、養成校の先生を訪ねてお礼を述べ、園長先生方から「よろしく」との伝言があれば、しっかりとそれを報告しましたか。

　実習に出かける前、皆さんは、実習園に訪問に来られる養成校の先生に、訪問のお願いにうかがったのですから、お礼と報告を行うことは当然のことです。

2）実習で得たものを確かめる
（1）実習から得たもの

　実習期間中は、1日1日が無我夢中のうちに過ぎていきます。そのため、養成校に戻った後で、実習園での自分の行動や子どもたちとのかかわり、先生に指導していただいたことなどを、気持ちにも余裕をもちながら、振り返ることができるようになります。そして、実習期間中、充実感を味わったさまざまな出来事や取り組みと同様に、実習中には見えなかった課題や、これから努力していく必要がある事柄についても、気づくはずです。そのことは、その後の自己課題を明らかにするうえでの大きな手がかりとなり、自身の励みや支え、自信にもなるものです。なぜなら、皆さんは、これから子どもや保育について考えるとき、各園や学年や個人によって取り組みや反応がさまざまに違うことを、実際の体験からイメージすることができるからです。さらに、そのような違いをおおまかに予想し、より適切な環境や援助を行うこともできるようになるからです。

（2）自己の成長　　p.237 図27-1へ

　せっかくの実習体験をこれから保育現場での実践に活かすことができるよう、ぜひ、自分の実習日誌を読み返してみましょう。そこでは、漠然と振り返るのではなく、視点をもって目を通します。そ

うすることで，自分の保育観や実習日誌の内容が日々，変化していることに気づき，実習を通して確実に成長している自分に少し感動できるかもしれません。そしてそのときにこそ，先生や子どもに助けられながらも，向上心をもって取り組んだ自分自身に，こころから大きな拍手を送りましょう。

> 「感謝のこころ」には，優しさと向上心を生み出す不思議な力が宿っています。実習中にかかわったあらゆる人やものに「感謝のこころ」をもち続けていって欲しいとこころから思います。

実習日誌を読み返す視点

home room

実習体験をむだにせず，これからの保育現場での実践に活かしてみましょう。「子ども」「子どもと先生」「先生」を視点として読み返すことで，より具体的にそのときの場面や，自分が考えたこと，感じたことなどを振り返ることができることでしょう。

【子ども】
- □子どもの姿への発見や驚き
- □子どもが輝いてみえたあそび
- □子どもたちのふだんの会話の内容
- □子ども一人ひとりの個性
- □子ども同士のけんかや仲直り
- □子どもの仲間意識
- □子どもたちの思いや表現の仕方

【先生】
- □実習日誌のなかのアドバイス
- □具体的な働きかけや援助
- □「すごい！」と思った先生方のことばかけ
- □先生の役割
- □子どもたちとのかかわり

【子どもと先生】
- □子どもと先生とのかかわり
- □予想しなかった出来事やようす
- □コミュニケーションのとり方

> 「子どもの名前や顔，話したことなどをすぐに思い出せるか」などを，自分自身に問いかけてみるのもいいですね。

memo

_____
_____
_____
_____
_____
_____

2　すべてのかかわりに感謝

1）実習園とのかかわりに

(1) 子どもたちの屈託のない笑顔と純粋なこころ

　実習がはじまる前は，「最後まで頑張れるだろうか」と不安を抱えながら，長いと感じていた実習だったのに，ほとんどの実習生が「あっという間に終わってしまった」と感じるようです。実習が充実したものであればあるほど，その思いは強いようです。

　さて，実習初日の緊張感や不安が和らいだ理由は，何だったのか，皆さんは，すぐに思い当たるのではないでしょうか。それは，子どもたちの屈託のない笑顔と純粋なこころに接したことではありませんか？

　たとえば，「子どもにどう接していいのかわからないとき，子どもから声をかけられて救われた気持ちになった」という話をよく聞きます。園生活に限っていえば，子どもたちは皆さんの先輩ですから，教えてもらうこともたくさんあったことでしょう。「先生，こうするんだよ」と親切に教えてもらったことや，ときには，間接的に気づかされたり，思い知らされたりしたことも山ほどあったのではないでしょうか。また，自分を受け入れ，親しみをもってくれたこと，楽しさやよろこびを一緒に味わい，ときには，悲しい気持ちに寄り添うことができたこともあったのではないでしょうか。

(2) 先生方の思いを大切にするこころ

　子どもの成長に助けられていた自分に気づいたとき，その成長を育んでこられた実習園の先生方の努力に，こころから頭の下がる思いになったのではないでしょうか。先生方は，実習期間中，ご自身の保育の一部始終を皆さんに公開してくださいました。子ども一人ひとりへの配慮や援助，子どもたちが互いに思いやりをもちながら育ち合う集団づくりの保育を，皆さんは手の届くところで，また，目の前で学ぶことができたのです。さらに，教材研究や環境構成などを，先生や子どもたちと一緒に工夫したことなど，楽しい思い出もたくさんあるのではないでしょうか。

　皆さんはいずれ，実習でお世話になった先生方と同じ地域で教育・保育の仕事にたずさわることになるかもしれません。その意味でも，実習からはじまる「保育者」としての生活と，そこで得た学びや思い，そしてかかわりを大切にしていきましょう。

2）実習訪問をしてくださった養成校の先生方に　p.149 hrへ

　養成校の先生方は実習訪問に際して，次のような思いをされています。案外，知られていないこともあるのでここで少し紹介し，先生方の立場を理解し，忘れずに実習後のお礼のあいさつと報告を行いましょう。

(1) 実習園と連絡を取り合って，授業の合間をぬって訪問する

　養成校の先生方は，実習訪問に出かける際には，授業のスケジュールの調整やそのための手続きを行い，さらに訪問のためにできなかった授業の補講を行っています。先生方は，授業を休講にすると，他の日時に補講を行わなければなりません。また，「幼稚園は午前中に行く」「責任実習をやって

Action25　実習を振り返る

いる時間帯に伺う」「複数の園を1日で訪問する」など，さまざまな状況に対応されているのです。

（2）実習生のことがよくわからなくて困ることがある

　実習訪問に行っても，お世話になっている実習生の顔がわからずに，実習園で「どの子だろう」と迷ってしまうことがあります。そのため，事前に訪問してくださる先生のもとを訪れて，顔を覚えてもらい，自分のことについてさまざまな情報を伝えておくことが大切なのです。そうすることにより，先生方が園長先生たちと話す際に，実習生の情報を伝えることができ，結果として，あなたの実習やその後の手助けにつながるのです。

> このままでも十分にやっていけそうですね。まだ学生っぽさがあるけれども，本園の職員ともうまくやっていけそうです。

> 実習生が，子どものころに自分の通っていた園です。将来はその園に就職を希望しております。

home room

養成校の先生が訪問されたら

　園長先生に保育室などに案内していただいたときに，養成校の教員は，担任の先生方にあいさつをします。そのときの保育の状況にもよりますが，実習生が，真っ先に気がついて園長先生や教員にあいさつをしてくれると，教員も居合わせた先生方もほっとするものです。

memo

Action 26 お礼状の作成
—こころを込めて書く，内容と方法—

1　お礼状を送ること

　実習は，実習園が受け入れを引き受けてくださったことによって行うことができました。その受け入れをお願いしたのは，実習生である皆さんです。

　そこで，日々，保育やさまざまな仕事で忙しいなか，受け入れてくださったことやたくさん学ばせていただいたことに感謝をし，その気持ちをお礼状で表わしましょう。

　230ページから，お礼状のサンプルを掲載しています。それを参考にして，こころを込めて書けば十分です。本来，お礼状とは，誰かに強制されて書くものではなく，それぞれの思いを尊重して書き，送るものだからです。

> 送ろうと思っていてもついつい遅れてしまったり，そのことでかえって送りづらくなってしまったりすることもあるので，お礼状の準備は，実習前から行っておくとよいでしょう。また，お礼状には，今後もご指導や学びの機会をいただきたいという思いを表しましょう。

2　お礼状の内容

1）誰に出すの？　園の先生方全員に出すの？

　あなたの実習を受け入れてくださったのは園長先生です。そして，多くの先生方や職員の方が指導をしてくださいました。しかし，場合によっては，一人ひとりにお礼状を書くのはひじょうに大変なことです。

　また，前半・基本実習において，すべてのクラスのようすを観察させていただいた場合は，誰に出せばいいのかわからないかもしれません。このようなことで悩む場合には，次のように考えてみましょう。ただし，養成校の方針がある場合には，それに従いましょう。

【A　園長先生】…手紙（封筒に入れる）
【B　実習担当の先生（とくにお世話をいただいた場合）】…手紙（封筒に入れる）
【C-1　配属クラスの先生】…手紙（封筒に入れる）
【C-2　配属クラスの子どもたち】…掲示用の絵とメッセージ
【D-1　見学（短期間）させていただいたクラスの先生】…一筆箋[*1]
【D-2　見学（短期間）させていただいたクラスの子どもたち】…掲示用の絵とメッセージ

Action26 お礼状の作成

2）各場合の書き方とその留意事項・サンプル
(1) 留意事項
【A 園長先生】【B 実習担当の先生】【C-1 配属クラスの先生】【D-1 見学させていただいたクラスの先生】へのお礼を書く際には，共通して次のことに留意しましょう。

①まず，便箋・一筆箋の向きを考えます。封書が縦長であることを考えると，縦書きがよいでしょう。
②間違ってしまった場合には，書き直しましょう。修正液などはできるだけ使わないようにします。そのためにも実習前に下書きをつくっておいて，実習後の反省で振り返ったことをもとに，全体を仕上げるようにしましょう。
③0.3mm の芯の太さの黒のペンでていねいに書きます。下書きはパソコンで作成し，教科書体に変換すると，はねやはらいなどが正しくわかり，表記も間違えずにすみます。
④できれば，記念切手を貼ります。通常の切手よりも，「わざわざ用意してくれたんだな」と，先生方にもその心遣いが伝わりますし，何よりも封筒の表面が美しく整って見えます。
⑤便箋・一筆箋，封筒は薄くて透けてしまうものではなく，しっかりとした厚みのあるものを購入しましょう。

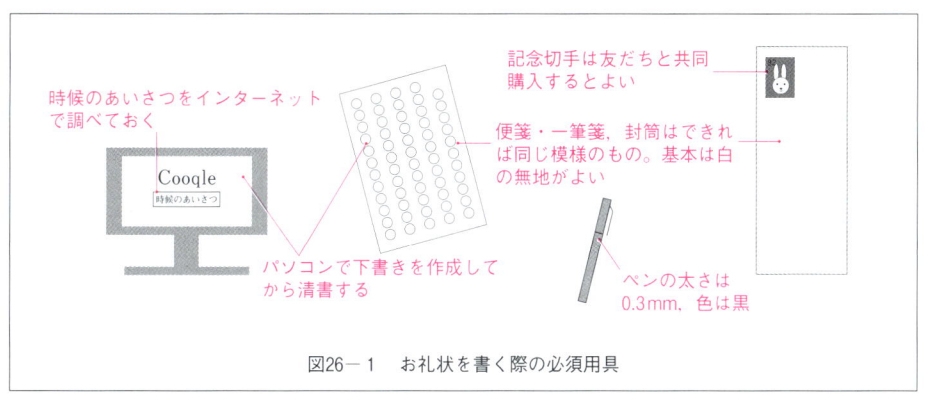

図26-1　お礼状を書く際の必須用具

(2) お礼状の書き方・サンプル
①【A 園長先生】，【B 実習担当の先生】へのお礼状の場合

内容は，右記のようなことを書きます。また，職員や先生方に紹介されることもありますので，受け取る人の気持ちや感じ方・印象も考えてお礼状を整えることを大切にしましょう。

a	時候のあいさつ
b	お世話になったこととそのお礼
c	エピソードとそこから学んだこと
d	これから頑張っていこうと思うこと
e	今後のお願い
f	先生方や職員の方々によくしていただいたこと
g	自愛をお祈りすることば

＊1 相手に短い文章を伝えるための，小さな便箋のこと。

> point
> 【A 園長先生】【B 実習担当の先生】【C－1 配属クラスの先生】へのお礼状の場合,「b お世話になったこととそのお礼, c エピソードとそこから学んだこと」を書く際には, 実習後の反省や実習日誌を参考にするとよいでしょう。

② 【C－1 配属クラスの先生】と【C－2 配属クラスの子どもたち】への場合

【A 園長先生】,【B 実習担当の先生】へのお礼状の場合と共通する部分もありますが, 便箋には, 右記の内容を記します。

手紙を封筒に入れ, 宛名に担任の先生の氏名を書きます。

また, クラスの子どもたちには, 画用紙に絵

a	時候のあいさつ
b	お世話になったこととそのお礼
c	エピソードとそこから学んだこと
d	これから頑張っていこうと思うこと
e	今後のお願い
f	自愛をお祈りすることば

を描いて, そこにメッセージを書きます。色画用紙でもよいですし, 絵ではなく折り紙を貼るなど, 工夫してもよいでしょう。

大きさはA4判かB4判程度にします。これくらいの大きさであれば, もしも保育室に掲示していただく場合, あまりスペースをとらずにすみます。掲示された手紙は, 来園された保護者の方やお客様の目にもつくものです。こころを込めて仕上げましょう。

実習生によっては, 子ども一人ひとりにプレゼントをつくってあげるような場合もあります。ただし, そうした場合には, 園の先生にそうしてもよいかどうかを伺ってから行動することが大切です。実習生がよかれと思うことであっても, あるクラスの子どもだけがプレゼントをもらうようなことにならないように, 配慮することも必要になります。

③ 【D－1 見学させていただいたクラスの先生】と【D－2 見学させていただいたクラスの子どもたち】の場合

実習期間中に, 配属されたクラスではないけれど, 見学や観察させていただくことがあります。また,「7クラスも見学したんです」と, 多くのクラスを観察させてもらった実習生のなかには, お礼状の作成に悩んでしまうこともあるようです。そこで次の方法を参考にしましょう。

(I) 先生に

見学させていただいたクラスの先生には, 一筆箋を用いてはどうでしょう（図26－7）。次のような内容で書くと, コンパクトに表現できます。

そして, 一筆箋で先生に書いたお礼状と子どもたちに向けて描いた絵を, 図26－8のように合わせます。

また, 秋に実習がある場合には, 暑中見舞いや残暑見舞いを, 秋に実習を終えた後には, 年賀状を出しておくのもよいでしょう。

その時々に礼を尽くして, 今後のご指導のお

a	時候のあいさつ
b	お世話になったこととそのお礼
c	エピソードとそこから学んだこと
d	自愛をお祈りすることば

願いやごあいさつをていねいに行うことは，同じ地域に住む社会人として大切なことだともいえるでしょう。

（Ⅱ）子どもたちに

【C－2 配属クラスの子どもたちの場合】と同じようにつくりましょう。

> 幼稚園や保育所によっては，子どもたちに，夏休みには暑中見舞い，冬休みには年賀状を送る園があります。

> 自分のクラスではなくても皆さんが来た時間は，担任の先生にとっても子どもたちにとっても特別な時間でした。

3　実習が終わる前までに準備しておくもの

　実習が終わった後も，実習日誌の整理や提出，養成校への報告など，思っている以上にやるべきことがあり，あわただしいものです。そこで，お礼状を送るタイミングを損なわないように，実習が終わるまでにお礼状の準備をしておくようにしましょう。

　もちろん，書く内容も考え，メモをつくっておくとよいでしょう。

実習が終わるまでに準備しておくもの
① 封筒／便箋／一筆箋（お礼状用・白・縦書き）
② 切手（記念切手は気持ちを表すのによい）
③ 子どもたちへのプレゼント
　（お別れのときに一人ひとりに渡す場合には事前に許可をいただいておくこと）

> お礼状は，次ページ以降を参考にして準備しておくとよいでしょう。必要な封筒や便箋，切手やクリアファイル，折り紙や色画用紙など購入する場合には，友だちと一緒にまとめて購入すると，必要な分を分け合うことができます。子どもたちへの手紙なども友だちと相談して，よりよいものが仕上がるように工夫するとよいですね。

work sheet

お礼状に書くエピソードや学んだことなどをメモしておきましょう。

_____
_____
_____
_____
_____
_____
_____
_____

- a 時候のあいさつ
- b お世話になったこととそのお礼
- c エピソードとそこから学んだこと
- d これから頑張っていこうと思うこと
- e 今後のお願い
- f 先生方や職員の方々によくしていただいたこと
- g 自愛をお祈りすることば

拝啓　晩秋の候、先生におかれましては、ご健勝のこととお慶び申し上げます。先の実習では、お忙しい中を、たくさんのご指導、ご助言を賜り、心から感謝を申し上げます。当初は、初めて出会う子どもたちとのかかわりや、園での生活になかなか馴れることができずに、様々な場面で戸惑うこともありましたが、先生方から温かいご指導やお励ましをいただき、おかげさまで、第二週目には、自信をもって子どもたちに接し、部分実習を行うことができました。三週間お世話になりましたすみれ組の子どもたちと遠足に出かけた際には、保育室で過ごす時とは違った子どもたちの表情を見ることができ、大変勉強になりました。

また、年少のひよこ組を一日観察させていただいた際には、子どもの成長や生活の仕方の違いを、年長児と比べながら、具体的に理解することができました。

園児の降園後に、先生方が保育室を整備されたり、翌日の教材を用意されたりする際に、そうしたお仕事に一緒に取り組ませていただくことで、先生方は、子どもがいない時でも子どものことをいろいろと考えていらっしゃるということを学びました。

この実習で学ばせていただいたことを大切に活かし、保育者を目指すための課題を明らかにし、一層、努力して参りたいと思います。

今後とも、ご指導くださいますよう、何とぞお願いを申し上げます。

先生方や職員の皆さまには、本当によくしていただき、感謝いたしております。皆様にお伝えいただけましたら、甚だ幸いに存じます。

末筆ながら、先生には、ご自愛のほどをお祈りを申し上げます。

敬白

平成二十◯年十一月二日

◯◯大学　三年
保育　出来子　拝

学校法人　山海学園
草花幼稚園
園長　草木　花子　先生

↑ 園長先生もしくは、実習担当の先生の名前

図26－2　【A 園長先生】,【B 実習担当の先生】へのお礼状の書き方サンプル

Action26　お礼状の作成

【表面】

- できれば記念切手を貼る
- 郵便番号を書かないと「調べていない」と思われるので、調べて記入する
- 法人名、市町村名をしっかり記入する

切手：82

郵便番号：1 2 3 4 5 6 7

東京都〇〇区〇〇五丁目三番地―二
学校法人山海学園
草花幼稚園
園長　草木　花子　先生

【裏面】

- 養成校の住所ではないことを示すためには、学校名などは、名前の後にかっこ書きする

東京都〇〇区〇〇二丁目三番地―一
保育　出来子
（〇〇大学〇〇学部〇〇専攻三年）

図26－3　【A 園長先生】、【B 実習担当の先生】への封書の書き方サンプル

a 時候のあいさつ
b お世話になったこと とそのお礼
c エピソードとそこから学んだこと
d これから頑張っていこうと思うこと
e 今後のお願い
f 自愛をお祈りすることば

拝啓　晩秋の候、先生におかれましては、ますますご清祥のこととお慶び申し上げます。先の実習では、お忙しい中を、たくさんのご指導、ご助言を賜り、心から感謝を申し上げます。

当初は、初めて出会う子どもたちとのかかわりや、園での生活になかなか馴れることができずに、様々な場面で戸惑うこともありましたが、先生方から温かいご指導やお励ましをいただき、おかげさまで、最後まで日々の課題を大切にしながら子どもたちとかかわり、たくさんの学びと思い出を得ることができました。

この三週間では特に、すみれ組の子どもたちと遠足に出かけた際に、公園の芝生で思いっきり遊んだことが、とても印象に残っています。保育室で過ごす時とは違った子どもたちの表情や子ども同士の会話を知ることができ、子どもたちをより深く理解する機会になりました。

また、子どもたちが降園したあとに、先生と保育室の整備や翌日の教材の用意に取り組ませていただくことで、先生方の様々な仕事や、子どもへの思いなど、机上では十分に学ぶことができないことを、具体的に学ばせていただきました。

この実習で得た貴重な経験を活かし、保育者を目指して一層、努力して参りたいと思います。今後とも、ご指導くださいますよう、何とぞお願いを申し上げます。すみれ組の子どもたちにもよろしくお伝えいただけましたら幸いに存じます。

末筆ながら、先生には、ご自愛のほどをお祈りを申し上げます。

敬白

平成二十〇年十一月二日

　　　　　　　　　　　　　　　　　　○○大学　三年
　　　　　　　　　　　　　　　　　　　　保育　出来子
　　　　　　　　　　　　　　　　　　　　　　　　拝

学校法人山海学園
草花幼稚園すみれ組
花木草子　先生

図26-4　【C-1　配属クラスの先生】へのお礼状の書き方サンプル

Action26 お礼状の作成

絵は、動物やアニメのキャラクターなどを描くと、子どもたちによろこばれる

point
複数枚用意するとき、絵は仕上がりに差が出てしまうことがあります。しかし、折り紙であれば大体仕上がりは同じになります。

メッセージは、子どもたちが読めるように、ひらがなで書く

画用紙の大きさは、Ａ４判かＢ４判

（メッセージサンプル：）
すみれぐみのみなさんへ
じっしゅうのときは、なかよくあそんでくれてありがとう。
みんなとえんそくでみどりやまこうえんにいって、かけっこをしてあそびましたね。
とてもたのしかったです。
さむくなりますが、げんきにおすごしください。
ほいくできこ

図26－5 【Ｃ－２ 配属クラスの子どもたち】のメッセージの書き方サンプル

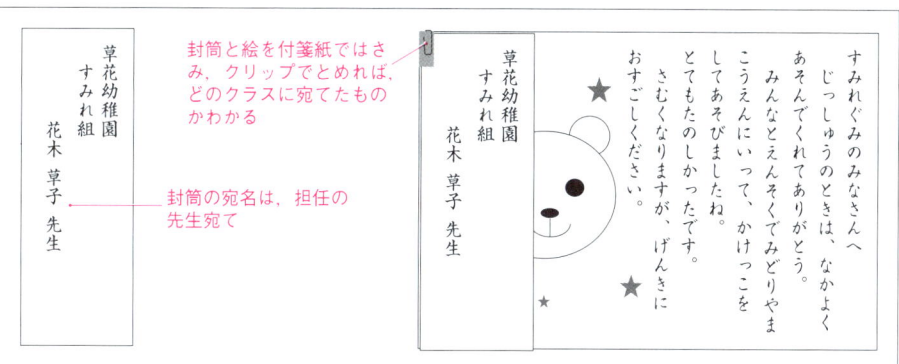

封筒と絵を付箋紙ではさみ、クリップでとめれば、どのクラスに宛てたものかわかる

封筒の宛名は、担任の先生宛て

（封筒宛名：）
草花幼稚園
すみれ組
花木 草子 先生

① クラスの子どもたちに向けて描いた絵の上に、封書に入れた配属クラスの先生宛の手紙を重ね、クリップでとめます。このとき、クリップの下に付箋紙を貼っておくと、手紙などにクリップの跡がつきません。
※この方法は、社会人としてさまざまな書類提出の機会があるときにも、活用できるものです。

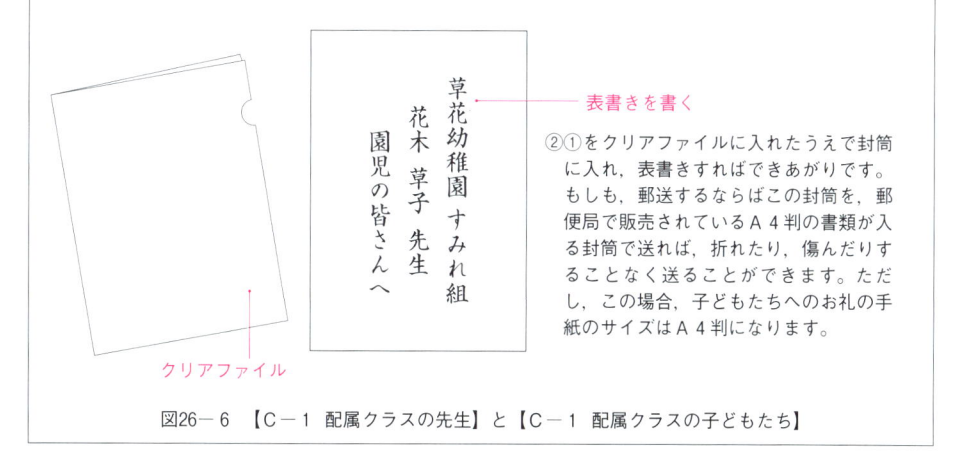

表書きを書く

クリアファイル

（表書き：）
草花幼稚園すみれ組
花木 草子 先生
園児の皆さんへ

② ①をクリアファイルに入れたうえで封筒に入れ、表書きすればできあがりです。もしも、郵送するならばこの封筒を、郵便局で販売されているＡ４判の書類が入る封筒で送れば、折れたり、傷んだりすることなく送ることができます。ただし、この場合、子どもたちへのお礼の手紙のサイズはＡ４判になります。

図26－6 【Ｃ－１ 配属クラスの先生】と【Ｃ－１ 配属クラスの子どもたち】

a 時候のあいさつ
b お世話になったこととそのお礼
c エピソードとそこから学んだこと
d 自愛をお祈りすることば

memo

わたしは、クラスを観察させていただいたときにそのつど、感想や気づきをメモしておくようにしました。

かえで組　担任　花咲　香　先生

お変わりなくお過ごしのことと存じます。

先の実習では、お忙しい中を、保育を拝見させていただき本当にありがとうございました。年長児が協力して取り組む姿を目の当たりにし、子どもたちの意欲を引き出す大切さを学ばせていただきました。先生からいただいた教えを活かし、保育者を目指して勉学に励んでまいりたいと思います。

ご自愛のほどお祈り申し上げます。

　　　　　　　○○大学○年生　保育出来子

図26-7　【D-1　見学させていただいたクラスの先生】への礼状サンプル

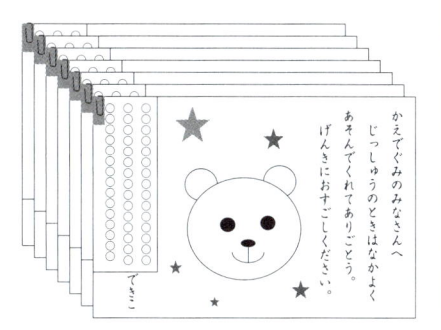

Action26 お礼状の作成

クリップ
付箋紙
先生への一筆箋
子どもたちに向けて描いた絵

かえでぐみのみなさんへ
じっしゅうのときはなかよくあそんでくれてありがとう。
げんきにおすごしください。

できこ

①クラスの子どもたちに向けて描いた絵の上方に一筆箋を重ね，クリップでとめます。このとき，クリップの下に付箋紙を貼っておくと，手紙などにクリップの跡がつきません。

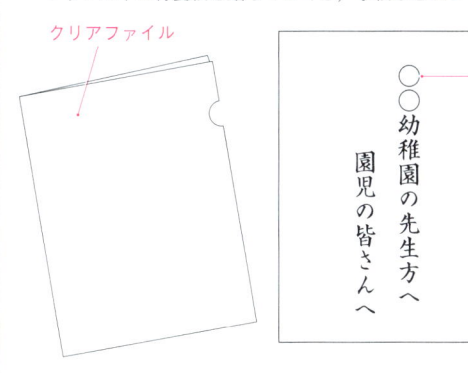

クリアファイル

○○幼稚園の先生方へ園児の皆さんへ

「○○幼稚園の先生方へ園児の皆さんへ」と，表書きを書く

②たとえば，7クラス分書いたならば，これをすべて，クリアファイルに入れたうえでひとつの封筒に入れ，「○○幼稚園の先生方へ　園児の皆さんへ」と，表書きを書けばできあがりです。
　もしも，郵送するならばこの封筒を，郵便局で販売されているＡ４判の書類が入る封筒で送れば，折れたり傷んだりすることなく送ることができます。ただし，この場合，子どもたちへのお礼の手紙のサイズはＡ４判になります。

point
1枚のクリアファイルに入りきらない厚さになった場合は，いくつかのクリアファイルに分けて入れ，しわにならないようにするとよいでしょう。

図26-8 【D-1 見学させていただいたクラスの先生】と【D-2 見学させていただいたクラスの子どもたち】

Action 27 実習を終えて
—養成校の先生へのあいさつ・報告—

　実習が終了し、実習日誌の提出や受け取りがすみ、ひと安心したのではないでしょうか。

　しかし、実習終了後には、振り返りを行い、訪問してくださった養成校の先生にあいさつと報告を行う必要があります。訪問してくださった先生には、実習前や実習中にさまざまな相談にのってもらっていたはずです。

　また、実習を最後までやり終えることができた背景には、先生方の支えと園の先生方のこころ配りがあったはずです。自分自身の実習を振り返り、感想や気づき、学んだことなどを整理します。そして、それを訪問してくださった先生へ報告し、あわせて無事に実習が終わったことのお礼を述べましょう。

> 実習お疲れさまです。皆さん一人ひとり、事前学習を経て、実習準備、実習という日々のなかで、工夫を凝らし過ごしてきたことでしょう。

1　振り返りを通した自己課題への気づき

1）振り返り後、新たな課題設定を行う

　保育者は子どもたちの個々の成長やクラスの現状を観察しつつ、状況にあわせた計画を練る（Plan）ことが必要になってきます。ときには計画がうまくいかない（Do）こともありますが、そのようなときには原因を探し（Check, See）、改めて教材研究を行ったり、ともに働く先輩や同僚に相談をして、違った視点からアドバイスをもらいながら、再び、計画を立て直し（Action, Plan）保育にあたります（Action, Do）。

　それと同じように、皆さんも実習を通して学んだことを振り返り、それらについて先生方や先輩から助言をいただくことで、成果と課題をより明確にすることができます。

---

① 目標と計画、課題を設定する（P：Plan）
② ①をもとに実践する（D：Do）
③ 振り返り、反省をする（C：Check, S：See）
④ 計画を練り直し、新たな目標と計画、課題を設定する（A：ActionⅠ）（P：Plan）
⑤ ④をもとに実践する（A：ActionⅡ）（D：Do）

Action27 実習を終えて

point
保育において新たな課題設定を行うのは，子どもたちには一人ひとり個性や発達の違いがあり，その成長は日々進むこともあれば停滞したり，ときには以前の姿に後戻りしたりすることがあるからです。また，自分が予想していなかったことが起きることもあるからです。

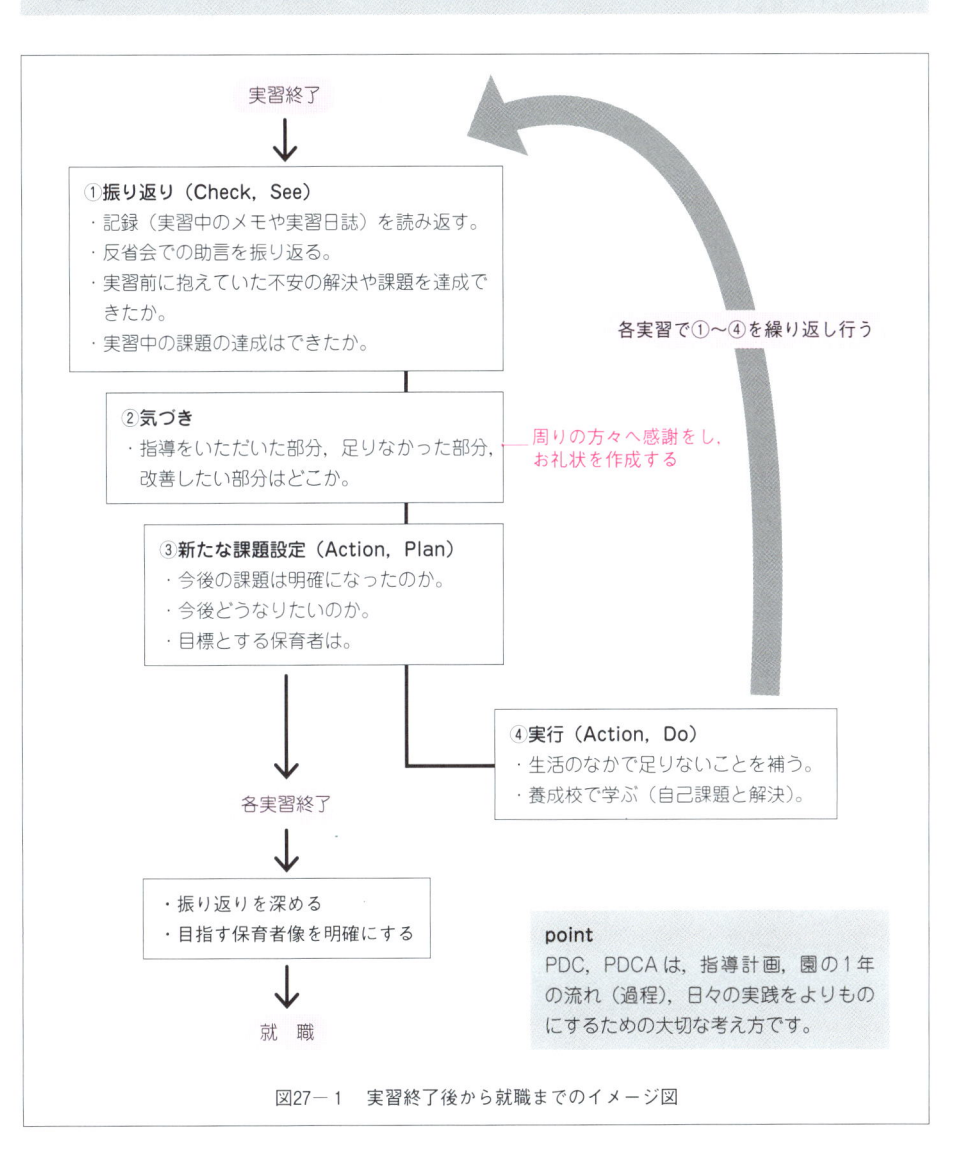

実習終了
↓

① 振り返り（Check，See）
・記録（実習中のメモや実習日誌）を読み返す。
・反省会での助言を振り返る。
・実習前に抱えていた不安の解決や課題を達成できたか。
・実習中の課題の達成はできたか。

各実習で①〜④を繰り返し行う

② 気づき
・指導をいただいた部分，足りなかった部分，改善したい部分はどこか。

周りの方々へ感謝をし，お礼状を作成する

③ 新たな課題設定（Action，Plan）
・今後の課題は明確になったのか。
・今後どうなりたいのか。
・目標とする保育者は。

④ 実行（Action，Do）
・生活のなかで足りないことを補う。
・養成校で学ぶ（自己課題と解決）。

各実習終了
↓
・振り返りを深める
・目指す保育者像を明確にする
↓
就　職

point
PDC，PDCAは，指導計画，園の1年の流れ（過程），日々の実践をよりものにするための大切な考え方です。

図27−1　実習終了後から就職までのイメージ図

2）目指す保育者像を明確にする

実習を振り返るなかで，自分の理想の保育者の姿が思い浮かんでくるのではないでしょうか。

就職をみすえて，どのような保育者になりたいのかを明確にしておくと，今後の具体的な目標が立てやすくなります。

- 優しく笑顔の絶えない保育者になりたい！
- 読み聞かせがじょうずな保育者になりたい！
- ピアノを生活のなかで楽しく取り入れる保育者になりたい！
- ○○先生のように，子どものこころに寄り添うことのできる保育者になりたい！

3）かかわりを学びに活かす

振り返りを深めるために，教員のアドバイスや友だちの気づきを聞き，今後の課題のヒントにしていきましょう。そうすることで，幅広い視点をもち，考えの幅を広げていくことができます。そのためにも，先生方や友だちとの間で，困ったときや悩んだときに相談できる関係を少しずつ築いていきましょう。

また，他人の考えを聞いて自分の考えと照らし合わせたり，自分の考えや事実を相手にわかりやすいようにまとめて発信したりしてみましょう。

- コミュニケーション能力ってなんですか？
- コミュニケーション能力とは，相手の立場に立ち，相手の気持ちや伝えたいことを聞きとること，また，自分が伝えたいことを相手にわかりやすく伝えることです。
- 仲間と学び合うことが大切ですね。それによって，コミュニケーション能力が身につきます。

memo

Action 27 実習を終えて

home room

学びや経験を整理する

実習のなかで得た経験や出来事を改めて思い出し,実習日誌を読み返しながら振り返ってみましょう。そのときには,感じたり考えたりしなかったことに気づくことができるでしょう。

- 実習中に担任の先生に相談をし,○○のような助言をもらいました。
- 子どもから○○のようなことばをもらい,励まされました。

point
教員からの助言をもらうことにより,課題の解決や今後の課題につなげることができます。

- ことばに出すことによって体験したことを整理します。
- 経験したことを整理することが,お礼状を書く際に,園の先生方へ伝えたい自分自身の気づきや学びをまとめることにもつながってきます。

point
振り返ることで,一つひとつの出来事に意味を見いだせます。

コラム　実習園とのつながり　―将来をみすえて―

実習園では,実習生が実習で学んだことを,次回の実習や今後の保育のなかで活かしてくれるだろうと,将来の姿をみすえて指導を行ってくださっています。

もしかしたら,実習園が今後の就職先としてつながっていくかもしれません。実習園へ就職が決まることや,「今,うちの園では求人がないのですが,知り合いの園を紹介するのでどうですか」という話をいただいたケースも実際にあった話です。

- ああいう学生に先生になって欲しいわ。これからの保育や学習にぜひ活かして欲しいものです。
- 前向きに取り組む姿は,子どもたちや先生方へ届きます。
- 失敗を怖がらず,勉強してきたことや準備してきたことを思う存分に出し切りましょう。

239

2　訪問教員へのあいさつと報告を通して

1）訪問教員にあいさつと報告をする

　実習を通して現場で感じ取ってきたことや今後の課題や疑問などは，実習生一人ひとり異なります。そのため，授業時（実習事前・事後指導）に行うアドバイスだけでは，実習生個々の気持ちをくみ取り，対応することはむずかしいのが現状です。その点，実習園を訪問された先生は，実習中の学生のようすを知っていますし，園の先生からもお話を伺っているので，より具体的なアドバイスを行うことができます。

　そこで，訪問された先生を訪ね，自分自身が感じてきたことを踏まえながら，1対1で意見交換をさせていただき，今後の目標を新たに立てていきましょう。

> 実習中に抱えていた課題や目標を達成することはできたでしょうか。

> 新たな課題はみつかったでしょうか。

home room

訪問教員に報告する際の留意点

　訪問してくださった先生へ報告する際，学生自身の都合のみで先生の研究室を訪問してはいないでしょうか。先生方は，来客や会議などで次の予定が埋まっているかもしれません。自分中心ではなく，相手の状況に目を向け，訪問するようにしましょう。

【研究室に訪問した際】

> ○○先生，お忙しいところ恐れ入ります。○年の○○○○（フルネーム）と申します。実習の報告とお礼に参りました。今，お時間よろしいでしょうか。

point
相手の立場に立ち，物事を考える習慣を身につけましょう。

point
先生の状況を確認してから本題に入るようにしましょう。

【その他の場面1】 実習中に園長先生から，「大学の先生によろしく」と言われた際

> 園長先生から「よろしくお伝えください」とのことでした。

point
園と養成校の間に立つ立場としてどちらに対しても報告，お礼，あいさつをしっかり行うことが大切です。

【その他の場面2】 相談にのってもらった後の報告の際

> 先日，ご相談をさせていただいた○○の計画の件ですが，このような結果になりました。相談にのっていただきましてありがとうございました。

point
報告とお礼を直接伝えることが重要です。

先生へ報告することを通して，いっそう学びを深めることができるのです。

2）さまざまな方の支えに気づく

実習を受け入れていただいた実習園の協力や養成校の職員の準備があってはじめて，実習に臨むことができたのです。

まれに，目の前の実習が終了したことで安心してしまい，せっかくの経験を振り返らず，「さて，次の実習が不安でどうしようもない」と，先を焦ってしまっている実習生の姿を見かけることがあります。しかし，そうではなく，もう一度立ち止まって，園の子どもたちのようす，先生方の援助の方法，相談にのっていただいた先生のことばを一つひとつ思い出してみましょう。訪問してくださった先生によるアドバイスは，そうしたさまざまな支えや実習で得たものに改めて気づかせてくれることでしょう。

> 実習は，実習生ひとりの力で終えられたのではなく，さまざまな人に支えられて終えることができたことに気づきましょう。

3）実習園とのつながり　p.6, p.239 コラムへ

先生に報告を行うことで，その後，実習園に先生が訪問したり連絡をとったりしたときに，「実習時には，うちの△△（実習生の名前）に対して，○○のような指導をいただきましてありがとうございました。△△自身は○○のような部分が勉強になったと申しておりました」など，実習生の具体的な学びを含め，実習園へのお礼を伝えることができます。

実習園と実習生，養成校のよりよい関係が築かれていくことによって，実習生に対するよい印象をもってもらえるだけではなく，これから実習へ向かう後輩たちの指導や実習にもよい影響を与えていくことになるのです。これらのつながりをまとめたものが，図27－2になります。

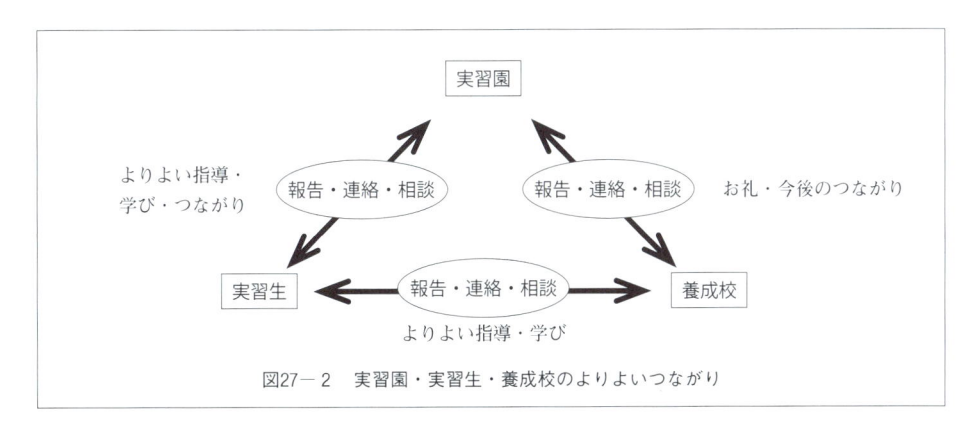

図27－2　実習園・実習生・養成校のよりよいつながり

【参考文献】

・安部和子，増田まゆみ，小櫃智子著『保育実習』ミネルヴァ書房，2009

Action 28 評価
—評価を活かす—

1 評価について

　実習生にとって，実習園の先生方の評価はとても気になるところです。

　さらに，養成校の実習指導教員も評価を行います。しかし，この他者からの評価にとらわれすぎると，子どもたちや，指導してくださる先生に積極的にかかわっていくことができなくなります。

　評価には，実習態度をはじめ，保育者としての資質・力量などについて評価が記されますが，それらは自分自身の課題を自覚し，学習課題を明確にするものとして活かしましょう。自分をみてくださった先生方からの助言をもとに振り返ることで，自分に求められているものを知る手がかりとすることが大切です。

　そこで，まずは，自分がこれまでに学んできたことに自信をもち，先生方の指導を素直に受け止めながら，十分に力を発揮することをこころがけましょう。けっして失敗をおそれることなく，主体的に実習を行う姿勢をもってください。

1) 実習事前・事後の取り組みへの評価

　実習の事前・事後指導は，実習を行ううえで重要な学習です。

　本書の内容にあるように，実習の目的や意味，実習園との連絡ややり取り，書類の作成や実習期間における具体的な取り組み，実習園の先生方や子どもたちとのかかわり方まで，しっかり理解し，事後の振り返りや終了時までを見通した準備をしておく必要があります。

　養成校によって観点は異なるものの，こうした学習の重要性を理解したうえでの授業への参加態度などが，評価されます。また，実習園からの評価や実習日誌，訪問のときのようすなども反映されることがあります。

表28－1　評価にかかわること

事前指導にかかわること	事後指導にかかわること	実習にかかわること
・出席状況 ・書類の提出状況（提出期限の厳守を含む） ・授業態度 ・レポート	・事後指導への参加 ・指導教員との個別面談，グループでの反省会とその報告 ・自己の実習の振り返り	・養成校の訪問教員による実習園訪問（巡回指導）時の評価 ・指導計画とその実施 ・実習日誌と実習園からのコメント ・養成校の訪問教員との個別面談

2）実習の評価

　評価にこだわり過ぎて，かえって生き生きと行動できなくなっては困ります。ここでは，具体的な評価の観点と内容を知ることで，保育者としてどんな態度や取り組みが求められているのかを理解する手がかりとしましょう。

表28－2　評価の観点と内容（例）

評価項目	主な内容	各施設の特徴	
		幼稚園・保育所	施　設
〈実習意欲〉 姿勢・態度	○服装・言葉遣い・マナー，あいさつ， ○勤務の状況（欠勤，遅刻，早退）・連絡。提出物・積極性など ○協調性	・全体を通じて，主体的な取り組みがなされていたか。 ・指導教員に対し，積極的に質問し，意見を交わすことができたか。 ・学級運営上の事務処理などの作業が効率的にできていたか。	・人権尊重（プライバシー）を十分意識して取り組むことができたか。
〈子ども理解〉 教材準備 指導・支援計画	○愛情・思いやりのあるかかわり ○公平なかかわり ○人権の尊重 ○個の理解に基づくかかわり	・子どもの発達段階を踏まえ，成長を促すようなやりとりがなされていたか。 ・個々の実態や興味・関心に基づいた活動選定がなされたか。 ・指導計画が十分に練られていたか。 ・活動にオリジナリティがあったか。	・個々の生活課題を意識した支援目標が設定されていたか。
〈指導・研究〉 保育・教育・支援の理解と取り組み 集団指導	○職務内容の理解と誠実な取り組み ○実習施設の基本的な機能と役割の理解 ○指導方法や技術の理解と習得 ○研究課題の設定と達成に向けた取り組み	・個々の実態に即したかかわりがあったか。 ・保育環境を適切に構成することができていたか。 ・子どもたちへのかかわりや援助方法は適切だったか。 ・発問や説明，教材提示などに工夫は見られたか。 ・想定外の場面でも落ちついて対応できていたか。	・生活の質（QOL）を育んでいくための活動はできていたか。 ・個や集団へのニーズに即した対応ができたか。
〈個別指導〉	○個や集団の特性と実態を踏まえた指導・支援	・発達的な視点をもって子どもとかかわっていたか。 ・子どもたちの言動理解に積極的に努めていたか。 ・子どもたちに対して主体的なかかわりが見られたか。 ・クラス内での個別指導は適切だったか。	・個や集団へのニーズに即した対応ができたか。 ・子どもたちの個性を受容・理解しつつ対応することができたか。
〈その他〉	○教師・保育者としての専門性や資質にかかわることなど	・毎日，子どもたちの状態を正確に把握していたか。 ・心身の状態像を推し量ることができていたか。 ・保護者とのやりとりはどうだったか。 ・毎日の実践に対する省察は行われていたか。	・子どもたちの個性を受容・理解しつつ対応することができたか。

〈総合・評価〉	前ページに示した項目についてそれぞれの評価があり，さらにそれらを総合した評価が示されることが多い。
〈所　見〉	実習中の態度や取り組み。印象や雰囲気。頑張ったところやよかったところ，そして今後の課題や努力事項などが記入されます。

> 実習園からいただいた評価がどのようなものであったのかは，養成校と教員との面談のなかで聞かせていただける場合があります。

2　評価を活かす

　自分の実習についての計画とその実践がどのようであったか，自己評価や実習園の先生からの評価（園で日々指導していただいていること，実習日誌に書いていただいたこと，養成校に届いた評価結果）や，訪問してくださった先生からのアドバイスなどを通して省察し，これからの自分の姿勢，保育者となるための心構えなどに活かします。

1）担任の先生の所見をもとに学習する

　Aさんは，責任実習を行った日に，担任の先生が実習日誌に記入してくださった所見を，事後指導のグループディスカッションのなかで，次のように振り返り，グループの仲間と共有しました。

〈S幼稚園　B先生の所見〉

責任実習ご苦労さまでした。朝から緊張している姿がみられましたね。時間が気になっていつものA先生にはみられないぐらいそわそわして，それが子どもたちにも伝わってしまったように思います。しかし，子どもたちによく話しかけていたところはよかったと思います。……（省略）……戸外あそびのときは，お約束を子どもたちに話してから遊ぶようにした方がいいでしょう。その方が，子どもたちはしてはいけないことを自覚できます。今後の実習時には，気をつけてみてください。

〈Aさんの反省・振り返り〉
時計ばかり見てしまい，赤白帽子をかぶって戸外に出ることは話したのですが，「ブランコは使わない」「砂場は給食の後にしよう」という，約束ごとについて話すことを忘れました。そのため，園庭に出てから「先生，ブランコいい？」「砂場で遊んでいい？」などと子どもたちが聞きにくることが重なってしまったことが反省点です。また，室内のあそびと戸外活動で，子どもたちのテンションが違うことがよく理解できました。

　このように，評価を自分の振り返りに活かし，次の実習や就職への課題を明確にしていきましょう。

2）実習先からいただいた助言や評価を受け止め，理解する

　実習先からいただいた評価は，自分のこれからの取り組みや成長に向けた課題を明らかにするため

の有効な，そしてありがたい手がかりです。しかしなかには，これは自分でもどうしたらいいのかわからない，わかっているのだけれどもなかなか改善できないこともあります。

ここでは，そうしたことをいくつか取り上げ，受け止め方や考え方について述べてみましょう。

（1）「もう少し明るく，大きな声で振る舞えるといいですね」と教えていただきました

個人の性格はさておき，「もう少し明るく」と言われてしまったときには，自分の話し方を振り返ってみましょう。まず，ことばを発音するときに子音が聞きとれるような発音になっているかチェックしてください。そして，ことばや文章の最後まで語勢をゆるめることなく話せているかチェックすることも大切なことです。

また，目をしっかり開いて笑顔で話すことによって，自ずと響きのある声になります。さらに，あごをしっかり動かして話すことによって，より明確な子音の発音を得ることができます。

（2）保育を行った後に「導入をうまくすること，子どもたちに興味をもたせるように」と教えていただきました

たとえば，「絵本の読み聞かせ」を取り上げてみると，その絵本を読む練習だけを重ねることが多いようです。しかし，絵本に出てくる人物や動物について調べたり性格や雰囲気を考えておけば，「こんな人（動物）が出てくる物語だよ」ということばが自然と出てくるでしょう。また，絵本の作者について調べておけば，「今から何年前につくられた本だって」「『○○○○』のお話と同じ絵だね」「『△△△△』のお話と同じ南の国のお話だね」ということばが出てくるのではないでしょうか。

「導入」は，子どもたちへここからはじまる活動の関連事項を「前説」することだとも考えられます。何よりも，子どもたちの興味・関心を十分にひきだすことが大切なのです。

（3）子どもたちの前でピアノを弾いたのですが，「ピアノがもっと弾けるとよいですね」とお話をいただきました

ピアノを楽譜どおりに演奏すれば，子どもたちがその伴奏にのって歌えるというものではありません。テンポや伴奏のリズムが同じであれば，少々のミスは気にならないものです。場合によっては，音を省略してもよいので，子どもたちが歌うテンポと流れを止めないピアノ伴奏になるよう練習しましょう。当然のことですが，毎日少しの時間でもよいのでピアノを弾き，慣れていくことが大切です。たった5分，10分と思っていても1年，2年と月日を重ねることで大きな時間となり，技術として身につくはずです。

> 歌あそびに使われている曲は，オリジナル曲を使うことが原則とされていますが，実習園によっては，リズムや歌詞の割りつけ，歌う調性を変える場合もあります。また，手あそびや指あそびは地域によって歌詞やメロディが変わっている場合も多く見受けられます。養成校の授業では，共通語となるオーソドックスな音楽あそびを学んでいますので，子どもたちや先生方が歌っている（遊んでいる）姿をよく見て，その場にあった音楽あそびを展開しましょう。けっして間違いがあるのではなく，子どもたちが笑顔で活動できることを最優先にしてください。

home room

保育とピアノ

「ピアノが弾ける」「ピアノが上手」という先生は，ピアノに頼って保育をしていないでしょうか？

ピアノで前奏を弾いたら，子どもたちが次の行動に移るということが必ずしも，子どもの意欲や興味・関心を大切にした活動になっているでしょうか。

ぜひ，子どもたちを誘いだすピアノ伴奏であって欲しいし，子どもたちの歌声を輝かせるピアノ伴奏になって欲しいと思います。

まずは，右手のメロディを感じることより，左手のリズムや伴奏を感じながら歌ってみましょう。そして，「ピアノ＝音楽」ではなく，音楽というパレットのなかにピアノを添える気持ちを忘れずに取り組んでください。

home room

楽譜や書籍についての著作権

楽譜や書籍は，著作権法で保護されています。そのため，原則としてコピーすることは禁止されています。実習は自らが学ぶ機会であるとはいえ，楽譜や書籍の取り扱いには十分に注意しましょう（著作権法第30条，35条を参照）。

著作権法

（私的使用のための複製）

第30条　著作権の目的となつている著作物（以下この款において単に「著作物」という。）は，個人的に又は家庭内その他これに準ずる限られた範囲内において使用すること（以下「私的使用」という。）を目的とするときは，次に掲げる場合を除き，その使用する者が複製することができる。

（学校その他の教育機関における複製等）

第35条　学校その他の教育機関（営利を目的として設置されているものを除く。）において教育を担任する者及び授業を受ける者は，その授業の過程における使用に供することを目的とする場合には，必要と認められる限度において，公表された著作物を複製することができる。ただし，当該著作物の種類及び用途並びにその複製の部数及び態様に照らし著作権者の利益を不当に害することとなる場合は，この限りでない。

絵本の絵がかわいいからといってむやみに掲示物やおたよりのカットとして使ったり，また，絵を写してペープサートに用いたり，お話をそのまま使ったりすることはできません。実習で使いたいと考えた場合には，養成校の先生に相談し，指導をいただいてください。

Action28 評価

memo

Action 29 実習での手ごたえをもとに
－新しい課題に取り組む－

　これまで皆さんは，実習でじつに多くのことを学んできました。実習生のなかには，教育・保育に大きな関心をもち，そのような仕事に就きたいと思いながらも，子どもと身近に接する機会が少ないために，不安を抱えながら臨んだ実習生もいたかもしれません。そういう実習生はもちろん，誰にもさまざまな苦労があったでしょうが，それ以上に多くの感動もあったことでしょう。

　また，子どもたちのバイタリティあふれる明るさと無尽の想像力に触れて，励まされた実習生も少なくなかったのではないでしょうか。

　このようにすばらしい経験となった実習が終わりました。子どもたちのかわいらしい顔を思い出し，感慨にひたっているのも束の間，さあ，皆さんの本当の挑戦はここからはじまるのです。

1　実習で得た手ごたえを活かして

　後半・応用実習が終わり，改めて余裕をもって自分の実習生活を振り返ることができるようになった今，さまざまな場面を思い出してみましょう。

　指導案の作成では四苦八苦し，保育では思うようにできず，泣きたくなったかもしれません。しかし，そのようななかでも，頑張ったことに対しての手ごたえや成果もあったはずです。

> 苦労やつらかった印象が強く，自信をなくしたり失望したりする学生たちが増えているということを耳にします。ものごとを受け取る実習生の個人差はもちろんありますが，そうであったとしても，将来への希望はなくして欲しくないと願っています。

　自分はどのような準備をして，子どもたちとかかわったでしょうか。おそらく，皆さんは，子どもたちの理解者になりたいと努めながら，一緒に遊んだことでしょう。またそこでは，子どもたちが自分で力を発揮し，あそびを発展させていけるような環境づくりや教材の工夫，働きかけをしたことでしょう。そして，子どもたちを温かく見守り，適切な手助けをしながら，子どもたち一人ひとりの思いや願いが実現できるよう，全力を尽くしたことでしょう。

　そのような取り組みのなかで得られた手ごたえが，これから先の皆さんを支える自信となるのです。

2　「子ども」って？　－子どもへのかかわり方から学んだこと－

　子どもは，年齢，月齢の違いはもちろん，特性や育ちの違いなど，一人ひとり個性をもった存在です。実習では，そうした個性豊かな子どもたちと遊んだり，集団生活をともに過ごしたりすること

で，子ども一人ひとりのこころの動きや行動，興味・関心，人とのかかわりや身の回りのさまざまな環境へのかかわり方などを，直接，とらえることができたのではないでしょうか。このことは，保育者としてのスタートラインに立ったときに，皆さんの大きな力になります。なぜならば，このようなことは，園の教育・保育計画に基づいた活動を組み立て保育を行ううえで，なくてはならない力だからです。

皆さんが子どもを理解し，子どもの思いや願いに寄り添った状況づくりやかかわりができたからこそ，子どもはやる気を出し，夢中になることができたのです。

> 子どもの目が輝き笑顔になった瞬間の表情は，一緒に遊び直接かかわり合うことで気づくことができるのです。

> 「保育」は，子ども自身の主体的なかかわりや取り組み，すなわち，子ども自身の意欲を大切にすることだと考えます。

> 子どもたちの創造性や表現力を育むためには，もっとも身近な人的環境である保育者自身がつねに向上心をもち，創意工夫を楽しみながら，よりよい保育を目指すことが大切です。

> 実習を終えた皆さんのこころのポケットのなかには，今後，役に立つものが，もうすでにぎっしりと詰まっています。

home room

「かかわり」という表現について

「かかわり」は，『幼稚園教育要領解説』に頻出する表現です。どのように使われているのかいくつかピックアップします。他にも，保育では当たり前に用いられていることば・表現を改めて調べて考えておくことは大切なことです。
【例】環境，友達，なかま，あそび，生活など

第1章　総説
　第1節　幼稚園教育の基本　〈省略〉
　　2　環境を通して行う教育　〈省略〉
　　(3)　環境を通して行う教育の特質
　　　〈省略〉それは同時に，幼児の環境との主体的な**かかわり**を大切にした教育であるから，幼児の視点から見ると，自由感あふれる教育であるといえる。〈省略〉
　　　○環境を通して行う教育において，幼児が自ら心身を用いて対象に**かかわっ**ていくことで，対象，対象との**かかわり方**，さらに，対象と**かかわる**自分自身について学んでいく。幼児の**かかわりたい**という意欲から発してこそ，環境との深い**かかわり**が成り立つ。この意味では，幼児の主体性が何よりも大切にされなければならない。
　　　〈省略〉
　　　○環境との**かかわり**を深め，幼児の学びを可能にするものが，教師の幼児との**かかわり**である。教師の**かかわり**は，基本的には間接的なものとしつつ，長い目では幼児期に幼児が学ぶべきことを学ぶことができるように援助していくことが重要である。〈省略〉
　　　○〈省略〉教師がモデルとして物的環境への**かかわり**を示すことで，充実した環境との**かかわり**が生まれてくる。

出典）文部科学省『幼稚園教育要領解説』2008

3　教材研究は今がチャンス

1）身の回りにある素材を教材に活かす

　子どもたちは「あそびの天才」だと言われますが，その天才ぶりをおおいに発揮できるよう，環境を整えたり，提供したりすることが保育者の役割です。

　道を歩きながら，ショッピングを楽しみながら，自然に親しみながら……さまざまな場面であそびを見つけ，考え，自分の身の回りにあるあらゆるものを教材にしてみましょう。

> ひとりよりも，誰かと一緒に教材研究をすると楽しいかもしれません。アイディアも広がり，あなたの保育の助けになるでしょう。

> たとえば自己紹介の際に，「わたしの特技は，身近なものを使って楽しいあそびを考え出すことです」と言えたらいいですね。

2）子どもの想像力・イメージを膨らませる素材を探す

　子どもの想像力を膨らませ，イメージを広げる教材としてペープサート・パネルシアター®・エプロンシアター・指人形などがあります。これらの教材は，物語の登場人物などを紹介するところから内容を理解するところまで幅広い用途をもって使用することができます。そしてそのときに，歌を用いると，ことばや物語を記憶するための素材となり視覚的な理解を助けます。そこで，ひとつでも多くの教材を準備しておくことも大切なことでしょう。

　また，擬音としてさまざまな音色を探しておくことも大切です。「トントン」「ドンドン」など自分が気づいた音を楽器や身近な日用品で表現してみるのもよいでしょう。

home room

ピアノ音源がなくても

　ピアノや音源がない場所では，わらべうたあそびを使って楽しく過ごすことができます。音楽は楽譜に書かれたものを再現することだけでなく，伝承あそびの要素も多く含まれています。日本に古くから伝わるわらべ歌あそびにも挑戦しましょう。

1　絵かき歌
ぼうがいっぽんあったとさ
へのへのもへじ

2　ひとりで遊ぶあそび歌
ちゃつぼ
いちにのさん
あんたがたどこさ

3　ふたりで遊ぶあそび歌
お寺の和尚さん
おちゃらか
げんこつやまのたぬきさん
茶つみ

4　集団で遊ぶあそび歌
かごめかごめ
はないちもんめ
とおりゃんせ
ことしのぼたん

home room

Action29　実習での手ごたえをもとに

身の回りのそこ・ここにあるものを教材に

いくつかアイディアを紹介します。
皆さんも身近なものを使って，楽しいあそびを考えてみましょう。

Idea 1　ペットボトル

水あそびに最適なペットボトルは透きとおっているため，透明な水，色水のどちらを入れてもきれいです。穴をあけてジョーロやシャワーもつくれ，他にもアイディアしだいでいろいろな教材をつくれます。

Idea 2　新聞紙

長く丸めてバット，クシャクシャに丸めてボールをつくります。新聞紙でつくられているため，やわらかく安全。壊れてもすぐにつくり直すことができます。折れたり，形がくずれたりしたとしても，それがまたおもしろく，試行錯誤を楽しめます。

Idea 3　ダンボール

箱のなかにたてこもるなど，工夫しだいでいろいろと楽しめるマルチな教材を生み出すことができます。小さいものはままごとの材料として，さらに迷路や家，トンネルなどダイナミックなものもつくれ，創意工夫を楽しめます。

Idea 4

ティッシュボックスと
トイレットペーパーの芯（4本）

ティッシュボックスを胴体に，トイレットペーパーの芯を足にみたてて好きな動物をつくります。首にひもをつけて，お散歩に連れて行ったり，ペット屋さんごっこでお世話をしたり，遊んであげたりします。また，ロボットや人形もつくれます。

Idea 5　植物

モクレンの実をアスパラガスやワサビに，チューリップの茎はネギ，葉っぱはレタスなどに，そして，葉っぱ，皮つきの球根はタマネギ，それがむけたらラッキョウなどにみたてて，おままごとを楽しめます。

Idea 6　サツマイモの葉っぱ・つる

イモ掘りの後，茎についた葉っぱは，かくれ家の屋根や壁などにもってこいです。また，つるを干して，リースづくりにも使用できます。

> 子どもの発想はすごいですね。

251

Message 園長先生から皆さんへ
―さらなる成長を期待して―

1　実習は何でも勉強

　クラスに入ってみると，瞬時に対応しなければならないことが次から次へと押し寄せてきます。

　今日という1日の生活のなかにも，子どもの遊んでいる姿はもちろん，その反応や先生の援助，遊具や教材，環境など，数えきれない発見や驚きがあります。状況を実際に自分の目で見て，全身で感じることが最初の学びであり，たくさんのことがらに気づくことが肝心です。そのようななかで，「自分は実習生として何をしたらよいのか」はじめは手も足も出ないどころか，考えている暇もないのが実際のところでしょう。そのことを，率直に先生に伝えてみましょう。具体的な感想や質問によって，日々の話し合い・反省会がいっそう実りあるものとなります。

> 実習生の意欲には，先生方も協力を惜しまないと思います。その後の指摘や助言を謙虚に受け止め，前向きに取り組みましょう。

2　きまりや約束を守る

　たとえば，実習日誌の提出期限を厳守することは，約束を守ることの基本中の基本です。アルバイトや他の用事などについては，実習前後，実習中は，実習に専念できるようなスケジュールを立てておくことが必要です。

> 最低限，決められたことや約束はきちんと守り，先生方との信頼関係を築き，後半・応用実習では信頼して保育を任せてもらえるように励みましょう。

home room

限られた時間のなかで　―先生の工夫―

　計画を立て見通しをもち，優先順位を考えます。

【例】
・今日中にするべきことは何か考える。
・身近なことから手がける。
・時間の目安を定めてから取りかかる。
・効率のよい方法や段取り，進め方を日ごろから工夫する。
・予定外のことが入っても心的・物的にゆとりをもつように努める。
・周囲の理解と協力を得ながら進める。

3　頼まれる前に　―気が利くこと―

　2日目になると1日の流れや園全体の動きが見えてくると同時に，日常的に行われている作業や活動があることがわかります。たとえば，朝の環境整備や保育のための環境構成，昼食にかかわる活動，後片づけ（掃除，遊具・教材の整理）などは，毎日繰り返し行う重要な仕事です。そしてそのうえに，保育の反省・考察と記録，明日の計画などが加わります。限られた時間のなかで，これらのことをこなしていく先生の動きや工夫を学ぶと同時に，自分ができることを考えてみましょう。

> 園生活にかかわるすべての環境について，『誰がやるのか』『誰かがしてくれる』ではなく，保育者が責任をもってなにごとにおいてもすすんで行うことが大事です。そのためにも，①知っておくこと，②聞くこと，③一緒にやることについて考えておくとよいでしょう。

　たとえば，動物の飼育や植物の栽培も，子どもの活動とはいえ，お世話の仕上げは先生が行います。飼育法や栽培法などの知識がないならば，最初は，積極的に先生方の手伝いからスタートしてみましょう。そして，徐々に図鑑やインターネットなどからも知識を蓄え，いざというときに，その学んだ成果を活かせるようにしておくと安心です。

　また，清潔感のある生活環境は，誰にとっても気持ちよく，元気のもとにもなります。身近なところで，手洗い場をイメージしてみましょう。そこは，子どもたちが，毎日何度も手洗いやうがいをする場所です。そのシンクや目の前の鏡がいつもピカピカに磨かれていると，きっと，子どもたちのこころに清潔感や爽快感が育つでしょう。掃除ひとつ取りあげてみても，先生の子どもたちが生活する環境への配慮が表れます。そしてこのことは，子どもたちの育ちにもかかわっていきます。

　このような事例があります。

【ある先生の話です】
皆で使う遊具入れや個々のロッカーの整理の指導では，先生が「片づけましょう」「きれいにしましょう」と言い続けることはもちろん必要ですが，子どもたちが降園した後，先生がきれいにすることで，子どもたちもいつの間にか自分で整理整頓するようになりました。

---

home room
先生に質問するタイミング　p.152.5.p.180コラムへ

　朝，保育がはじまる前に担任の先生に，保育終了後に指導していただく時間をつくっていただきたい旨をお願いするのもよいと思います。
　前もって先生の都合を聞いてお願いをすれば，迷惑をかけることなく，先生もその心積りで対応してくださると思います。

4　保育者自身が環境　—笑顔で子どもたちに安心感を—

　子どもたちに笑顔を送れば笑顔が生まれます。子どもが何人いても、一人ひとりのための先生として、子どもたちを笑顔で同じように受け入れられるこころの広さと体力は十分ですか。

> 子どもと一緒にはつらつと活動している実習生の姿は、微笑ましく心強いものです。

　子どもにはすべてを見られています。実習生が担任の先生を尊敬し、お互いの信頼関係があれば、子どもは安心して自分を発揮できるでしょう。さらに、先生が日ごろ、耳に爽やかな声でおだやかに話しかけていると、子どもの気持ちも優しくおだやかになるようです。だからこそ、実習生もそのような話し方をこころがけてみるとよいでしょう。

　先生が園庭で追いかけっこをはじめれば、子どもたちもよろこんで園庭に出て、追いかけっこをはじめるでしょう。子どもがよろこんでまねをしたくなるような活動を、子どもと共有しましょう。楽しさを発信し、不思議さやドキドキ感を分かち合う、子どもたちの仲間になってください。子どもの創造性を育む原動力が、保育者のこころと創意工夫に大きくかかわっていることを実習を通して確かめてみましょう。

5　こころが大切　—子どもの思いに寄り添って—

　保育は、子どもたちと保育者のこころの触れ合いから育まれていきます。そして、それは、子どもたちが実習生と出会い、新たなこころと触れ合うことによっても育まれていきます。実習生のこころが生み出すさま

> 実習生の表情や手の温もり、笑い声や呼びかける声のトーン、身の回りへの配慮や日ごろの振る舞いなどが、子どもたちの五感に働きかけます。

home room

保育後の取り組み

　子どもたちが帰った後も、先生方はさまざまな仕事をしています。実習生としてどう取り組みますか。

〈ステップ1〉　言われたことをする。
〈ステップ2〉　次に何をしたらよいか自分からたずねる。
〈ステップ3〉　先生の準備や手順などの仕方を見て、同じように自分から動いてみる。

> 最終的に、「よろしかったら、お掃除をはじめたいと思います」というひとことを添えたうえで自分から積極的に掃除にかかれるようになるといいですね。

Message　園長先生から皆さんへ

ざまな色や温度や響きが，子どもたちの感情を豊かなものへと育んでいくのです。

　ところで，子どもは自然物が大好きで，ひとたび小さな虫や生き物を見つけると大騒ぎです。先生としては，子どもの気持ちを思いやり，虫が苦手でも一緒によろこんだり驚いたりして，子どもの好奇心と意欲を認めたいものです。しかし同時に，人にはそれぞれ得意・不得意があり，好みもさまざまであることに気づかせることも大切です。そのようなことを通して，子どもたちは，相手に対する思いやりと，苦手を乗り越える勇気を学ぶ機会にもなります。

> 「後始末をきちんとする」「もとの場所に，もとどおりに」は，基本中の基本です。次に使う人・ときのために，使いやすく見た目もスッキリとなるように，考え，工夫できる行動がとれるようになるといいですね。

> 遊具も園舎も絵本もおもちゃも先生方は大切に使い，維持・管理されています。

6　古くて新しい「もったいない」の気持ち

　ものを大切にする人は，相手のこころも大切にする人だと思います。

　「もったいない」という気持ちは，ものへの感謝の気持ちから生まれてきたのだと思います。「ものをていねいに使う」「むやみに捨てない」「後始末をきちんとする」ことを子どもに身につけさせたいと思うならば，日ごろから，保育者自らが実行し続けることです。そうするうちに子どもたちのなかにはそれに気がつき，まねる子どももでてきます。そういう子どもたちを褒めて，さらに，「先生は，ものを大切にしてくれてうれしい」という気持ちを表すとともに，他の子どもにもそのことを伝えるとよいでしょう。

　また，基本的な生活態度は，ものの考え方や価値観と同様，一朝一夕に身につくものではありません。将来にわたって身につけていくために大事なことは，日常的に続けることです。ふだんの生活態度がでるもの，たとえば，あいさつ，姿勢，靴の脱ぎ方，言葉遣いなど，実習生の皆さんはできていますか。たとえば，さりげなくスリッパや靴を揃える，通りがかりに床の上の紙クズを拾うなど，日ごろから率先して行いましょう。

7　ほう・れん・そう　→ｐ.52へ

　「ほう・れん・そう」とは，「ほう＝報告・れん＝連絡・そう＝相談」のことで，園が組織として運営されるためには必要なことです。子どもについてはもちろん，保育活動を円滑に実践していくためにも「ほう・れん・そう」をこころがけ，先生方との共通理解を図っていく必要があります。先生方は，子どものケガや病気など身体的な症状や状態の他に，こころの変化にも気を配りながら，すぐに対応できるよう日ごろから「ほう・れん・そう」に努めています。また，不審者の侵入や地震，台風と

> 「ほう・れん・そう」を実践することで，先生方との信頼感も深まります。

255

いった自然災害など，さまざまなアクシデントについても同様です。

　実習中に予想されるアクシデントとして，とくに，子どものケガが考えられますが，ケガと体調に関しては，すぐに「報告・連絡」し，先生の指示に従うことを忘れないでください。その他のことでも，疑問に感じたことは「相談」しましょう。

　簡単なようで，実際にはなかなか実行がむずかしいのが「ほう・れん・そう」です。うっかり忘れて自分ひとりの勝手な判断で「報告」や「連絡」「相談」を怠り，行動したりしないことです。

　また，「ほう・れん・そう」の必要がある場合には，安易に人頼みにはせずに，自分で正しくメモをとり，「報告」「連絡」「相談」をします。またそのような姿を先生方から学びとりましょう。

コラム　勇気をだして　―はじめの1歩―

　相談する時間は，実習生に対する園の対応や，先生方の指導のあり方によって，さまざまですが，原則として，降園後の話し合いの時間がよいでしょう。有効な話し合いができるように，あらかじめ質問したいことをメモして，箇条書きにまとめておきます。質問するときには，その質問内容を具体的に話しましょう。

　はじめは，何を質問したらよいのか明確ではないと思いますが，たとえば，自分が子どもに対して働きかけたことがどうであったか，また，困ったことを具体的に話すことで，話し合いの糸口をつくれるのではないでしょうか。

　すぐにはできないことかもしれませんが，先生方を信頼して些細なことでも相談していく気持ちをもち続けてください。

　また，先生方の自分に対する評価が気になるため，「先生方に質問することが恥ずかしい」と感じる実習生もいると思います。しかし，そのような心配はしないでください。

　実習では，「恥ずかしい」という気持ちを捨ててください。わからないことだらけで当然で，それらを実習を通して学ぶのです。せっかくの学びの機会を逃さないでください。皆さんは，実習という緊張感のなかで，大勢の子どもたちの前にがんばって立つことができたのですから，勇気をだして先生方に相談してみましょう。

memo   *Message* 園長先生から皆さんへ

Index さくいん

数字

3歳以上児の保育　71
3歳未満児の保育　71
3度のくり返し　179

アルファベット

DSM（Diagnostic and Statistical Manual of Mental Disorders）　165
PDCA　214，236
PDS　214，217
QOL　243
RICE（ライス）　120
SIDS（Sudden Infant Death Syndrome）　134

あ

アレルギー　96
安全な環境　125

い

生きる力　111
逸話観察法　159
異年齢保育　20，70，71
イベントサンプリング法　159
意欲　196，210

う

歌あそび　105
運動　116

え

栄養　116
エピソード記録タイプ　64，68
エピソード法　159
絵本　178

お

応用実習　8
大きな課題　14
オリエンテーション　38，46，138
お礼状　226

か

かかわり　249
書きことば　78
学生主動　20，22
紙芝居　178
環境構成　124
観察実習　8，152
感染症　115，122

き

基礎実習　8
気になる子　161
基本実習　8
教材研究　250
行事　139，186
キリスト教保育　20

け

研究保育　8，216

こ

個　168
後半・応用実習　2，8
後半実習　8
公立　18
子ども子育て3法　3
子ども・子育て支援新制度　21
困り感　162
コミュニケーション能力　238

さ

細案　194
参与（参加）観察　156

し

時間見本法　159
自己開拓　20，22
自己課題　10
自己管理　114
自己紹介　146，147，148
事象見本法　159
視診　170
施設　19，42
施設実習　24，50
施設実習の流れ　25
実習園決定報告書　41，42
実習園の概要　60
実習園の方たちとの関係　151
実習課題　10
実習生調書　28
実習日誌　56，62，72
実習の目的　2
実習の目標　30
質問リスト　46，49
指導案　192，206
持病　96
集団　168
終末　197
宿泊実習　50
シュタイナー保育　20
食　190
私立　18
人権尊重　243
心情　196，210

す

睡眠　116
素ばなし　176

せ

生活技術　11
生活習慣　11
生活の質　243
成果と課題　214
責任実習　8
全日（一日）実習　8，216
先生や子どもとのかかわり　180
前半・基本実習　2，8，146，214
前半実習　8

た

態度　196，210
タイムサンプリング法　159
立ち居振る舞い　106，109，186

ち

地域型保育事業　4
小さな課題　14
著作権　246
チームティーチング　164

て

手あそび　105，211
展開　197

と

導入　197
特別支援教育　164

な

流れ（時系列）記録タイプ　64，66

に

日常（いつも）　206
乳幼児突然死症候群　134
認定こども園　4

は

排泄　116
バイタルサイン　119
発達障がい　161，163
発達障害者支援法　161
話しことば　78
反省会　214

ひ

評価　242

ふ

複数担任制　71
仏教保育　20
部分実習　8
プライバシー　243

へ

ペープサート　148

ほ

保育着　95
保育教諭　4
保育士　7
保育者の1日　127，128，130
保育所　3，19
保育所保育指針　210
保育の内側　152
保育の外側　152
報告・連絡・相談　241
ほう・れん・そう　5，255
ボランティア　107

む

昔話　178

め

メモ　150

も

持ち物・身だしなみ　93
モンテッソーリ保育　20

ゆ

指あそび　105

よ

養成校主導　20
幼稚園　3，19
幼稚園教育要領　210
幼稚園教諭　7
幼保連携型認定こども園　3，4
幼保連携型認定こども園教育・保育要領　210
読み聞かせ　175

ら

「ら抜き」ことば　79

り

理想の保育者像　103，184
略案　194

わ

わらべうた　250

259

自分でつくるBOOK&NOTE
―教育・保育実習でよりよい時間を過ごそう！―

2015年9月30日　第一版第1刷発行

編著者	安部　孝
著　者	石山貴章・神戸洋子・木許隆・草信和世
	齋藤千恵子・坂本喜恵子・染川喜久江・原田智鶴
装　丁	勝山友紀子
装　画	わたなべふみ
ＤＴＰ	株式会社 新後閑

発行者　宇野文博
発行所　株式会社 同文書院
　　　　〒112-0002
　　　　東京都文京区小石川5-24-3
　　　　TEL(03)3812-7777
　　　　FAX(03)3812-7792
　　　　振替　00100-4-1316
印刷・製本　真生印刷株式会社

JASRAC　出1509816-501
©Takashi Abe et al., 2015
Printed in Japan　ISBN978-4-8103-1423-6
●落丁・乱丁本はお取り替えいたします